OFFICIALLY
DISCARDED

De este libro han dicho

«*Las Hijas de Juárez* es una historia verídica llena de horror, un espeluznante reportaje de mis colegas y amigas Teresa Rodríguez y Diana Montané. Este libro es una denuncia contra la masacre de mujeres en nuestra frontera. Yo quisiera decir: esto no puede estar sucediendo… pero sí sucede y continuará hasta que todos estemos indignados e informados de la situación en Juárez».

—Cristina Saralegui, presentadora y productora ejecutiva de *El Show de Cristina en Univision*

«Éste es el trato: te asesinan y tu muerte no cuenta, te asesinan y tu muerte no es investigada, te asesinan y alguien es incriminado injustamente por tu muerte, esto es Juárez. Éste es un libro que todo el mundo debe leer».

—Charles Bowden, escritor premiado, autor de *Down by the River*

"Este relato es más horripilante que una novela de Stephen King, tiene más peripecias y sobresaltos que una trama de Agatha Christie y mayor cantidad de muertes que cualquier película de James Bond. Usted nunca se olvidará de *Las Hijas de Juárez*, que es exactamente lo que las autoras se proponen y logran admirablemente. Este libro debe ser un faro, un catalizador de la justicia, esa rara virtud que apenas existe en Ciudad Juárez. Las autoras reviven los rostros humanos, las familias deshechas y los sueños perdidos de los que no deben ser olvidados».

—Edna Buchanan, ganadora del premio Pulitzer
y autora de *Love Kills*

«*Las Hijas de Juárez* es un relato decisivo, escalofriante y detallado de las mutilaciones y asesinatos de cientos de mujeres y niñas en Ciudad Juárez, México. Es un clamor por ponerle fin a esas atrocidades y un honesto llamado, luego de todos estos años de horror, a que se haga justicia ahora».

—Eve Ensler, dramaturga ganadora del premio Obie
y fundadora del Día V, un movimiento mundial
para frenar la violencia contra las mujeres

LAS HIJAS DE JUÁREZ

LAS HIJAS DE JUÁREZ

UN AUTÉNTICO RELATO DE ASESINATOS EN SERIE AL SUR DE LA FRONTERA

468.6
Rod
NF
Espanol
344

TERESA RODRÍGUEZ

EN COLABORACIÓN CON

DIANA MONTANÉ Y LISA PULITZER

TRADUCCIÓN DE VICENTE ECHERRI

ATRIA BOOKS

NEW YORK LONDRES TORONTO SYDNEY

SISKIYOU COUNTY PUBLIC LIBRARY
719 FOURTH STREET
YREKA, CALIFORNIA 96097

A Division of Simon & Schuster, Inc.
1230 Avenue of the Americas
New York, NY 10020

Copyright © 2007 por ROQ, Inc.
Traducción copyright © 2007 por Vicente Echerri

Todos los derechos están reservados, incluido
el derecho de reproducción total o parcial
en cualquier forma. Para obtener cualquier
información diríjase a: Atria Books Subsidiary Rights Department,
1230 Avenue of the Americas, New York, NY 10020

Primera edición en rústica de Atria Books, junio 2007

ATRIA BOOKS y colofón son sellos editoriales registrados
de Simon & Schuster, Inc.

Para obtener información respecto a descuentos
especiales en ventas al por mayor, diríjase a
Simon & Schuster Special Sales al 1-800-456-6798
o a la siguiente dirección electrónica:
business@simonandschuster.com.

Impreso en Estados Unidos de América

10 9 8 7

ISBN-13: 978-0-7432-9302-0
ISBN-10: 0-7432-9302-9

A las mujeres asesinadas de Ciudad Juárez,
Estado de Chihuahua, México.

Índice

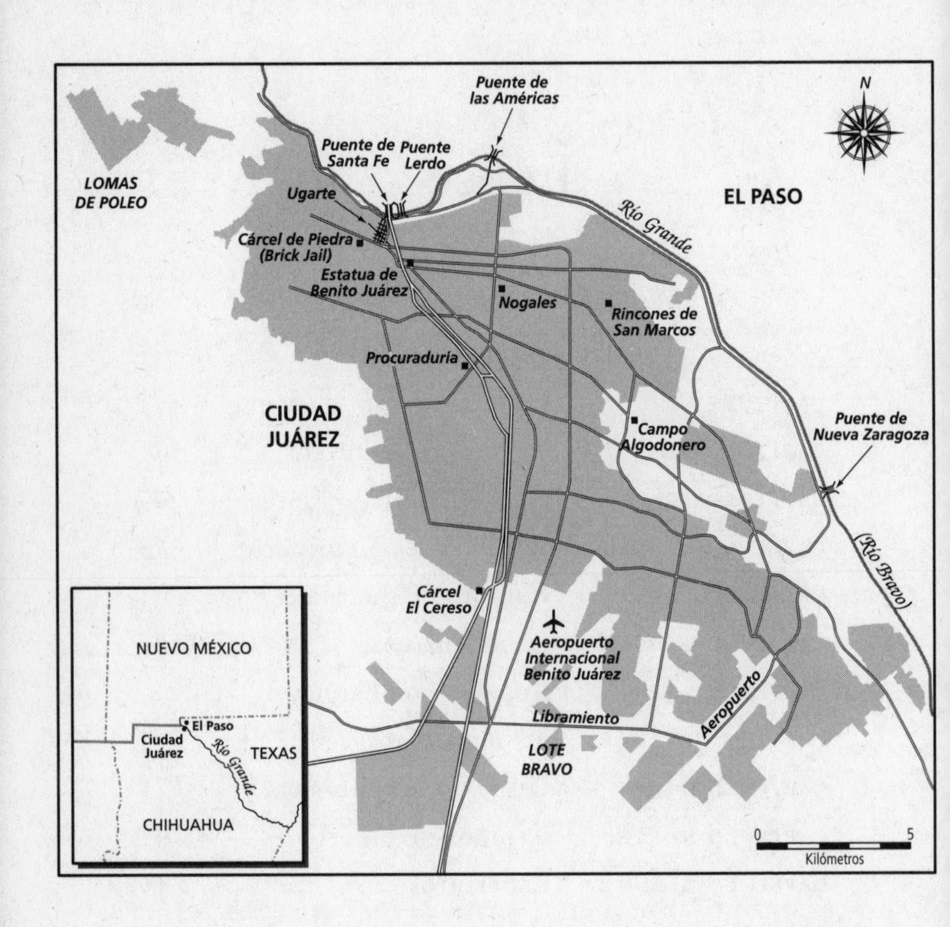
Puente de
las Américas
N
Puente de
Santa Fe
Puente
Lerdo
LOMAS
DE POLEO
Ugarte
EL PASO
Río Grande
Cárcel de Piedra
(Brick Jail)
Estatua de
Benito Juárez
Nogales
Rincones de
San Marcos
Procuraduría
CIUDAD
JUÁREZ
Campo
Algodonero
Puente de
Nueva Zaragoza
(Río Bravo)
Cárcel
El Cereso
Aeropuerto
Internacional
Benito Juárez
NUEVO MÉXICO
El Paso
Ciudad
Juárez
Río Grande
TEXAS
Libramiento
Aeropuerto
LOTE
BRAVO
CHIHUAHUA
0
5
Kilómetros

Prefacio

En 1993, la vida en Juárez, México, comenzó a cambiar para muchas mujeres jóvenes. Uno tras otro, sus cadáveres violados y mutilados comenzaron a aparecer en las vastas zonas desérticas que rodean la ciudad. En el momento de publicar este libro, los asesinatos continúan y aún quedan docenas de casos por resolver. Aunque algunos dicen que los muertos hablan, las familias de las víctimas se preguntan si alguien está escuchando.

Las personas allegadas a los casos y los defensores de las víctimas han propuesto diferentes teorías: que un asesino en serie o varios asesinos pueden andar sueltos, o que los miembros del poderoso cartel de narcotraficantes de Juárez y algunos prominentes empresarios de cada lado de la frontera, en complicidad con algunos miembros de la policía, pueden ser responsables de buen número de estos crímenes. Creen que algunas personas con poder están más interesadas en encubrir los asesinatos y en proteger a los perpetradores que en resolver los casos de modo que pueda traerles paz mental a muchas familias desoladas.

Me llamo Teresa Rodríguez, presentadora y corresponsal de la revista noticiosa Aquí y Ahora de *Univision*, la mayor cadena de televisión de habla hispana en Estados Unidos. Para llevar a cabo esta investigación, viajé a Juárez, México, en cuatro ocasiones distintas, tanto con mi equipo de producción de noticias como por mi propia cuenta.

Mi familia emigró de Cuba cuando yo tenía nueve meses. Aunque me crié con pocos lujos, esa circunstancia nunca me pareció importante. En mi hogar abundaba el cariño y, como mi madre sabía coser, nunca me faltó ropa. Mis padres siempre me dijeron que podría lograr lo que quisiera si me empeñaba en ello. Las mujeres que conocerán en estas páginas luchan por ese mismo derecho, pero su lucha está marcada por un rastro de sangre y sus victimarios siguen en libertad pese a incesantes llamados a que se haga justicia.

En Estados Unidos de América contamos con que impera la justicia; y no obstante, aun en nuestro propio país, sabemos que no siempre se cumple con ese principio. Sin embargo, según avancen en la lectura de este libro, verán que en el estado de Chihuahua, y quizás en todo México, muchas de esas reglas que damos por sentadas no existen. Impera la corrupción política y una gran mayoría de la gente vive al margen de las normas.

En las páginas que siguen, leerán un relato increíble y perturbador de asesinatos en serie, de corrupción policial y de indiferencia política, extraído de toda una variedad de fuentes, tales como entrevistas con personal de las fuerzas policiales, líderes de los derechos civiles, familias de las víctimas y periodistas locales entre otras. Les presento una historia real de las atrocidades que se cometen contra mujeres apenas a unos pasos al sur de la frontera de EE.UU.

Entre las docenas de entrevistas que llevé a cabo mientras estuve en México incluyo una exclusiva con el presunto autor intelectual de los asesinatos, el químico egipcio Abdel Latif Sharif Sharif, quien murió en la cárcel afirmando su inocencia. Su argumento de que miembros del Departamento de la Policía del estado de Chihuahua, en concierto con funcionarios gubernamentales de alto rango, narcotraficantes y acaso hasta ricos empresarios procedentes de la ciudad fronteriza de El Paso, se encuentran detrás de estos crímenes no es del todo inverosímil y, en efecto, se ha visto respaldado por indagaciones llevadas a cabo por representantes de las Naciones Unidas y de Amnistía Internacional.

Sin embargo, pese a los resultados de estos estudios, la formación de numerosas comisiones, el nombramiento de fiscales federales especiales y el empeño incesante de los activistas locales a favor de los derechos de las mujeres a fin de corregir los errores; los abusos contra las mujeres jóvenes en México siguen, al parecer, sin tregua.

Introducción

El aullido de los coyotes no se compara con el silencio que desciende sobre el desierto una vez que éste devora a su presa—, cuando se pone el sol y una vida deja de existir en Juárez. Y no son los coyotes los que atacan, con la ferocidad y alevosía de los depredadores, ni ningún otro animal que habita en el yermo. Este merodeador se pasea entre sus víctimas, examinando todos sus movimientos, acaso hasta amistándose con ellas. Y cuando la víctima menos lo espera, saca su mortal aguijón, como los escorpiones venenosos tan comunes en esta región, y viola, mutila y asesina a su presa con ferocidad, dejándola morir entre los matorrales, a sabiendas de que sus gritos desesperados de socorro serán inútiles e indetectables. Nadie la oirá en ese páramo baldío. Y cuando concluye su faena, la bestia se regocija. En su mente retorcida y perversa confía que pronto su víctima se pudrirá, como las otras hijas de Juárez que se han fundido con este desolado erial.

A lo que fuera una vez un camino entre dos cadenas montañosas que se levantan en medio del desierto, los exploradores españoles lo bautizaron como el Paso del Norte. En 1821, cuando México se independizó de España, el Paso del Norte y lo que ahora es el Sudoeste de Estados Unidos se convirtió en parte de la república mexicana. Veinticinco años después, un tratado entre México y Estados Unidos establecería la frontera entre los dos países, dando lugar a dos ciudades fronterizas: El Paso, en Texas, sobre la orilla norte del Río Bravo, y Ciudad Juárez, en la ribera sur.

La ciudad fronteriza mexicana lleva el nombre de Benito Juárez, un héroe revolucionario de México. En un relato autobiográfico titulado "Notas para mis hijos", cuenta que nació el 21 de marzo de 1806, en la aldea de San Pablo Guelato en el estado de Oaxaca. Por quedar huérfano siendo aún muy niño, se fue a trabajar al campo. Su tío, que quería que estudiara para el sacerdocio, la única oportunidad de hacer carrera que le quedaba a los pobres y especialmente a los indios, le enseñó a leer. El joven dejó la casa y se fue a la capital donde estudió teología. Con el tiempo se dio cuenta de que su pasión era otra y llegó a comprometerse con el proceso legislativo del país, hasta convertirse en presidente de la Corte Suprema de México y, posteriormente, en presidente de la república. En la actualidad, el monumento en su honor se alza en medio de una gran plaza en el centro de Juárez.

No lejos de allí, en el vecino El Paso, en el punto donde Texas, México y Nuevo México coinciden, se levanta, sobre una cima de 4.576 pies de altura, un crucifijo gigantesco. Esta imagen de piedra caliza de Córdova color crema fue una de las primeras cosas que vi cuando me asomé a la ventana de mi hotel en El Paso. No podía dejar de pensar cuántas mujeres habían muerto mirando hacia ese Cristo, con sus cuerpos destrozados, pidiendo clemencia.

Al emprender esta tarea, me pregunté si los planificadores de la ciudad imaginaron alguna vez el crimen y la violencia que las maquiladoras podrían traer consigo según el creciente mercado laboral atraía a miles de personas a esta zona convirtiéndola en una mina de oro. Ahora, al detenerme ante la estatua del líder mexicano en la plaza donde vieron por última vez a muchas de las muchachas cuando cambiaban de autobús para ir a casa o al trabajo, me pregunto si este visionario mexicano se imaginó en algún momento que su amada ciudad se convertiría en tal abismo de crimen e injusticia. Tal vez por eso es que algunos juran haber visto llorar a Benito Juárez.

LAS HIJAS DE JUÁREZ

CAPÍTULO UNO

Un cadáver en la arena

No tengo seguridad ni de mí misma porque salgo a la calle, doy un paso y no se si el segundo lo doy con vida.

GUILLERMINA GONZÁLEZ,
HERMANA DE UNA VÍCTIMA

COMO DE COSTUMBRE, Ramona Morales salió aprisa de su pequeña casa de concreto, en Juárez, México, inmediatamente después de las 8:30 de la noche el 11 de julio de 1995. Quería estar en la parada de autobuses esperando a su hija, Silvia, cuando esta llegara luego de un día de escuela y de trabajo.

En los últimos treinta y seis meses, había habido una serie de brutales agresiones sexuales contra muchachas en esta ciudad mexicana de la frontera y en sus alrededores, todos ellos fatales. Ramona quería estar segura de que su hija adolescente no se convirtiera en la próxima víctima.

Ella se había enterado de los crímenes por las noticias que aparecían en los diarios. Muchas de las víctimas habían desaparecido camino al trabajo o al regresar, con frecuencia a plena luz del día. Sus restos los encontraban semanas y a veces meses después, en los vastos campos desérticos que bordean la industrializada ciudad fronteriza. Lo que los periódicos no habían reportado la habría aterrorizado aún mucho más. Los cuerpos de las víctimas mostraban señales de violación, mutilación y tortura. Algunas aparecían atadas con los propios cordones de sus zapatos. Otras habían sido salvajemente desfiguradas. Una muchacha había sido sometida a una crueldad tan severa que la autopsia reveló que había sufrido múltiples apoplejías antes de que su asaltante finalmente le arrancara la vida.

Las víctimas eran jóvenes, bonitas y delgadas, con abundantes melenas oscuras y labios gruesos. Muchas habían sido raptadas de la zona del centro de la ciudad, mientras estaban a la espera de un autobús. En número alarmante habían sido secuestradas camino a sus trabajos en las plantas de ensamblaje, conocidas localmente como maquiladoras, que fabrican aparatos electrodomésticos y piezas de repuesto para exportar.

El que una vez fuera un insignificante pueblo de frontera se estaba convirtiendo rápidamente en la cuarta ciudad más populosa de México con la apertura de centenares de esas fábricas para productos de exportación. Más allá de verjas imponentes y de casetas de seguridad, estas contemporáneas plantas de ensamblajes, muchas de ellas con impecables setos verdes y céspedes espléndidos, constituían un agudo contraste con los cactus espinosos y las malezas que crecen naturalmente en esta árida región. El ochenta por ciento de las fábricas era de propiedad norteamericana y producían para las principales corporaciones de Estados Unidos, entre ellas, Lear, Amway, TDK, Honeywell, General Electric, 3M, DuPont y Kenwood.

Se habían construido en respuesta al Tratado de Libre Comercio de América del Norte (NAFTA, sigla en inglés), que firmaron Estados Unidos, México y Canadá en 1993.

Las plantas, parecidas a las que tienen esas mismas compañías al norte de la frontera, atraían anualmente a decenas de miles de obreros de todo México con la promesa de encontrar trabajo. El flujo constante de personas estaba creando una metrópolis en vías de expansión. En realidad, la ciudad de Juárez crecía tan rápidamente que resultaba casi imposible reflejarlo en el mapa.

Conseguir un empleo en una de las cientos de plantas de ensamblaje significaba una oportunidad de una vida mejor para los empobrecidos obreros, a menudo sin entrenamiento, que acudían a la zona de Juárez procedentes de todo el país. Los trabajos de construcción y silvicultura estaban casi extintos en otras partes del país. Juárez era uno de los pocos lugares de México que experimentaba un crecimiento en el mercado laboral.

Lo cierto era que sobraban oportunidades de empleo en las fábricas de Juárez, tantas, que familias enteras podían encontrar trabajo allí en un período de tiempo relativamente corto. Las adolescentes eran especialmente solicitadas porque no esperaban mucho dinero a cambio de su trabajo y porque podían desempeñar con rapidez las tareas específicas de la línea de montaje. Muchas no habían cumplido la edad laboral de dieciséis años y habían mentido al respecto en sus solicitudes de empleo con el fin de obtener un salario; la mayoría de ellas con el sueño de ganar el dinero que les permitiera comprarse un vestido bonito y un par de zapatos a la moda.

Al igual que en otros países latinoamericanos, en Ciudad Juárez hay extremos de riqueza y pobreza. Si bien a la ciudad mexicana se llega prácticamente caminando desde El Paso, Texas; las dos ciudades no podrían ser más diferentes.

Ciudad Juárez está localizada en el norteño estado de Chihuahua, uno de los treinta y un estados de México. En 1990, su población de millón y medio de habitantes casi había triplicado a la de la ciudad de Chihuahua, capital del estado.

Entrar en México por esta vía cuesta poco más de veinticinco centavos a los peatones. Los vehículos pagan una tarifa nominal en cada dirección, excepto en el Puente de las Américas, que es gratis. Los ciudadanos norteamericanos y canadienses sólo necesitan una identificación válida, tal como la licencia de conducir, para entrar en Juárez. A diferencia de los ciudadanos de México y otros países que necesitan un pasaporte y una visa de entradas múltiples para ingresar en Estados Unidos.

Antes de la guerra méxico-americana de 1846, El Paso y Juárez constituían una sola metrópolis, dividida tan sólo por el Río Bravo. Pero cuando se firmó el Tratado de Guadalupe Hidalgo en 1848, las dos naciones convinieron en dividir la ciudad, tocándole a México la zona al sur del río. Cuatro puentes con accesos para peatones y vehículos de motor conectan las ciudades gemelas, como suelen llamarlas. Estados Unidos y México comparten ahora las aguas del Río Bravo mediante una serie de acuerdos supervisados por la Comisión Conjunta México-americana de Límites y Agua.

Pero el río casi está seco en muchas partes, debido a la sequía y al uso excesivo de su caudal. Durante la mayor parte del año, es poco más que una zanja arenosa llena de desechos domésticos y otros desperdicios. Desde sus orillas, los mexicanos ven la continua corriente del tránsito de peatones y vehículos que entran en su ciudad. Muchos han levantado campamento allí en pequeñas cajas de cartón. Usan el área como zona de espera hasta que puedan escaparse de la pobreza de su tierra natal hacia lo que esperan será una mejor vida en Estados Unidos.

Irónicamente, la mayoría de las oportunidades de empleo se encuentra en el lado sur de la frontera de El Paso/Juárez, en México. Las fábricas de propiedad norteamericana proporcionan la mayor parte de los salarios de los residentes de El Paso, que cruzan diariamente a trabajar como gerentes y en otros puestos de nivel medio en las maquiladoras.

Los empleos peor pagados de la línea de montaje son los que hacen que las muchachas mexicanas y sus familias viajen cientos de millas para cubrirlos. Por lo general, estos trabajos pagan poco más de tres dólares diarios, que bastan para llevar comida a la mesa, pero no siempre alcanzan para pagarse un techo.

Silvia Elena Rivera Morales tenía apenas siete años cuando su familia, proveniente de La Laguna, una región de Coahuila, el tercer estado más grande de México, se asentó en Juárez a mediados de los años ochenta. La industria de la construcción declinaba y el padre de Silvia ya no podía encontrar trabajo fijo. Domingo, el hijo mayor de la familia, encontró empleo de maestro en una de las escuelas primarias de la localidad. Pero su salario no bastaba para sostener a una familia de siete, así que los Morales decidieron probar fortuna en Juárez.

En 1986, el 94 por ciento de los empleos en las maquiladoras estaba en los estados fronterizos del norte de México. El cambio en los empleos del sector industrial se produjo después de la cancelación del Programa de Braceros, un proyecto del gobierno de EE.UU. que comenzó a principios de la década del cuarenta para importar unos cuantos cientos de obreros agrícolas mexicanos experimentados en la cosecha de remolacha en la zona de Stockton, California. El programa no tardó en expandirse y abarcar la mayor parte de Estados Unidos con el fin de proporcionar los tan necesitados braceros para el auge del sector agrícola en este país. Pero el programa fue suspendido en 1964 en respuesta a acerbas críticas sobre los abusos a que se veían sometidos los trabajadores mexicanos. Al año siguiente, el gobierno de México puso en vigor el Programa de Industrialización Fronteriza (BIP, sigla en inglés), más conocido como el Programa Maquiladora, para aliviar las altas tasas de desempleo que se produjeron como resultado en el norte de México. El nuevo programa aprovechó los bajos sueldos del trabajador mexicano para atraer a los fabricantes norteamericanos a la región, permitiendo a las compañías que trasladaran maquinaria de producción y piezas sin ensamblar a México exentas de tarifas, siempre y cuando el producto ensamblado volviera a Estados Unidos para la venta final. A cambio, los obreros mexicanos recibirían salarios que de otro modo no podrían obtener.

En 1982, con la devaluación del peso mexicano, se produjo un aumento en el número de fábricas a lo largo de la frontera norte. Para 1991, había casi setecientas maquiladoras localizadas en las ciudades mexicanas de la frontera, con más de trescientas de ellas en Ciudad Juárez, noventa y cuatro en Matamoros y ochenta y dos en Reynosa, justo enfrente de las ciudades tejanas de McAllen y Brownsville.

Juárez sufrió una segunda transformación a mediados de los años noventa con el Tratado de Libre Comercio de América del Norte (NAFTA), entre México, Estados Unidos y Canadá, que estableció la zona de libre comercio más grande del mundo.

El 17 de diciembre de 1992, en tres ceremonias separadas en las tres capitales, el presidente estadounidense George H. W. Bush, el presidente mexicano Carlos Salinas, y el primer ministro canadiense Brian Mulroney firmaron el histórico pacto que eliminaba las restricciones en el flujo de productos, servicios e inversiones en América del Norte. La Cámara de Representantes de Estados Unidos aprobó el NAFTA por una votación de 234 a favor y 200 en contra el 20 de noviembre, y el acuerdo fue firmado por el presidente William Jefferson Clinton el 8 de diciembre de ese año y entró en vigor el 1ro de enero de 1994.

Conforme a lo estipulado por el NAFTA, las exenciones de impuestos que disfrutaba la industria de las maquiladoras no se limitaría a la zona de la frontera, sino que se aplicaría a través de todo México. Los gobiernos de EE.UU. y México anticiparon que esa cláusula atraería a los fabricantes a dejar la zona sobrecargada de la frontera y a expandirse al interior de México. Sin embargo, en lugar de reubicarse más al interior del país, las maquiladoras de la región norteña aumentaron su producción.

Si bien Tijuana tenía el mayor número de plantas de montaje, Ciudad Juárez tenía la mayor fuerza laboral, sobrepasando los doscientos mil en 1994. Las cifras crecían a un ritmo incontrolable a medida que decenas de miles de trabajadores acudían anualmente a la ciudad con la esperanza de un mejor porvenir.

Pero no parecía haber ningún tipo de planificación para el influjo de los trabajadores. El tratado dejaba exentas a las compañías extranjeras del pago de impuestos locales, de manera que el municipio carecía de fondos para atender la infraestructura residencial básica. Eso significaba que los obreros cuyos jornales ya eran bajos quedaban librados a su suerte desde lo concerniente a la vivienda y el cuidado infantil hasta la recogida de basura.

Muchos levantaron lo que parecían campamentos temporales al pie de las áridas colinas que rodean la ciudad. Las familias se hacinaban en chozas de madera de un solo cuarto y en casas improvisadas de cartón. Vivían en pisos de tierra, sin agua corriente ni electricidad, y en caminos mal trazados que serpenteaban a través de comunidades opresivas y polvorientas sin parques, aceras ni alcantarillas. No había ni siquiera un camión para recoger la basura, de manera que la lanzaban indiscriminadamente y se esparcía por todas las cuestas de los alrededores. Muchas de las colonias que empezaron a surgir eran accesibles solamente a pie.

Para llegar a sus trabajos, las muchachas tenían que viajar solas, con frecuencia tarde en la noche o en las primeras horas de la mañana, por terrenos traicioneros y mal iluminados, hasta la parada de autobús más cercana que quedaba en muchos casos a millas de distancia. Los vecindarios cambiaban de una cuadra a la otra, con secciones de calles pavimentadas que se convertían en caminos vecinales y terrenos ásperos y rocosos. Había multitud de negocios de reparación de gomas de automóvil a lo largo de las principales carreteras y de las polvorientas sendas del desierto.

De muchas formas, Ciudad Juárez se asemejaba a Tijuana. Las cantinas del centro se quedaban abiertas hasta tarde y atraían a estudiantes universitarios y aventureros en busca de licores baratos y diversión. El distrito también se había convertido en un santuario para los narcotraficantes y las prostitutas. La prostitución era legal en México para mujeres mayores de dieciocho años. Muchos de los clubes contrataban a muchachas bonitas para bailar y servir bebidas. Con frecuencia los trabajos de los bares pagaban más que los tres o cinco dólares diarios de las maquiladoras.

Los Morales creyeron que sus condiciones de vida mejorarían drásticamente cuando, en 1986, empacaron sus pertenencias y se encaminaron a la ciudad fronteriza del norte, dejando atrás sus raíces y su pequeña aldea. Ramona y su marido habían crecido en La Laguna, donde se conocieron y se casaron. Ella tenía dieciséis cuando se casó con Ángel Rivera Sánchez Morales, cuatro años mayor que ella e hijo de un amigo de la familia. Los dos habían estado saliendo durante menos de cuatro meses antes de comprometerse de manera formal. Tenían cinco hijos cuando recogieron y se mudaron a Juárez. Además de Silvia y de Domingo, el mayor; estaban Juan Francisco, que tenía veinte años; Ángel Jr., de dieciséis, y Javier, que acababa de cumplir trece.

Ángel y sus tres hijos hallaron trabajo en una de las fábricas. Domingo, que entonces tenía veintidós, estaba encantado de haber encontrado un empleo de maestro en una de las escuelas de la localidad.

La familia alquiló una casita con agua corriente y electricidad en la modesta comunidad de Nuevo Hipódromo, un vecindario o colonia con pocos árboles y repleto de casas de bloques de concreto sin forrar que quedaba en las afueras de la ciudad. Un corto viaje en bus lo separaba del distrito del centro y de las fábricas que salpicaban el paisaje.

Al cabo de un año, la familia había ganado suficiente dinero para comprar un pequeño lote al frente de un terreno abandonado propiedad de la compañía nacional de petróleo mexicana, PEMEX, uno de los últimos terrenos baldíos que quedaban en la colonia.

Con ayuda de amigos, Ángel construyó una casa pequeña para su familia en aquel barrio de clase obrera. Era sencilla, con pisos de concreto y dos dormitorios. Tenía cocina con agua corriente y un baño con inodoro y ducha. Pintó la casa de rosa pálido y sembró en el jardín una parra, que cuidaba con esmero.

Ramona disfrutaba la sombra de la parra durante los sofocantes meses de verano y dejaba pasar las horas conversando con amigos y familiares debajo de su cubierta protectora. Junto a la puerta principal de la casa, la familia colgó un pintoresco azulejo que decía: "Familia Rivera Morales. Todo es posible en Cristo".

A diferencia de muchas de sus contemporáneas, la hija de Ramona Morales se había mantenido alejada de los bares de mujeres semidesnudas y de los clubes inmorales del centro, donde otras muchachas de su edad habían encontrado trabajo como bailarinas, meseras o camareras. En Ciudad Juárez operaban más de 6.000 cantinas, en contraste con sólo 624 escuelas. El trabajo en los clubes era una manera fácil de hacer dinero. Silvia también esquivó los trabajos de la línea de montaje de las maquiladoras, donde los turnos eran de diez y doce horas y las mujeres, a veces, eran objeto de acoso sexual.

Ella no tenía que trabajar en una maquiladora. Silvia tenía opciones porque su padre era un maquinista, y todos sus hermanos traían dinero a la casa. Pudo conseguir un empleo en Tres Hermanos, una zapatería popular de un barrio decente, en la Avenida 16 de septiembre, en la principal zona comercial de la ciudad.

Silvia estaba concentrada en sus estudios, decidida a encontrar trabajo algún día de administradora o de maestra como su hermano Domingo. De cabello negro ondeado, labios gruesos, ojos almendrados y tez color canela, tenía un notable parecido con su ídolo musical, Selena, la cantante tejana que había alcanzado el estrellato en México y en Estados Unidos. A Silvia también le gustaba cantar, y poseía una voz potente para su menuda estructura de cinco pies, dos pulgadas. Se había aprendido la letra en inglés de uno de los éxitos de la estrella del *pop* "I Could Fall in Love with You", y le gustaba cantarla mientras iba haciendo sus tareas de rutina temprano en la mañana. Resultaba claro que ella prefería estas canciones a los himnos religiosos de su grupo coral de los domingos.

Ramona disfrutaba escuchar la voz melódica de su hija, pero se molestaba cada vez que oía a Silvia tararear en español los versos seductores de las canciones de amor de Selena. Creía que las letras estaban demasiado cargadas de sexualidad para una muchacha tan joven.

En la mañana del 11 de julio de 1995, Domingo, el hermano mayor de Silvia, la llevó en su auto hasta la escuela. Vivía en una casa que construyó en la pequeña propiedad de ambos. Las dos residencias compartían la entrada de autos, donde Domingo guardaba el suyo.

Domingo vio a su hermana poco antes de la diez de esa mañana, caminando a prisa hacia la parada de autobús con un muchacho del barrio. Le gritó desde la ventanilla. Él y su esposa se dirigían al centro y se ofrecieron a llevarla.

Se suponía que fuese un buen día para Silvia. En la escuela tenía un horario ligero, tan sólo un examen, porque era verano, por eso salía de su casa mucho más tarde de lo usual. Su rutina normal era salir antes de las 4:00 A.M. para llegar a la escuela a las seis. A la 1:00 P.M. estaba en camino a la zapatería, donde trabajaba hasta el cierre.

Domingo notó que Silvia se mantuvo inusitadamente callada durante el recorrido de veinte minutos en auto. Se preguntó si había tenido alguna discusión con su madre esa mañana. Para no pecar de indiscreto, lo dejó pasar.

Eran cerca de las 11:00 de la mañana cuando dejó a su hermana frente a la Universidad Iberoamericana, una escuela secundaria privada donde Silvia tomaba clases de administración de empresas. Ella iba a presentarse a un examen esa mañana y luego iría directamente a trabajar en la zapatería del centro. La tienda estaba localizada en una zona turística de la ciudad, contigua a la histórica Misión de Nuestra Señora de Guadalupe. La estructura de adobe blanco era la iglesia más antigua del municipio. Terminada de construir en 1668, era la primera casa de culto erigida en la frontera entre México y Estados Unidos. En la misma plaza hay un segundo templo, la impresionante catedral de Juárez, con su fachada neoclásica y sus torres estriadas. Fue construida a principios del siglo XX como un anexo a la misión de Guadalupe para acomodar al creciente número de fieles. Una verja de hierro tallada rodea los dos edificios que están entre las pocas atracciones turísticas de carácter histórico en la ciudad fundamentalmente industrial.

Ya estaba oscuro cuando Ramona salió a esperar el autobús de Silvia ese martes por la noche; había pocos faros del alumbrado público en el camino, y sus pies aplastaban las piedritas mientras se apresuraba a lo largo de las calles sin pavimentar, prácticamente jadeando al acercarse a la parada.

A los cincuenta y un años, Ramona estaba ligeramente pasada de peso para su estatura de cinco pies. El cabello negro, que llevaba recortado, tenía mechones de canas y las arrugas de sus manos eran la prueba de los años que llevaba lavando platos y ropa para sus cinco hijos. En los últimos meses había empezado a padecer de dolores de espalda que a menudo se le irradiaban a ambas rodillas. Sin embargo, era una mujer alegre y de sonrisa fácil.

Ramona apresuró el paso a tiempo que el autobús se acercaba ruidosamente y con las luces direccionales oscilando que revelaban la intención del chofer de detenerse ante el árbol solitario que marcaba la parada local. Eran las 8:45 P.M. Silvia estaría por llegar. Le había dicho a su madre que la esperara en el siguiente autobús, el que llegaba poco después de las nueve. Su turno en Tres Hermanos terminaba esa noche a las ocho.

Ramona siempre estaba preocupada por su niña bonita, porque, a los dieciséis, Silvia era demasiado confiada y poseía una ingenua seguridad en su capacidad de protegerse.

"Cuídate", le había advertido Ramona a la adolescente en varias ocasiones, "las muchachas están desapareciendo".

"No me pueden hacer nada", le contestaba siempre Silvia; la típica respuesta de una muchacha de dieciséis años que se creía invencible.

Eran pasadas las 9:00 P.M. cuando Ramona se acercó a la puerta del autobús que llegaba, una versión azul y blanca de los autobuses amarillos que transportan a los escolares en Estados Unidos. Observaba a los cansados pasajeros que bajaban, a la espera de ver a su hija. Pero el último de los viajeros descendió los peldaños y no hubo señales de Silvia.

Debe haberse detenido a platicar con algunos amigos mientras esperaba en el sitio de hacer la transferencia del autobús en el centro, pensó Ramona. La mayoría de los autobuses de la ciudad se paraban en ese lugar, marcado por una enorme estatua de Benito Juárez García, héroe de la revolución mexicana y presidente del país, de quien la ciudad tomaba el nombre. La estatua de ocho pies de alto, que se alzaba sobre un gran pedestal, estaba hecha de mármol blanco de Carrara, mármol negro de Durango y piedra labrada de Chihuahua. Se levantaba en el centro de un parque de cuatro manzanas salpicado de manchas de césped y unos cuantos bancos. Los adolescentes se reunían allí para jugar a la pelota y los pasajeros de autobuses esperaban sus conexiones; era allí que Silvia hacía su transferencia diaria de un autobús al otro. Los Morales vivían junto a la línea de la Ruta 30, que iba desde el distrito del centro de la ciudad al aeropuerto de Juárez.

Las calles de la ciudad eran una mezcolanza de calles pavimentadas y sin pavimentar, algunas marcadas y otras anónimas sendas arenosas que conducían a los barrios más pobres en las afueras de la ciudad. Vista desde el norte de la frontera, Juárez parecía una gran metrópolis, pero una inspección más cercana de la ciudad la hacía parecer el pariente pobre y deprimido de El Paso, más cercana a un país del tercer mundo.

Los edificios de una y dos plantas que se enraciman justo a la salida del puente de la calle Santa Fe, viniendo de El Paso, estaban abandonados, con sus fachadas de colores claros empañadas por una capa de polvo ocre de las tormentas de arena y el humo de los automóviles. No había leyes en México que regularan las emisiones de humo y la contaminación ambiental seguía siendo un problema.

Además de los escapes de los autos, los escombros de las vías eran una importante preocupación en la ciudad. En casi todas las esquinas, había tiendas de llantas, para ofrecer a los motoristas un remiendo rápido a los innumerables reventones causados por la basura tirada en las carreteras. Los autos y camiones de fabricación norteamericana de los setenta y los ochenta dominaban el paisaje, muchos de los cuales parecían como acabados de salir de un rastro.

Desde que anochecía, empezaba a sonar la música ensordecedora de los clubes nocturnos y cantinas que se alineaban en las calles de la zona de tolerancia, frecuentadas por pandillas callejeras locales, traficantes de drogas y los que querían bailar y divertirse. En las calles Mariscal y Ugarte los bares permanecían abiertos la noche entera, verdaderos imanes para los que estaban ansiosos de cruzar la frontera e incurrir en ciertas libertades amparados por el anonimato.

Movidas por un deseo de maximizar las ganancias, las fábricas de la ciudad también funcionaban con un horario de veinticuatro horas. Incluso, algunas de las escuelas tenía dos sesiones diarias para darle cabida a la creciente población escolar.

De pie, sola en la calle oscura y desierta, Ramona vio llegar e irse el autobús de las nueve y quince, como también el de las nueve y treinta y el de las diez. Con cada autobús que pasaba, el corazón de Ramona latía un poco más aprisa y terribles pensamientos acudían a su mente mientras intentaba hablar consigo misma y mantener la calma. No quería pensar en el peligro. No quería pensar en los artículos del periódico sobre las chicas que desaparecían. Sólo quería ver la cara de Silvia.

A las 10:30 P.M., ya se encontraba en estado de pánico. Helada de miedo, seguía esperando de pie en la parada. Silvia tenía que aparecer, se decía Ramona.

A la 1:00 A.M. se detuvo el último autobús de la noche: la última parada de su recorrido, y Silvia no se encontraba entre los pasajeros que bajaron. Ramona vio descorazonada cómo el chofer cerraba las puertas del autobús vacío y se alejaba. Se sintió mareada por el polvo y el humo del motor; apenas si podía respirar mientras regresaba a toda prisa a su casa. Una vez allí, intentó despertar a su marido. Pero Ángel no andaba bien: le habían diagnosticado un tumor pulmonar, se sentía cada vez más débil y no era fácil sacarlo del sueño.

Luego de pasearse varios minutos por el cuarto debatiéndose en qué hacer, Ramona salió a la calle y fue hasta la casa de una vecina. Su amiga Sandra vivía a unas pocas viviendas de por medio y tenía un cuñado que era capitán del Departamento de Policía de Juárez.

Sin importarle la hora, Ramona tocó a la puerta de Sandra. Apenas le había dicho unas palabras cuando Sandra se puso al habla por teléfono con los hospitales de la localidad y luego con la Cruz Roja. Luego llamó a su cuñado, el capitán de la policía.

"Silvia Morales ha desaparecido", Ramona oyó que su amiga decía por el teléfono. ¿Podría él movilizar algunas fuerzas?

El capitán conocía a Silvia del barrio y de la zapatería popular donde ella trabajaba. Creyendo que él emprendería de inmediato alguna acción, Ramona regresó a su casa y durante horas se sentó junto al teléfono a la espera de alguna noticia de la policía; pero nadie llamó.

A las alarmas oficiales rara vez les prestaban mucha atención los agentes de la policía local, que parecían darle poco valor a las vidas de las jóvenes desaparecidas, en parte porque muchas de ellas no eran naturales de la ciudad, sino miembros de una población inmigrante que había venido a Juárez en busca de trabajo.

Otra posible razón por la que los agentes les prestaban tan poca atención a este tipo de denuncias, era que sus salarios estaban entre los más bajos de todos los empleos municipales y atraían a algunos de los candidatos más indeseables de la ciudad. Sólo exigían tener una educación primaria para incorporarse al cuerpo de policía de Juárez, que no tenía ninguna facultad investigativa y que era estrictamente de naturaleza preventiva. Había una creencia muy extendida de que los agentes aceptaban sobornos para que los ingresos les alcanzaran o habían tomado el empleo para ganar un dinero adicional ayudando a traficantes de drogas y a otros criminales inescrupulosos.

Los que tenían un corazón honrado con frecuencia eran obligados a abandonar el puesto o renunciaban frustrados.

Era pleno día y el sol empezaba a asomarse sobre las montañas mientras Ramona seguía paseándose por la sala, acordándose de la mañana anterior cuando Silvia salió para la escuela. La temperatura ya había subido a más de ochenta grados Fahrenheit cuando su hija salió poco después de las diez. Ramona recordaba que Silvia apenas había tocado el desayuno que ella había preparado: tortillas, frijoles y tomates cortados en cubitos provenientes del pequeño huerto que tenía en el patio lateral de la casa. Tal vez Silvia se había sentido nerviosa por el examen que habría de tomar en la escuela esa mañana.

Ramona no se pudo quedar tranquila otro segundo. Determinada a encontrar a su hija, comenzó una investigación por su cuenta. Esa mañana salió para la zapatería para enterarse si Silvia se había presentado a trabajar la tarde anterior. Pese a su enfermedad, su marido insistió en acompañarla hasta el centro de la ciudad. Ángel sentía un miedo mortal por lo que hubiera podido sucederle a Silvia y no podía quedarse en casa a la espera de respuestas. Ella era su única hija. La pareja llegó a la tienda antes de que abrieran y se quedó de pie en la acera, esperando ansiosamente la llegada del tendero.

El gerente de la tienda le dijo a la pareja que Silvia había ido a trabajar, pero que había pedido permiso para salir a las 12:30 P.M. para tomar un segundo examen en la escuela. Silvia dijo que estaría de regreso a las tres. Pero la adolescente nunca regresó a la tienda de zapatos ese día.

Confundida, Ramona verificó con los administradores de la escuela y el director le dijo que no había ningún otro examen señalado para esa tarde. El relato empezaba a carecer de sentido. Silvia nunca había mentido antes: era una buena muchacha.

Ramona regresó a su casa para esperar por su hija, mientras Ángel y su amiga Sandra fueron a la estación de la policía para presentar una denuncia.

Era día de elecciones en Juárez y muchas de las oficinas locales estaban cerradas. La policía no fue de ayuda alguna. Estaban ocupados tratando con la logística de la votación. Además, las autoridades exigían un período de espera de setenta y dos horas antes de aceptar la denuncia de una persona desaparecida. El agente que se encontraba en la ventanilla en la jefatura principal se burló de Ángel y Sandra al sugerir que Silvia los había engañado, diciéndoles que probablemente se había ido con un novio y que pronto aparecería.

Ramona se enfureció cuando oyó lo que el policía le había dicho a su marido y, sin flaquearle el ánimo, prosiguió con sus propias investigaciones rudimentarias. Fue hasta dos clubes nocturnos de la localidad, La Cueva y El Barko, habló con amigos y vecinos para saber si alguno de ellos había visto a Silvia. Su hija había ido a los clubes varias veces en el pasado con una mujer del barrio que llevaba muchachas a bailar. La mujer tenía tres hijas y animaba a otras chicas a que se les unieran para salir de noche. Silvia también había estado en centros nocturnos de la localidad unas cuantas veces con su hermano Domingo. Nadie recordaba haber visto a Silvia esa noche.

Ramona interrogó luego a los amigos de su hija en el barrio.

Una chica joven que vivía en la misma cuadra que la familia Morales recordaba haber visto a Silvia ese martes por la tarde en el monumento a Benito Juárez, preparándose para tomar el autobús. La vecina venía hablando con un amigo de su aula cuando vio a Silvia junto a un árbol a unos pocos pies de la parada.

Silvia no parecía ella misma ese día, recordaba la muchacha. "Ella no me saludó como hacía siempre. Le hablé y no me respondió. Estaba muy pensativa, como distraída".

La muchacha comentó que Silvia estaba de pie cerca de un *chero*, es decir un vaquero, vestido de negro que hablaba inglés. No era raro ver a hombres vestidos de vaqueros en Juárez. Muchos hombres de la ciudad usaban sombreros y botas puntiagudas de vaquero, un atuendo que se conservaba de la época en que los caballos constituían el medio de transporte. Ahora esa ropa se había puesto de moda. Lo que no era usual era ver a un hombre vestido completamente de negro en pleno verano y hablando inglés.

"No podría decirle si se trataba realmente de un amigo", le dijo la adolescente a Ramona. "O si estaba con ella, porque, como ya le dije, ella parecía como si tuviera muchas cosas en su mente y estaba muy distante. No me habló en absoluto".

"Pero el hombre parecía estar hablando con Silvia", afirmó.

Ramona supo que otro autobús había llegado a la parada aquella tarde, no el que Silvia normalmente tomaba para regresar a casa, sino el que decía Valle de Juárez. Ese autobús llevaba a los pasajeros por la carretera Juárez Porvenir, que atraviesa una zona residencial mucho más próspera. La muchacha dijo que Silvia lo había tomado, al igual que el hombre que estaba de pie junto a ella.

Al día siguiente de la desaparición de Silvia, sonó el teléfono de Ramona Morales. Ella corrió a responderlo y encontró que no había nadie al otro lado de la línea.

"¿Eres tú, hija?", le dijo al receptor. "Si te fuiste con un muchacho, te perdonamos, pero regresa". No hubo respuesta.

El 14 de julio Ramona fue a la procuraduría situada en el Eje Vial Juan Gabriel para hablar con los funcionarios sobre la desaparición de Silvia. Su amiga Sandra, le "dio un aventón" hasta las oficinas del centro de la ciudad, donde también tenía su sede el Departamento de Policía del estado. Habían pasado tres días y no hubo información alguna. El corazón le latía apresuradamente mientras subía las gradas de cemento que llevaban al edificio revestido de espejos, que estaba a la par de una carretera de cuatro vías y a varias millas del distrito comercial del centro.

Como la policía local no estaba entrenada para llevar a cabo investigaciones de naturaleza criminal, todos los casos de personas desaparecidas había que reportarlos a la policía del estado de Chihuahua.

Las luces fluorescentes del techo del vestíbulo destacaban las arrugas de la tez cansada y marchita de Ramona mientras esperaba que alguien recibiera su denuncia. Adentro reinaba el caos, con gente que se arremolinaba o que aguardaba un turno en las varias colas a la espera de ser atendidos por los pocos agentes uniformados que se encontraban de pie detrás de las ventanillas o sentados ante altos escritorios de madera. Los pisos de mármol tenían un verdín asqueroso, y estaban mugrientos por las continuas pisadas de la gente que entraba y salía del edificio. El polvo del desierto se aposentaba prácticamente encima de todas las cosas, incluidos los zapatos, y dificultaba mantener los pisos limpios. A Ramona le dieron un número y le dijeron que esperara en uno de los bancos de madera.

El monótono tic-tac del secundario, en el reloj de la pared que se encontraba arriba, casi la vuelve loca mientras esperaba su turno. Finalmente dijeron su nombre.

El agente uniformado que se encontraba detrás de la ventanilla apenas se fijó en Ramona mientras ésta le describía las circunstancias de la desaparición de Silvia.

—Mi hija nunca regresó, ni de la zapatería, ni de la escuela —dijo la madre visiblemente temblorosa—. Ella dijo que iba a la escuela a tomar un examen y que luego iría a trabajar a la zapatería. Que estaría en casa en algún momento entre las nueve y las nueve y veinte.

—¿Ella no tiene novio? —preguntó el agente.

A Ramona no le gustó la actitud del agente. Pero ansiosa de obtener ayuda, dio el nombre del joven del barrio con quien Silvia había estado saliendo.

—¿Va ella a bares con frecuencia?

—No. No mi Silvia. Ella es una chica buena. Es una muchacha que va de su escuela a la casa. Una jovencita muy feliz.

—¿Cómo se viste? ¿Usa minifaldas?

Ramona se estaba molestando con el tono del agente.

—Mi hija llevaba vaqueros, una blusa rosada y tenis blancos cuando salió de la casa el martes por la mañana.

—Probablemente se fue con algún cholo, con algún tipo, con un novio —dijo con una risita el policía.

Vecinos y amigos le habían contado a Ramona de la actitud ofensiva e irrespetuosa de la policía estatal. Si bien sus agentes tenían mejor preparación que los de la fuerza pública local de Juárez, ya que era obligatorio tener un diploma de secundaria, sus sueldos seguían considerándose bajos en la escala salarial y se rumoreaba que la corrupción abundaba en sus filas.

Las activistas que defendían los derechos de las mujeres habían comenzado a manifestar su indignación porque los detectives culpaban a las víctimas, al sugerir que voluntariamente se escapaban con un hombre o que estaban llevando una doble vida, yéndose a escondidas después del trabajo a bailar en los bares y discotecas de la ciudad. De hecho, la mayoría de las muchachas muertas había desparecido a la ida o al regreso de su trabajo y vistiendo pantalones largos y tenis, no minifaldas ni zapatos de tacones altos, como insinuaba la policía.

En esa cultura machista, las muchachas que se valían por sí mismas eran miradas con recelo y con frecuencia se suponía que eran promiscuas. Los activistas creían que esta mentalidad era la que había llevado a los agentes de la policía a pasar por alto el creciente número de muchachas mexicanas pobres cuyos cuerpos violados y destrozados habían estado apareciendo en el desierto.

Entre los residentes de Juárez existía la creciente especulación de que los policías, tanto de las fuerzas estatales como municipales, estaban involucrados de alguna manera en los asesinatos o bien estaban encubriendo al culpable o a los culpables.

Ramona observaba mientras el policía uniformado le entregaba una solicitud y le daba instrucciones de cómo llenarla. Con la ayuda de Sandra, concluyó el papeleo, con la idea de que era un paso preliminar para una reunión con detectives del Departamento de Policía del estado de Chihuahua, que llevaban a cabo todas las investigaciones de carácter penal. En lugar de eso, le dijeron que empezara una investigación y que les mantuviera al tanto de cualquier novedad.

—Tal vez se fugó con su novio o tal vez está con alguna amiga —sugirió el policía—. Esperemos a ver si regresa.

—¡Mi hija no es de esa clase de muchachas! —respondió con brusquedad Ramona, mientras alzaba la voz y miraba al hombre que se encontraba detrás de la ventanilla—. Mi hija nunca haría eso. Ella me habría dicho "me voy a quedar con una amiga". Ella no es de ese tipo. Ella es una muchacha buena. Silvia sólo fue a la escuela, y de allí fue a trabajar. De su casa a la escuela y de la escuela al trabajo —decía una y otra vez como si fuera un mantra lastimero.

Frustrada, confundida y temerosa por el paradero de su hija, Ramona se fue del cuartel de la policía sin obtener ninguna ayuda y ninguna respuesta.

En los días que siguieron, hubo más llamadas anónimas a la casa de los Morales. Un hombre que llamó dijo saber dónde se hallaba Silvia retenida y le proporcionó a Ramona una dirección. Subieron a un auto, ella y su marido junto con su hijo y su nuera, y se dirigieron a toda velocidad hacia el lugar. Domingo entró, pero sólo encontró a una pareja de ancianos que no sabía nada de Silvia. La familia reportó la pista a la policía, así como el segundo aviso de un hombre llamado Alejandro que dijo ser el trabajador de una fábrica y que conocía el lugar donde se encontraba la adolescente.

La policía le aseguró a la familia que estaban siguiendo esas y otras pistas, aun más prometedoras. Pero según los días se fueron convirtiendo en semanas, los Morales no tuvieron ninguna noticia de Silvia.

Luego, el 19 de agosto, Ramona supo que habían encontrado un cadáver no lejos de su casa en la calzada de Casas Grandes. Era el de una joven de cabello negro largo. Había sido violada y estrangulada. Sus restos destrozados habían sido lanzados junto a un solar yermo propiedad de PEMEX.

Ramona cayó de rodillas y le rezó una oración a la virgen de Guadalupe, la patrona de México, cuando supo que no era Silvia. Por un momento experimentó una renovada fe de que su hija vivía aún y de que regresaría pronto a casa.

A principios de septiembre, cerca de dos meses después de que Silvia Morales desapareciera, un hacendado de la localidad andaba en busca de caballos salvajes en Lote Bravo, una franja del desierto que se encuentra al este del aeropuerto, cuando se tropezó con los restos esqueléticos de una mujer joven escondidos debajo de un arbusto. Estaba parcialmente desnuda; la blusa y el sostén se los habían subido sobre la cabeza, exponiendo lo que quedaba de sus senos mutilados. Cuidadosamente puestos al lado del cadáver había un par de calzones blancos y unos zapatos tenis blancos, que más tarde fueron identificados como pertenecientes a la joven Morales.

Estupefacto, el ranchero regresó a su camión y se apresuró a buscar un teléfono para notificar a la policía.

Agentes uniformados acordonaron la escena del crimen con cintas amarillas y comenzaron una investigación de rutina. Para esa fecha más de cuarenta mujeres habían sido asesinadas, muchas con el mismo *modus operandi*. Sin embargo, la policía tenía pocas pistas y ningún sospechoso.

Con una máscara quirúrgica, la patóloga forense Irma Rodríguez, de la oficina del procurador general del estado de Chihuahua, llegó al lugar para recoger pruebas de lo poco que quedaba de la joven de piel canela que cantaba como Selena. La Dra. Rodríguez se sentía frustrada por el creciente número de mujeres jóvenes que estaban apareciendo muertas en Juárez. Si bien la ciencia forense le permitía determinar la causa de sus muertes, ella era incapaz de identificar a sus asesinos.

"Tiene varias heridas pequeñas en el brazo derecho", señaló uno de los agentes uniformados que acudió a la escena del crimen. Las múltiples heridas superficiales parecían indicar que la víctima había luchado fieramente con uno o varios asaltantes.

Las autoridades luego determinaron que los restos eran los de Silvia Morales. Había sido violada y luego estrangulada con uno de los cordones de sus propios zapatos. Le habían cercenado el seno derecho y le habían arrancado de un mordisco el pezón del seno izquierdo. Le encontraron arena incrustada debajo de las uñas, lo que indicaba la posibilidad de que Silvia sobreviviera a la agresión y la hubieran dejado en el desierto para que muriera.

Eran casi las 10:00 de la mañana del sábado 2 de septiembre, cuando Ramona Morales vio el auto patrullero azul y blanco que se detenía frente a su casa. Ella y su marido se encontraban afuera, en el portal, bebiendo café y comiendo frutas, cuando dos policías uniformados salieron del vehículo y se dirigieron a la cerca que rodeaba su propiedad.

—Señora, hemos encontrado a su hija —dijo uno de los hombres, al tiempo que empujaba la verja abierta y entraba en el portal.

Ramona saltó del sillón de plástico blanco, rebosante de júbilo porque finalmente habían localizado a Silvia.

—¿Cómo la encontraron? —le preguntó al policía—, dígame, dígame.

Aun después de que los hombres le pidieron que les mostrara uno de los zapatos de Silvia, ella siguió mostrándose optimista.

Perpleja, hizo entrar a los agentes, dejándolos a la espera en la pequeña sala rectangular de cuyas paredes colgaban fotografías de Silvia con marcos ornamentales, posando con el traje blanco de quinceañera que se había puesto para celebrar sus quince años como parte de la tradición latinoamericana.

Los agentes se quedaron de pie con los brazos a la espalda mientras Ramona desaparecía en un cuarto trasero para reaparecer un momento después, sofocada y llevando en la mano un zapato blanco. Los agentes intercambiaron miradas.

—Señora, debe venir con nosotros —dijo el mismo agente. Su respuesta debía haberle advertido a Ramona de que algo andaba mal. Pero su mente no podía concebirlo.

Ramona se preguntaba por qué los policías le habían pedido ver uno de los zapatos de Silvia cuando ellos ni siquiera se habían molestado en llevárselos. Simplemente se habían fijado en la talla y lo habían puesto nuevamente en el piso.

Francisco, el segundo hijo de la pareja, se encontraba en ese momento en la cocina. Al oír la conmoción, se asomó a la sala a tiempo de ver a los agentes conducir a su madre fuera de la casa.

—Iré con ustedes —se ofreció Francisco, al tiempo que se apresuraba a salir detrás del trío. Su padre no se mostró deseoso de acompañarlos. Ángel parecía temerle a lo que pudiera llegar a enterarse.

Sin embargo, Ramona estaba segura de que Silvia estaba a salvo y esperando por ella en la estación de policía. Los agentes no le habían dado ningún motivo para creer otra cosa.

—¡No! —contestó uno de los agentes—. Ella vendrá sola.

Por un momento se hizo un completo silencio en el patio mientras los Morales intercambiaban miradas de temor.

—Vamos, señora —ordenó el agente, dirigiendo a Ramona hacia el auto patrullero al tiempo que le aseguraba a Francisco que le devolvería su madre a casa en unas pocas horas.

Ramona Morales se desplomó en el piso de la morgue cuando las autoridades le mostraron la calavera blanqueada que habían recuperado debajo de unos arbustos en Lote Bravo. Ella no podía aceptar que esos restos resecos fueran los de su querida hija.

Aun después de que la policía le mostrara la linda blusa rosada que habían encontrado arremangada sobre el pecho de su hija, la misma que Silvia llevaba puesta el día en que desapareció, Ramona siguió aferrada a la esperanza de que Silvia aún estaba viva. La horrible realidad era sencillamente demasiado dolorosa para que la madre la aceptara. Por el contrario, estaba convencida de que había ocurrido una terrible equivocación. Ramona sostenía que los restos que les habían mostrado no eran los de Silvia, y que su hija seguía viva, estudiando y cantando en algún remoto lugar, saludable y feliz.

A pesar de la promesa, la policía no llevó a Ramona esa tarde de regreso a su casa sino que la dejó librada a su suerte frente a la morgue. La desesperada madre se vio obligada a mendigar en la calle para pagar el boleto del autobús de regreso a la colonia Nuevo Hipódromo, donde su marido y sus hijos se enfrentaron a la horrible realidad.

La pena aturdió los sentidos de Ramona y le robó la alegría de vivir. La familia enterró a Silvia en un cementerio cercano. Ramona visitaba a diario la tumba de su hija y todas las noches rezaba a la Virgen de Guadalupe, la patrona de México, para que no le fuera a ocurrir lo mismo a otra hija de Juárez.

Pero volvió a ocurrir.

Ocho días después de que descubrieran el cadáver de Silvia abandonado en el desierto, encontraron otro en Lote Bravo: el de una mujer de veintiún años a quien la policía identificó más tarde como Olga Alicia Pérez. Había sido violada y apuñalada; tenía las manos atadas con un cinto y el cuello fracturado. Al igual que a Silvia, le habían cercenado el seno derecho y le habían arrancado el pezón del izquierdo.

A Ramona se le heló la sangre cuando leyó sobre el macabro hallazgo en el periódico y del descubrimiento de los cadáveres de otras seis adolescentes en los días que siguieron. Ya en el invierno de 1995, habían asesinado a diecinueve muchachas, lo cual hacía ascender el total a lo largo de tres años, a cuarenta y cinco.

Juárez, al parecer, era el escenario perfecto para un asesino o asesinos. Sobraban las víctimas, pobres y confiadas, y los crímenes parecían quedar impunes.

Y sin embargo, persistía el interrogante: ¿quién mataba a estas muchachas y por qué?

CAPÍTULO DOS

Un costal de huesos

Me señalan un costal de huesos. Lo único que pude ver fue su cabecita pero despegada.

IRMA PÉREZ,
MADRE DE LA VÍCTIMA OLGA ALICIA PÉREZ

ERA EL 9 DE SEPTIEMBRE DE 1995, cuando la policía le mostró a Irma Pérez todo lo que quedaba de su hija: una bolsa de huesos calcinados. Olga Alicia Carrillo Pérez había desaparecido aproximadamente un mes antes, el 10 de agosto, luego de trabajar el turno de la tarde en una de las zapaterías del centro, no lejos de donde había estado empleada Silvia Morales.

Su cadáver desfigurado no fue descubierto por la policía como parte de una búsqueda organizada, sino por un transeúnte, a cierta distancia de la carretera Libramiento Aeropuerto, en una zona remota de Lote Bravo conocida como Zacate Blanco. Olga Alicia fue una de las ocho muchachas descubiertas en el mismo tramo de desierto en el período de cuatro meses entre agosto y noviembre de ese año.

Los restos de Olga Alicia, al igual que los de las víctimas

anteriores, no fueron enterrados, sino abandonados simplemente al descubierto para que otros los encontraran, como si el asesino, o los asesinos, se creyeran inmunes a la detección o la captura. Es cierto que los cadáveres no tardaban en descomponerse una vez que quedaban expuestos a la inclemencia de los elementos del desierto: en verano, las temperaturas ascienden hasta los 110 grados Fahrenheit, lo suficiente como para acelerar el ritmo de la descomposición. Y en invierno, los coyotes, los ratones y las ratas se alimentan de carne humana.

Olga Alicia había estado desaparecida hacía apenas un mes, sin embargo, su calavera estaba tan deteriorada que el patólogo tuvo que sujetar la mandíbula para que su madre la mirara. Sin tejido carnoso que suavizara los rasgos, la mandíbula y los dientes parecían aterradoramente grandes. Irma Pérez casi se desmaya ante el horripilante espectáculo y le suplicó al médico forense que suspendiera el proceso de identificación. Ella no podía seguir mirando lo que las autoridades insistían que eran los restos de su única hija.

A Irma le tomó varios minutos recuperar la compostura, lo suficiente para reconocer que la blusa bonita que habían encontrado cerca del cadáver pertenecía a Olga. Sin embargo, ella se mostraba escéptica de que este cadáver descompuesto hubiera sido alguna vez su hija. Los huesos estaban en tan mal estado que parecía como si hubieran estado expuestos a los elementos durante más de treinta días.

Las autoridades le dijeron a Irma que no había suficiente material en el cadáver para practicar una prueba de ADN. Sin recursos económicos para contratar a un tercero que investigara el hallazgo, no le quedaba otra alternativa que aceptar ese costal de huesos como prueba de la muerte de su hija.

Irma Pérez se ganaba la vida de manera precaria, pero honesta, cocinando y vendiendo hamburguesas y refrescos en un estanquillo que había puesto en la estrecha acera que pasaba frente a su diminuta casa de ladrillos. Al igual que en muchas otras partes de la ciudad, su casa quedaba tan cerca de la calle, que aun después de cerrar la puerta se podía escuchar el ruido de las motocicletas, los autos y los camiones que pasaban.

Irma era una madre soltera y había criado a su hija con su propio esfuerzo. Había pasado horas y horas frente a la parrilla caliente para reunir el dinero con que pagar las facturas de cada mes. Tal parecía que el olor de la carne frita se había impregnado para siempre en su ropa.

Su vida cambió de manera significativa con la muerte de su hija. Sufrió una apoplejía y no se recuperó bien. Lo único que parecía devolverle una tenue expresión de alegría era hablar de Olga y mirar sus retratos. Vivía rodeada de fotos que captaban la breve y trágica existencia de Olga Alicia.

Debajo de la cama, Irma tenía cajas de zapatos llenas de más fotos y montones de recortes de periódicos acerca de las mujeres asesinadas de Juárez. Desde que su hija desapareció, había estado coleccionando obsesivamente recortes de prensa sobre todas las muchachas que desaparecían en la ciudad. De noche, los extendía sobre la desgastada sobrecama y los leía una y otra vez en busca de similitudes, de pistas que pudieran conducirla al asesino de su hija.

Al igual que Ramona Morales, Irma Pérez había avisado

rápidamente a las autoridades sobre la desaparición de su hija. A ella también le dijeron que esperara setenta y dos horas para presentar una denuncia oficial, e incluso entonces a la policía le tomó seis días enviar a un agente al lugar donde habían visto a Olga Alicia por última vez. Ya entonces Irma, al igual que Ramona, había comenzado una investigación por su cuenta. Supo que su hija había ido a las oficinas centrales de la localidad del partido político imperante, el Partido de Acción Nacional (PAN).

Para ganar apoyo para el candidato del PAN, los miembros de la dirección regional del partido estuvieron patrocinando una serie de bailes. Una mujer había venido a casa de los Pérez meses antes para invitar a Olga Alicia a que la acompañara a las reuniones sociales. Ella actuaría como la chaperona de Olga.

El gobierno regional, que controlaba el estado de Chihuahua, estaba en ese momento en manos del Partido de Acción Nacional, encabezado por Francisco Barrio Terrazas. Barrios estaba en el cargo cuando se cree que comenzaron los primeros asesinatos en Juárez en 1993, y a su administración la han acusado de no indagar sobre ellos. En 1995, el sexenio de Barrio estaba llegando a su fin y los miembros del oposicionista Partido Revolucionario Institucional (PRI), dirigido por Patricio Martínez, llevaban a cabo una ardua campaña para tomar la gobernación en las elecciones fijadas para una fecha posterior en ese año. El PRI conservaba la presidencia y había estado en el poder en México por más de setenta años.

Al principio, Olga rehusó asistir a los bailes del PAN. No le interesaba salir a divertirse. Estaba seriamente dedicada a sus estudios y a punto de comenzar las clases en una prestigiosa universidad local, donde le habían concedido una beca parcial. Pero Irma había insistido en que su hija se divertiera un poco y la había instado a salir.

El 10 de agosto, un jueves, se suponía que fuera una jornada laboral corta para Olga. A petición de su madre, ella estaba por renunciar al trabajo en la zapatería para buscar empleo en un lugar más cercano a la casa. Pero había aceptado ir durante varias semanas en su día libre para ayudar a su jefe a entrenar a algunos empleados nuevos. Olga le dijo a su madre que estaría de regreso en casa a las seis. Cuando Olga no se apareció, Irma salió a buscarla.

La gente en el barrio le dijo que Olga estaba entre un grupo de jóvenes en las oficinas centrales del PAN en la Avenida 16 de Septiembre, donde en ese momento había una reunión política. Irma sabía que su hija estaba interesada en un joven, que era un funcionario menor del partido político, a quien había conocido en un baile auspiciado por el PAN.

Desde que asistió al primer baile, Olga y la chaperona se habían convertido en habituales de las reuniones sociales.

Los agentes se rieron de Irma Pérez cuando fue a la jefatura de la policía, ese domingo, para llenar la planilla de denuncia de personas desaparecidas.

—¿Qué edad tiene su hija? —le preguntó uno de los agentes uniformados.

—Veinte —le contestó Irma furiosa cuando el agente miró a su compañero de trabajo y dejó escapar una risa sarcástica.

—Ella volverá —los dos se sonrieron con sorna al unísono—. Probablemente anda por ahí con algún novio.

Irma estaba horrorizada con esas bromas y con el modo en

que los policías la habían despachado. Para ellos, la desaparición de su hija era sólo otro caso doméstico que terminaría por resolverse.

Decidida a conseguir ayuda, Irma encontró a un asesor legal llamado Rogelio Loya para que la acompañara de regreso a la jefatura de la policía. Le resultaba claro que las autoridades sólo prestarían atención cuando alguien de influencia representara a la familia de la persona desaparecida.

Sin embargo, Irma se sentía tan frustrada que quería gritarles a los agentes para lograr que hicieran algo por encontrar a Olga Alicia. Le pidió a su hermana que intentara localizar los números de teléfono de las familias de las otras muchachas desaparecidas. Pero cuando las llamó, se enteró de que la mayoría había encontrado a sus hijas difuntas. "Sí, yo encontré a la mía, pero estaba muerta", le dijo una de las madres.

"Sí, yo encontré a mi hija recientemente, pero sólo su cadáver", le dijo otra.

Indecisa sobre qué otra cosa hacer, Irma buscó ayuda de los jóvenes de las oficinas centrales del PAN que habían sido amables con su hija. Pero el grupo no se mostró cooperativo. La comunidad política evitaba a Irma, rechazándola cuando intentaba saber más acerca de las actividades de su hija.

Si bien los miembros del PAN resultaron poco cooperativos, Irma encontró alguna ayuda en el celador nocturno. El guardia de seguridad lloraba la noche que le dijo a Irma que una empleada de la zapatería había traído a su hija a las oficinas del PAN ese jueves por la noche. Agregó que le pareció extraño que la empleada se apartara tanto de su ruta para llevar a la joven. Ella vivía a más de cuarenta minutos en dirección opuesta.

El sereno renunció poco después de la desaparición de Olga Alicia, y el asesor legal que había estado ayudando a Irma dejó de contestar sus llamadas. Se dijo que el asesor legal había sido amenazado. Irma no tenía idea por quién, y estaba demasiado enferma para seguir cualquier otra pista.

Varios días después de que Olga desapareció, Irma recibió una llamada anónima de alguien que decía saber el paradero de su hija. El que llamaba dio una dirección. La hermana de Irma se puso a investigar. Haciéndose pasar por una trabajadora social, tocó el timbre de una residencia de dos plantas en Fraccionamiento Almita y se encontró una casa llena de niños, como si se tratara de un parvulario o de una guardería infantil. No había señal alguna de Olga Alicia.

Sin embargo, Irma persistió en su búsqueda. Visitaba regularmente la morgue como parte de su vigilia, a la espera, en el área de recepción, de alguna noticia. La notificación que temía llegó finalmente un sábado por la mañana, cuando se personó en la oficina del médico forense en busca del parte diario. Escandalizada de que nadie la hubiera llamado, Irma escuchó a las autoridades decir que no había suficiente material para llevar a cabo una prueba de ADN. Pero le aseguraron que el cadáver era el de su única hija.

Para consolarla, los funcionarios le explicaron que muchas de las víctimas habían estado llevando vidas dobles, vidas que mantenían ocultas de sus madres. Insinuaron que las muchachas muertas habían estado trabajando furtivamente como prostitutas o bailarinas en los bares de mal vivir de la calle Ugarte, en el centro de la ciudad. Tal vez Olga Alicia había sido una de esas chicas que llevan una vida secreta, sugirieron.

Irma se encolerizó. Estaba segura de que algunas de las chicas muertas eran muy jóvenes: de nueve, diez y once años de edad. ¿Cómo podían los funcionarios inventarle una doble vida a esas niñas?

Las autoridades también tenían una respuesta para eso. Culpaban a las madres de las víctimas. Eran perezosas, desatentas, no cuidaban adecuadamente a sus hijas. Era por esa razón que las chicas se acercaban a extraños en busca de cariño y atención.

Irma supo después que la chaperona que había estado llevando a su hija a los bailes políticos era amiga de los detectives asignados a investigar el caso de Olga Alicia.

Era interesante el hecho de que habían estado circulando un cierto número de historias de mujeres que se amistaban con muchachas jóvenes a quienes engañaban con la oportunidad de socializar en bailes con otros jóvenes. Estas mujeres actuaban deliberadamente como agentes de varios hombres, vendiéndoles estas inocentes muchachas como objetos sexuales.

Había también informes de mujeres que habían desaparecido mientras esperaban en cola para obtener un empleo en las maquiladoras de la ciudad. Algunas empleadas contaban historias de gerentes que les tomaban fotos, al parecer como parte del proceso de la entrevista laboral. Luego se corrieron algunos comentarios de que cierto número de estas mujeres o bien habían desaparecido o estaban apareciendo muertas.

A Ramona Morales algunos de sus vecinos le dijeron que un hombre había estado recorriendo en auto las calles de su colonia y tomando fotos de las muchachas jóvenes que vivían allí.

Los relatos eran pavorosos, y sin embargo los funcionarios públicos eran incapaces de verificar ninguna de las historias, ni tampoco detener a los asesinos. De agosto a noviembre de 1995, rescataron los cadáveres de siete muchachas en los vastos eriales de Lote Bravo, no lejos de donde encontraron los cuerpos de Silvia Morales y Olga Alicia Pérez.

Cuatro de los cadáveres, entre ellos el de Silvia Morales, se ajustaban a un patrón preciso: cada una de las muchachas había sido violada, apuñalada y estrangulada. Todas aparecían desnucadas, con el seno derecho cercenado y el pezón izquierdo arrancado de un mordisco.

Resultaba aun más elocuente el presunto vínculo de los cadáveres de otras dos mujeres jóvenes que descubrieron en diciembre no lejos de Lote Bravo en los terrenos que quedaban al fondo de la propiedad de PEMEX, no muy lejos de la carretera de Casas Grandes. Uno pertenecía a una niña de catorce años, que más tarde fue identificada como Isela Tena Quintanilla. La policía advirtió que las manos de la niña habían sido atadas con una cuerda que estaba anudada de modo exacto a la que se encontró en una víctima anterior, una estudiante de diecisiete años llamada Elizabeth Castro que también era trabajadora de una maquiladora. Castro había desaparecido en agosto de ese año cuando volvía a su casa de la fábrica. Encontraron sus restos mutilados cuatro días más tarde en Lote Bravo, no muy lejos de los cadáveres de las otras muchachas.

Al no haber respuestas convincentes por parte de las

autoridades, empezaron a correr las más enloquecidas teorías. ¿Era el crimen organizado parte de la ecuación? ¿Buscaba la policía a un asesino en serie o a más de uno? ¿Había asesinos imitadores que se estaban aprovechando de la situación? ¿Era éste un caso no de asesinatos en serie sino más bien de una sofisticada operación de tráfico de órganos? ¿Usaba alguien o algún grupo a estas mujeres como protagonistas de películas *snuff*[1] baratas y luego se deshacían de ellas para no dejar pruebas? ¿O tal vez los asesinatos eran obra de un culto satánico en el que se sacrificaban a estas mujeres como parte de un ritual?

Aunque los expedientes, en el mejor de los casos, no eran muy completos, no quedaba claro cuándo pudo haber ocurrido realmente el primer crimen. Las autoridades creían que el primero de los asesinatos tuvo lugar en 1993.

Según la policía, la víctima fue descubierta el 23 de enero de ese año en un terreno baldío del distrito Virreyes Campestre de la ciudad. La autopsia reveló que la muchacha, identificada después como Alma Chavira Farel, había sido violada, tanto por la vagina como por el recto, y que había muerto por estrangulación. Las contusiones en la cara de Farel indicaban que la habían golpeado salvajemente durante el asalto que le costó la vida.

---

1. Las películas *snuff* son filmaciones de auténticos asesinatos con el fin de venderlas como entretenimiento para espectadores que no se conforman con el terror ficticio. Sin embargo, esto puede constituir una leyenda negra de la vida urbana contemporánea, ya que, hasta el presente, no existen pruebas de que haya llegado a filmarse un verdadero asesinato con fines comerciales. (N. del T.).

El 13 de mayo hallaron a otra mujer joven cuyo cadáver yacía de espaldas en Cerro Bola, una extensa región montuosa que se extiende a unas cinco millas de la calzada principal de la ciudad. Las autoridades observaron heridas punzantes y laceraciones en el seno izquierdo. Se determinó que también había sido brutalmente violada y estrangulada. Su identidad permanece desconocida.

Subsecuentemente, otros nueve cadáveres que mostraban las mismas lesiones y mutilaciones aparecieron en el desierto. En total, hallaron por lo menos a otras quince muchachas asesinadas en 1993.

Diez cadáveres más fueron descubiertos en 1994, víctimas de las mismas muertes espeluznantes. El patético cadáver de la niña de once años María Rocío Cordero fue hallado el 11 de marzo en un tubo de drenaje que corría a lo largo de la Calzada de Casas Grandes. La habían secuestrado camino a la escuela primaria, la habían sometido a violación anal y vaginal y, luego, había sido estrangulada por un agresor desconocido.

Otra adolescente apareció atada a un poste en el terreno de su escuela intermedia. La autopsia reveló que había sido golpeada y violada antes de que la estrangularan y dejaran el cadáver para que lo encontraran los estudiantes al regresar a clases al día siguiente.

Oscar Maynez Grijalva, joven y talentoso criminólogo de la Procuraduría General de Justicia del Estado de Chihuahua, advirtió claras semejanzas entre varios de los homicidios, poco después de incorporarse a la agencia a principios de ese año.

Maynez no encontró ninguna evidencia forense que sugiriera que le estaban extrayendo los órganos a las mujeres muertas. Tal procedimiento exigiría una cuidadosa extirpación hecha por alguien con entrenamiento médico, refrigeración y un rápido traslado a alguna instalación donde el órgano pudiera ser usado. En su lugar, el criminólogo estaba convencido de que otra clase de asesino en serie andaba suelto en Juárez.

Nacido y criado en Juárez, Maynez, era también profesor de medicina legal en la Academia de Policía del Estado de Chihuahua en el sur de Juárez y graduado universitario, tanto de psicología como de criminología. Había observado que casi todas las víctimas eran pobres, jóvenes y delgadas, de melena abundante y negra y de tez cálida y cobriza. Un número sorprendente eran empleadas de las plantas de montaje de Juárez. Por lo menos a cuatro de ellas, incluida la adolescente Morales, les habían cercenado el seno derecho y les habían arrancado de un mordico el pezón izquierdo.

Decidido a hacer el curso interesante para los jóvenes cadetes, decidió usar casos de auténticos homicidios para demostrar los pasos que conllevan armar una investigación criminal. Mientras revisaba los expedientes de la policía estatal en busca de material, descubrió dos casos que eran pavorosamente simicalares. Ambas víctimas eran mujeres jóvenes que compartían características físicas idénticas y habían sido violadas y asesinadas de forma en extremo metódica.

Debido a las similitudes, Maynez decidió usar los dos casos en su adiestramiento de los nuevos reclutas de la policía. También dio el paso de redactar un informe de tres páginas que incluía un perfil psicológico del perpetrador y la tesis de que podría haber un asesino en serie suelto en la ciudad.

A mediados de 1994, Maynez presentó estos hallazgos a sus superiores, creyendo que podrían ser de ayuda a la investigación que se llevaba a cabo. Pero el joven criminólogo se quedó sorprendido cuando Jorge Ostos, el jefe de la Academia de la Policía Estatal, simplemente le dio las gracias por ser diligente en su trabajo, pero no hizo nada más. Cuando Maynez intentó entregarle a Ostos una copia del informe, su jefe se la devolvió y le dijo que se la guardara.

Cuando él entró a trabajar en la procuraduría general, sabía que la calidad del trabajo investigativo estaba por debajo de las normas y confiaba en que él podría inducir a un cambio significativo. Esto ocurrió poco después de firmarse el NAFTA, y existía presión internacional para hacer a la policía más profesional y para institucionalizar en México el respeto a los derechos humanos. Maynez vio una oportunidad de ayudar, de contribuir, y felizmente aceptó el desafío. Pero no tardó en enfrentarse con un buen número de obstáculos, y casi inmediatamente empezó a cuestionar las técnicas de investigación de los miembros de la agencia estatal.

Una y otra vez los investigadores le pedían que falsificara sus hallazgos en una amplia variedad de casos. En una entrevista, Maynez admitió después, ingenuamente, que los investigadores sólo trataban de buscar una salida fácil. Dijo que habitualmente rechazaba esas peticiones con la esperanza de que ellos saldrían y harían una investigación a fondo. Y que durante algún tiempo la hicieron. Sin embargo, más tarde se dio cuenta de que los superiores les decían a los agentes a quiénes debían hacer objeto de las investigaciones, independientemente de hacia dónde apuntaban las pruebas.

Además, estaba perplejo ante la respuesta de su superior a su creencia de que un asesino en serie operaba en la ciudad, y persistió en seguir los casos por su cuenta. Debido a su preparación, sabía que los violadores y asesinos en serie actuaban con frecuencia movidos por una fantasía una y otra vez, hasta que alguien los detenía. Temía que sin una investigación agresiva, los asesinatos continuarían. Temía también que muchas de las obreras de las maquiladoras de Juárez fueran jóvenes, sin preparación formal y en extremo vulnerables.

No importa lo que estuviera pasando a su alrededor, las muchachas tenían que seguir yendo a las fábricas a todas horas del día y de la noche, a veces a pie. La realidad era que necesitaban mantenerse trabajando, sin tener en cuenta el peligro, debido a su precaria situación económica.

Tal como había predicho, Maynez encontró más asesinatos durante 1995 que seguían el mismo patrón que había descrito en su informe.

Mientras las autoridades fijaban ese año el número de homicidios contra mujeres en diecinueve, varias organizaciones no gubernamentales y agrupaciones locales de mujeres informaban que en realidad la cifra era más alta, elevándose a más de cuarenta homicidios contra mujeres, tan sólo en ese año. Según las organizaciones de mujeres, más de las mitad de las víctimas femeninas mostraban señales de violación y de tortura.

Oscar Maynez se sentía frustrado. Además del jefe Ostos, también había hablado del asunto con el subprocurador general Jorge López Molinar y con Javier Benavides, el investigador en jefe de homicidios, de que los asesinatos exigían atención especial porque las muertes continuarían si ellos no actuaban rápidamente. Pero Maynez afirma que sus advertencias fueron desatendidas.

Muy pronto, la cifra total de casos de violaciones y asesinatos sin resolver desde 1993 ascendería a un centenar.

CAPÍTULO TRES

El mutilador de Juárez

Hay tres cosas, corrupción, incompetencia e incapacidad, tres cosas causan las muertes de las mujeres.

ABDEL LATIF SHARIF SHARIF,
ACUSADO DE ASESINATO

AL MES EXACTO DE QUE HALLARON los cadáveres de Silvia Morales y Olga Alicia Pérez en septiembre de 1995, las autoridades encontraron una aparente solución al caso. Una joven identificada tan sólo como "Blanca" se presentó aduciendo que había sido secuestrada, maltratada y violada durante tres días en una casa de Rincones de San Marcos, un barrio elegante del noroeste de Juárez.

La dirección se encontraba en el paso de la ruta del autobús que Silvia Morales había tomado el día en que desapareció, llamada Valle de Juárez, que corre a lo largo de la bulliciosa calle de Insurgentes hasta una sección de la ciudad llena de casas unifamiliares de varios pisos con garajes privados, aceras y servicio telefónico.

Blanca condujo a los agentes a una villa estilo español con

ventanas en arcos y techo de tejas de terracota, a pocos metros de la Calzada de Casas Grandes. Un espacioso sedán blanco se encontraba estacionado en un cobertizo para autos. Dentro, los agentes encontraron al dueño, un científico egipcio de cuarenta y nueve años, Abdel Latif Sharif Sharif, ingeniero de una de las fábricas de propiedad norteamericana de la ciudad.

Blanca les dijo a las autoridades que él la había mantenido cautiva en su casa durante tres días, durante los cuales la había golpeado y la había violado en repetidas ocasiones. Los noticiarios locales identificaron a Blanca como una prostituta y reportaron su denuncia de que Sharif la había amenazado de muerte si intentaba escapar. La muchacha dijo que él le advirtió que enterraría su cadáver en el vasto desierto salpicado de cactus del sur de la ciudad llamado Lote Bravo, el mismo lugar donde habían hallado los cadáveres de muchas de las mujeres de Juárez asesinadas.

Blanca dijo que después de tres días de tortura, ella finalmente se las arregló para escapar desde una ventana del primer piso hasta llegar a una casa cercana, donde los residentes llamaron a la policía.

En base a sus denuncias, la policía arrestó a Sharif en octubre y lo acusó de violación, una acusación que él negó con vehemencia.

El egipcio les dijo a las autoridades que la mujer era una prostituta y que en realidad era ella quien lo había golpeado luego de que él rehusara conseguirle más drogas.

Sharif fue puesto en libertad rápidamente cuando Blanca, de repente, se retractó y luego desapareció sin dejar rastro.

Circularon rumores de que el egipcio le había pagado, pero ninguna prueba de tal transacción se materializó jamás.

La desaparición de Blanca puede haberle ganado a Sharif su libertad temporal, pero las acusaciones que ella le hizo llevaron a la policía a investigar más a fondo su pasado delincuencial. Así supieron que Sharif había tenido problemas en Estados Unidos por delitos relacionados con sexo y que había huido a México el 14 de octubre de 1994, para escapar de una deportación segura a Egipto.

Resultaba notable que las autoridades de EE.UU. hubieran permitido que un peligroso transgresor sexual con dos convicciones por delitos graves en sus antecedentes se mudara tranquilamente al sur de la frontera, sin alertar a las autoridades mexicanas.

De hecho, las autoridades sí habían sido alertadas del ingreso del egipcio por un ex colega de negocios de Sharif, quien advirtió a funcionarios mexicanos del inminente ingreso de Sharif por la frontera en 1994, pero su advertencia quedó desatendida, permitiendo que este delincuente entrara en México sin ninguna restricción.

Sharif había viajado a Estados Unidos a principios de los años setenta, estableciéndose primero en el área metropolitana de Nueva York antes de mudarse a Miami, donde la compañía petrolera Cercoa, Inc., para la cual trabajaba de inventor e ingeniero, tenía su sede.

Existen informes de que Sharif ya había tenido problemas con varias mujeres en Miami, pero nunca se presentaron cargos en su contra. El egipcio sólo llevaba viviendo un corto tiempo en la Florida cuando una hermosa mujer que vivía varios pisos más abajo, en su mismo edificio lo acusó de violación. En una entrevista televisada, la presunta víctima, que se identificó como "Tracy", le dijo a un reportero que Sharif la había invitado a cenar en su apartamento en mayo de 1981.

Los dos apenas se conocían, pero, según el testimonio de la mujer, Sharif le había despejado cualquier preocupación al decirle que varios amigos de ella también serían invitados a cenar. Sin embargo, cuando Tracy llegó al apartamento descubrió que era la única invitada.

Sintiéndose incómoda, se quedó el tiempo suficiente para tomar unos cuantos sorbos de un trago que Sharif le preparó y luego regresó rápidamente a su apartamento, diciéndole a su anfitrión que regresaría cuando sus otros invitados llegaran. En el ascensor, empezó a sentirse mareada y, una vez que entró en su apartamento, telefoneó a su novio pidiéndole ayuda.

Transcurrió algún tiempo, y le tocaron a la puerta. Tracy dijo que, creyendo que se trataba de su novio, acudió a abrir y de repente fue empujada hacia la sala por su vecino que ahora se comportaba como un loco. Ella le contó a las autoridades que Sharif la había violado brutalmente. Más tarde fue atendida en un hospital cercano, donde quedó establecido que ciertamente había sido violada. Sharif fue arrestado poco después y acusado de la agresión.

Los ejecutivos de Cercoa se mostraron receptivos cuando su empleado estrella vino a suplicarles que lo ayudaran, insistiendo que la relación sexual había sido de mutuo acuerdo. La compañía accedió a cubrir sus gastos legales e incluso le dio un aumento.

Después de declararse culpable de un delito menor, a Sharif le impusieron libertad condicional por su crimen.

Pero no tardaría en tener problemas otra vez. En agosto de 1981, una segunda mujer de North Palm Beach le dijo a la policía que Sharif la había violado brutalmente en su auto luego que ella aceptara acompañarlo un momento a su casa para que él pudiera recoger algo en su residencia. La mujer contó que finalmente se las arregló para liberarse golpeando repetidas veces al hombre enloquecido con el tacón de uno de sus zapatos. Con la ropa empapada en sangre, ella de algún modo saltó del vehículo en marcha y corrió hasta una gasolinera cercana en busca de ayuda.

Los ejecutivos de Cercoa fueron nuevamente receptivos y una vez más pagaron la defensa de Sharif. Al parecer el brillante químico le había hecho ganar a la compañía millones de dólares con sus inventos y no querían perder al valioso empleado. Sharif siguió en la nómina mientras cumplía, por la agresión, una sentencia de cuarenta y cinco días en la cárcel del condado de Palm Beach, y luego regresó a trabajar.

Según informes de prensa, al año siguiente Cercoa le canceló el contrato a Sharif, al parecer porque le había acumulado elevadas facturas legales a la compañía. Pero eso no detuvo a los inversionistas para ofrecerle financiamiento, a él y a Tom Wilson, otro empleado de Cercoa, para crear una asociación independiente.

En una posterior entrevista con la cadena A&E acerca de Sharif, Wilson reconoció que en ese tiempo él había tenido algunas reservas sobre el científico e incluso le había preguntado acerca de su sentencia penal. Pero Wilson se había quedado satisfecho con la explicación de Sharif de que la relación sexual había sido de mutuo acuerdo.

Esa fue una decisión que Wilson lamentaría más tarde. Los dos no llevaban mucho tiempo en sociedad cuando Wilson empezó a notar que su nuevo socio tenía un problema de alcoholismo. También observó que Sharif maltrataba a las mujeres mientras se encontraba bajo la influencia del alcohol. Esta revelación resultó conflictiva para Wilson, que ya no estaba seguro si quería seguir en una relación empresarial con el químico egipcio.

Dícese que Sharif llegó a casarse mientras vivía en Gainesville, pero la unión terminó rápidamente luego de que, al parecer, golpeara a su nueva esposa hasta dejarla inconsciente.

En la primavera de 1983, Sharif fue arrestado otra vez. Esta vez fue acusado de la violación brutal de una estudiante de enfermería de veinte años, a la que había atraído a su casa con un anuncio en el diario *Gainesville Sun* en el que buscaba a alguien para compartir su vivienda.

La perversa agresión tuvo lugar la noche misma en que la mujer se mudó a la amplia casa estilo rancho pintada de verde en la calle 35 del noroeste (N.W.) en el condado de Alachua. Según el informe de la policía, fue poco antes de la medianoche del 16 de marzo de 1983, cuando oyó a Sharif entrar en su cuarto. La muchacha contó que él se enfureció cuando ella rechazó sus insinuaciones y comenzó a pegarle en la cabeza y en la cara con los puños antes de subirse a la fuerza sobre ella en su propia cama.

La mujer contó a las autoridades que, durante el ataque,

Sharif lanzó la lámpara de noche, estrellándola contra la pared y rompiendo el bombillo. Él luego pisó los vidrios y se cortó el pie, por lo cual dejó un rastro de sangre en la alfombra. También intentó agredirla con un vidrio que estaba en la mesa de noche y con una estatuilla de W.C. Fields que la víctima tenía cerca de su cama.

Durante el asalto, que duró varias horas, la mujer dijo que Sharif le aplastó la cabeza contra la pared y la lanzó por una ventana. Después la amenazó con matarla y le dijo que iba a enterrar su cadáver en el bosque que estaba detrás de su casa.

Luego, en un giro absurdo de los acontecimientos, Sharif de repente se excusó y la llevó rápidamente a un hospital de la localidad para que la trataran.

Allí le mintió a los agentes de la policía, diciéndoles que las lesiones de la muchacha eran el resultado de una pelea de amantes, no de una violación. Pero las lesiones de ella eran tan graves que sus palabras no podían explicar el daño físico que él le había infligido.

Sharif fue arrestado por miembros del Departamento de Policía de Gainesville el 18 de marzo de 1983, y excluido de fianza. Durante un registro practicado en su casa, la policía encontró pruebas que corroboraban el testimonio de la víctima.

En el piso del cuarto de ella estaba desecha la estatuilla del comediante W.C. Fields. Hallaron también una gran rajadura en una de las paredes, un bombillo roto en el piso al lado izquierdo de la cama y manchas de sangre en el piso. También había un vidrio roto al lado de la cama, y se encontraron manchas de semen en las sábanas. Durante el registro también confiscaron un arma de fuego.

En enero de 1984, mientras se encontraba a la espera del juicio, Sharif se las agenció para escaparse de la cárcel del condado de Alachua, pero fue rápidamente recapturado. El 31 de ese mes, lo sentenciaron a doce años de cárcel por la violación y el intento de asesinato de la joven estudiante de enfermería.

En la vista para dictar sentencia, el fiscal prometió que a Sharif lo estarían esperando a las puertas de la cárcel el día de su liberación y de inmediato sería deportado a su natal Egipto. Pero eso no ocurrió. Luego de cumplir tan sólo cinco años, le concedieron libertad condicional. Las cartas del fiscal a los funcionarios del Servicio de Inmigración y Naturalización en las que se exigía una deportación inmediata no sirvieron de nada; no había ningún agente federal a la espera del ex convicto de piel oliválcea cuando salió por las puertas de la prisión en 1989.

Por el contrario, había un puesto esperando por él en Midland, Texas, con Benchmark Research and Technology, una compañía petrolera que también dirigía una fábrica en Juárez, México. Midland, una ciudad de cien mil habitantes localizada a medio camino entre Dallas/Fort Worth y El Paso, está a unas cinco horas en auto de la frontera mexicana. Sharif resultó muy estimado por sus colegas en Benchmark y su trabajo fue catalogado como ejemplar. Pasaron casi dos años antes de que tuviera otro percance con la ley. Esta vez la ofensa fue menor, un arresto por conducir borracho.

Pero la noticia del arresto de Sharif hizo entrar en acción a su antiguo socio.

Tom Wilson vivía ahora en Texas. Cuando supo que Sharif

había sido puesto en libertad y que se había librado de la deportación, se quedó horrorizado. Se sentía parcialmente responsable por lo que le había sucedido a la joven estudiante de enfermería en Gainesville. Se sentía culpable de que su asociación con el científico extranjero le hubiera dado a Sharif los medios para proseguir con sus violentas aventuras. Y para asegurarse de que nadie más cayera presa de su antiguo socio comercial, se dispuso a rectificar las cosas.

Wilson hizo una serie de llamadas telefónicas, una de ellas a la policía de Gainesville. Una teniente llamada Sadie Darnell recibió la llamada. Si bien Darnell nunca había trabajado con el caso de violación de Sharif, se enfureció al saber que al químico de cuarenta y dos años lo habían dejado quedarse en Estados Unidos pese a tener dos arrestos por delitos graves.

Darnell se mostró incrédula cuando le dijeron que el ex convicto parecía estar a punto de convencer al juez de Texas que presidía la causa de su deportación.

Durante el largo proceso, Sharif se había valido de su inteligencia y su simpatía para persuadir al tribunal de que él se sentía arrepentido, y hasta le llegó a suplicar al magistrado que le diera otra oportunidad.

La investigación que hizo Darnell sobre los antecedentes de Sharif revelaban que tenía cinco alias y tres fechas de nacimiento registradas, difícilmente el perfil de alguien que quisiera cambiar su conducta. En una carta posterior dirigida al tribunal, ella arguyó a favor de su deportación.

"A Sharif le han dado el singular privilegio de poder residir en Estados Unidos", le escribió Darnell al juez. "Él ha abusado de este privilegio una y otra vez. Su conducta ha probado que es un depredador de mujeres... Las víctimas han recibido daños irreparables. Por favor, ténganlas en cuenta".

Fue la enérgica carta de Darnell al tribunal la que finalmente llevó al juez de El Paso a dar inicio a los procedimientos de deportación en 1993.

Vale resaltar que, mientras se encontraba a la espera de la sentencia en el juicio de deportación, Sharif presuntamente secuestró a una mujer, la mantuvo cautiva en su casa y la violó una y otra vez antes de que ella finalmente escapara. Se presentaron cargos, pero el abogado encargado de la deportación de Sharif llegó a un acuerdo con el gobierno: su cliente abandonaría el país por su propia voluntad si le sobreseían el caso.

La compañía petrolera norteamericana para la que trabajaba en Midland, Texas, lo mantuvo en la nómina, dejándolo que continuara su trabajo como ingeniero en una planta de montaje que dirigían en Juárez. Un abogado de la compañía incluso lo había representado cuando fue arrestado por primera vez y acusado de la presunta violación y secuestro de Blanca.

Aun después de que le retiraran los cargos, Sharif siguió estando bajo intenso escrutinio por parte de la policía estatal de Chihuahua, de las activistas a favor de las mujeres y de otras personas de la comunidad de Juárez. Las autoridades mexicanas llegaron a saber que Sharif era un delincuente que había sido sentenciado en dos ocasiones y sus antecedentes criminales en Estados Unidos lo convertían en un sospechoso lógico de muchos de los asesinatos que habían tenido lugar desde 1993.

Una investigación de las actividades de Sharif en Juárez

llevó a la policía a la zona de tolerancia, donde se demostró que era un cliente habitual. Allí encontraron a una mujer llamada Erika Fierro, que trabajaba de bailarina en un club de la calle Ugarte y que, según se decía, consumía drogas. Ella le dijo a la policía que había conocido a Sharif en una barra llamada Joe's Place en la primavera de 1995 y decía haberle presentado a nueve de sus amigas.

En algún momento Sharif al parecer reconoció haber tenido relaciones sexuales con las nueve mujeres y entonces le dijo a Fierro algo que la aterrorizó: que él había asesinado a las muchachas y había enterrado sus cadáveres en las zonas desérticas del sur de la ciudad. Fierro le dijo a Sharif que no iba a presentarle más a sus amigas, pero posteriormente alegó que no había puesto al tanto a la policía de esta historia por estar amenazada de muerte.

La investigación policial que se llevaba a cabo sobre el egipcio sacó a relucir a testigos que alegaban haberlo visto en compañía de varias de las mujeres muertas de Juárez, entre ellas Silvia Morales y Elizabeth Castro, la estudiante y obrera de maquiladora de diecisiete años. A Castro, una trigueña delgada, la vieron viva por última vez en el momento de abordar un autobús que servía de trasporte entre la fábrica y el centro de Juárez el 15 de agosto de 1995.

En respuesta a los continuos asesinatos, algunas de las fábricas habían añadido, para la seguridad de sus empleados, los servicios de autobuses fletados que llevaban a muchachas como Elizabeth Castro, luego de sus turnos de nueve y diez horas de trabajo, hasta el distrito del centro donde harían la conexión con los autobuses públicos para sus largos recorridos de regreso a sus casas. Algunos de los autobuses eran viejos, y no eran propiedad de las fábricas ni los manejaba su personal, sino que pertenecían a ciudadanos particulares cuyos servicios contrataban las maquiladoras. Cualquiera podía manejar un autobús, siempre que tuviera la debida licencia de conducir y ningún antecedente penal.

El cuerpo de Castro fue descubierto el 19 de agosto, en Lote Bravo, junto a la Calzada de Casas Grandes, no lejos del barrio elegante de Sharif. Los funcionarios dijeron que su cuerpo mostraba marcas de mordidas semejantes a las que se encontraron en el cadáver de Olga Alicia Pérez. La autopsia mostró que había sido violada y estrangulada, con las manos atadas con los propios cordones de sus zapatos, de manera semejante a algunas víctimas anteriores.

Castro era una muchacha memorable, de pómulos salientes, una nariz pronunciada y una abertura entre los dientes que la agraciaba. Los testigos que trabajaban en los violentos bares de la calle Ugarte recordaban haber visto a la hermosa adolescente de pelo oscuro en compañía del egipcio Sharif Sharif ese último verano. El elegante caballero se distinguía por sus finas ropas de seda, sus zapatos de piel y sus bolsillos llenos de dinero. Medía más de seis pies y su costoso vestuario contrastaba notablemente con los clientes típicos: hombres vestidos con pantalones vaqueros que ya lucían gastados, que calzaban botas puntiagudas y que fumaban Marlboro.

Se dijo que la pareja fue vista recorriendo la zona en el sedán blanco de Sharif y sentados después a la mesa en un rincón de uno de aquellos sórdidos lugares, besándose y riendo.

Basados en esta información, las autoridades volvieron a arrestar a Sharif en diciembre de 1995 y lo acusaron del asesinato de Castro. También sugirieron que estaba vinculado, por lo menos, a otra docena de crímenes.

Si bien no tenían ninguna prueba, los funcionarios lo bautizaron con éxito como "el mutilador de Juárez" y celebraron la captura de Sharif como un hito importante en el caso.

Aunque las autoridades sostenían que Sharif Sharif estaba asociado, por lo menos, a una docena de los asesinatos de la ciudad, lo acusaron oficialmente de un solo homicidio: el asesinato de Elizabeth Castro.

Sin embargo, los titulares se jactaban de la captura del asesino en serie de Juárez y los residentes de la ciudad fronteriza dieron un colectivo suspiro de alivio.

En los días que siguieron a su arresto, Sharif convocó a una rueda de prensa en la espaciosa cárcel El Cereso donde lo mantenían en confinamiento solitario.

El penal se levanta aislado sobre una vasta franja de tierra seca y arenosa justo al sur de la ciudad en la intersección del Eje Vial Juan Gabriel y Barranco Azul. Detrás de una alta y amenazante cerca de alambre de púas, guardias uniformados vigilan desde las garitas de seguridad y desde las torres de observación de lo que se ha llamado inadecuadamente un centro de rehabilitación de adultos. En la práctica, El Cereso es más que una prisión de máxima seguridad, es una especie de estación de tránsito para los criminales más peligrosos de la ciudad. Los reclusos están encerrados a razón de tres por celda y algunos de los que ya han sido sancionados esperan su traslado a un establecimiento penitenciario más permanente. Otros se encuentran allí para cumplir sus sentencias.

La instalación, con su pintura descascarada y sus manchas de herrumbre, fue concebida para albergar un máximo de 832 reclusos cuando la construyeron en 1980. Ahora se encuentra excesivamente superpoblada con más de 2.000 presos— más del doble del número para el que se destinó. Los funcionarios estatales, que no estaban interesados en la administración de la cárcel, pusieron su funcionamiento en manos del gobierno municipal. Entre los encarcelados en El Cereso había 500 presuntos asesinos. Sharif se contaba ahora entre ellos.

Para los miembros de la prensa local, ésta era la primera vez que veían al hombre que las autoridades llamaban el mutilador de Juárez. Aunque era en extremo inusual que un presunto asesino convocara su propia conferencia de prensa, el director del penal le había concedido a Sharif permiso para hacerla.

Con la cárcel en manos de los funcionarios municipales, la policía estatal no tenía ningún control sobre la instalación. El director de El Cereso, Abelardo González, tenía antecedentes de acceder a las peticiones de los reclusos.

La multitud, en el pequeño salón de conferencias de la planta baja de la cárcel, guardó silencio cuando dos guardias uniformados hicieron entrar al recluso, quien era por lo menos un pie más alto que los guardias. Sharif tenía una nariz aguileña, bigote espeso y cejas arqueadas.

Al quitarle las esposas de acero de sus robustas manos, los escoltas condujeron a Sharif hasta una larga mesa de madera donde estaban instalados los micrófonos de la prensa. Los periodistas notaron que parecía confundido y exhausto. Resultaba claro que Sharif no tenía idea de que las autoridades lo señalaban como el autor de los asesinatos en serie.

"¿Usted no sabe que lo acusan de ser un asesino en serie?", le gritó uno de los reporteros en inglés. A lo cual Sharif pareció quedarse atónito. Las cámaras estaban filmando cuando el egipcio golpeó con el puño en la mesa, miró a los periodistas a través de sus entrecerrados ojos negros y proclamó su inocencia. Sus manazas se agitaban mientras denunciaba que las autoridades habían manipulado a los testigos para que declararan falsamente en su contra.

—Mienten, llegan incluso a los extremos de fabricar pruebas como mentir, manipular, secuestrar a personas, golpearlas —le dijo Sharif a los reporteros en un tono enfático, casi nasal.

Se refería al oficial de la policía estatal de Chihuahua, Francisco Mijares, descrito más tarde como el arquitecto del caso contra Sharif.

La prensa local hizo caso omiso de las acusaciones de Sharif, uniéndose a las autoridades en pintarle como el mutilador de Juárez. El apodo de El Monstruo, apareció debajo de su foto en los periódicos de la mañana. Los residentes de la localidad se asustaban incluso de ver la imagen del asesino en la televisión, diciendo que se parecía al diablo.

En los meses que siguieron, los funcionarios estatales asociaron "al egipcio", como le apodaron popularmente, por lo menos con una docena de los asesinatos de la ciudad, incluidos los homicidios de Silvia Morales y Olga Alicia Pérez.

Los informes de prensa decían que se habían presentado testigos alegando que Sharif le había pagado quinientos pesos, unos cincuenta dólares, al novio de Olga Alicia Pérez para tener relaciones sexuales con ella. Se dijo que el joven había cobrado su dinero al entregar a Pérez en la residencia de Sharif en Rincones de San Marcos.

La policía, que interrogó al novio de Olga Alicia, dijo no haber encontrado nada que lo vinculara a su muerte.

Sharif, entre tanto, insinuaba que los funcionarios del gobierno lo retenían injustamente y sin pruebas para desviar la crítica del público en un año electoral.

Durante un corto tiempo, pareció que la policía mexicana había cumplido con su deber. Los primeros cuatro meses de 1996 pasaron sin un solo asesinato. Pero en abril hubo un macabro hallazgo.

Mientras el presunto asesino en serie de Juárez, Sharif Sharif, se encontraba en la cárcel central de la ciudad a la espera de ser juzgado por veintiséis cargos de asesinato, los cuerpos descompuestos de siete mujeres jóvenes fueron descubiertos a pocas yardas unos de otros en medio de bolsas desechadas de papas fritas y de botellas de cerveza en una zona desolada de tierra fina, blanca y polvorosa llamada Lomas de Poleo, en el extremo noroccidental de la ciudad. El improvisado sitio de entierro estaba a unos veinte minutos de la salida de Ciudad Juárez, justo al borde de la carretera de Casas Grandes. El lugar se encontraba en dirección completamente contraria a Lote Bravo, donde se habían encontrado muchos de los cadáveres anteriores.

Entre los cuerpos se hallaron los restos de una niña de diez años cuya identidad sigue siendo un misterio. La niña medía apenas tres pies, nueve pulgadas de estatura. El descubrimiento de ocho profundas heridas en su cuerpecito hizo que las autoridades llegaran a la conclusión de que sus últimas horas en la tierra habían sido brutales. Otra de las víctimas había sido atada con sus propios cordones de zapatos; la adolescente había sido apuñalada y mutilada de manera semejante a las demás muchachas muertas que se encontraban cerca.

Los hallazgos enviaron una oleada de terror a través de la ciudad y suscitaron interrogantes sobre la participación de Sharif. Otros nueve cadáveres se encontrarían para fin de año.

Los exámenes médicos de las víctimas revelaron que sus asesinatos habían ocurrido simultáneamente pero a horas distintas. Sin embargo, se reportó que todas las jóvenes habían sido asaltadas sexualmente y brutalizadas por uno o más asesinos.

Los residentes y los activistas no tardaron en preguntarse si la policía tenía preso al verdadero culpable y en cuestionar al nuevo procurador general del estado, Arturo Chávez Chávez. En marzo, el gobernador Francisco Barrio había nombrado a Chávez al puesto más alto de la policía del estado, y ya el pueblo tenía al funcionario en la mira.

Los horribles descubrimientos provocaron airadas protestas en la ciudad fronteriza, donde centenares de mujeres salieron a las calles a exigir justicia. Entre las que desfilaron se encontraban las madres, abuelas, hermanas y primas de las víctimas, ondeando banderas y cargando rudimentarias cruces de madera que habían pintado de negro para simbolizar la pérdida de sus seres queridos.

Entre tanto, los interrogantes en torno a la participación de Sharif aumentaban. Ramona Morales e Irma Pérez comenzaron a preguntarse si el científico egipcio era realmente responsable de la muerte de sus hijas.

Las autoridades descubrían incluso que uno de los suyos empezaba a cuestionar sus teorías. Contrario a la opinión de muchos, Oscar Maynez, el criminólogo, también estaba convencido de que Sharif Sharif no era el culpable. Maynez estaba al tanto del pasado delictivo del egipcio y de su condición de violento transgresor sexual. Y si bien compartía la creencia general de que Sharif Sharif merecía estar tras las rejas, no estaba convencido de que fuera responsable de los asesinatos de Juárez. Una cosa era cierta, apuntaba Maynez, los asesinatos habían comenzado antes de que el egipcio se mudara a Juárez. En segundo lugar, Sharif era relativamente un recién llegado a la ciudad. Sobre la base de su investigación, Maynez había llegado a la conclusión de que los cadáveres eran lanzados de una manera muy organizada y metódica, en zonas poco conocidas fuera de los límites urbanos de Juárez que eran extremadamente inaccesibles: un auto no podía llegar allí.

Además, un examen forense de Blanca, la prostituta de la localidad que fue la primera que llamó la atención de la policía sobre Sharif, había determinado que la mujer estaba mintiendo. Ella no había sido víctima de una violación, como afirmaba, sino que había tenido una discusión con el egipcio que se tornó violenta, de donde resultaron sus lesiones.

Aun más sorprendente fue un informe forense sobre Elizabeth Castro, la joven obrera de cuyo asesinato fue acusado

Sharif. El cadáver recobrado por la policía no podía haber sido el de Castro; era el de una mujer casi cuatro pulgadas más alta. Además, los tonos de la piel eran diferentes. Castro tenía una tez olivácea, y el cadáver tenía la piel blanca con pecas. Además, la autopsia determinó que la mujer que la policía había identificado como Castro tenía más de un mes de muerta. Castro, entre tanto, apenas llevaba cuatro días desaparecida cuando encontraron un cadáver, que identificaron como el suyo.

"Ella está viva... porque el cadáver de la mujer que las autoridades dicen que yo maté es el de una mujer alta, una mujer con pecas y, algo más importante, una mujer blanca, totalmente diferente de la descripción que aparece en el expediente de la señorita Elizabeth Castro", insistió Sharif en una entrevista con *Univision.*

La creciente presión del público sobre las autoridades para llegar al fondo de la última serie de asesinatos llevó a la policía a practicar una redada masiva en los bares y clubes nocturnos de la zona de tolerancia, donde varias de las mujeres muertas habían sido vistas en las semanas que antecedieron a su desaparición. Casi doscientos jóvenes fueron arrestados durante esta redada en abril de 1996, entre ellos nueve miembros de una pandilla callejera local conocida como Los Rebeldes. La redada se ordenó en respuesta a una información que la policía había recibido de un hombre llamado Héctor Olivares Villalba.

Para calmar los nervios deshechos de los residentes de la ciudad fronteriza, ante los crímenes que siguieron al arresto de Sharif Sharif, la policía interrogó a un cierto número de sospechosos, entre ellos a Olivares, presunto miembro de la pandilla Los Rebeldes, en relación con la violación y asesinato de una obrera de dieciocho años llamada Rosario García Leal, cuyo cadáver magullado había aparecido el 8 de abril en una zona remota de las afueras de la ciudad.

Leal llevaba aún la identificación de la fábrica donde trabajaba, la planta de ensamblaje Phillips, cuando encontraron su cadáver. La autopsia reveló que había sido brutalmente maltratada y apuñalada durante el violento asalto que le puso fin a su joven vida.

Durante un interrogatorio a Olivares, el miembro de la pandilla confesó su participación en el asesinato de Leal, añadiendo que éste tuvo lugar en diciembre de 1995. La policía sostuvo que Olivares declaró que había cometido el crimen en combinación con otros miembros de la banda, entre ellos su supuesto líder, Sergio Armendáriz Díaz, también conocido como El Diablo. Quizás esta nueva pista probaría los argumentos de inocencia de Sharif.

En respuesta a esta nueva información, los agentes tomaron por asalto los clubes de las calles Mariscal y Ugarte, entre ellos aquél en que Armendáriz trabajaba como guardia de seguridad. En el curso de los próximos días, los investigadores interrogaron a los detenidos, y aunque liberaron a la mayoría de los jóvenes, hombres y mujeres, al menos a diez de los miembros de la pandilla, Armendáriz entre ellos, los mantuvieron arrestados. Poco después, los acusaron de algunos de los asesinatos, suscitando dudas del papel de Sharif en los mismos; pero su culpabilidad no tardaría en confirmarse gracias a una pasmosa revelación de los funcionarios estatales.

En los días que le siguieron, la policía afirmó que durante subsecuentes interrogatorios, Armendáriz y sus secuaces confesaron los asesinatos de por lo menos ocho mujeres, los que habían cometido siguiendo órdenes del encarcelado egipcio Sharif Sharif. Que el inteligente científico extranjero pudiera haber inventado tal complot desde su celda de la cárcel parecía inconcebible. Sin embargo, las autoridades dijeron que los miembros de la banda habían proporcionado detalles íntimos de sus acuerdos con el egipcio.

Según la policía, Sharif había acordado pagar entre mil y dos mil pesos por los asesinatos de dos mujeres al mes. Los asesinatos debían llevarse a cabo de manera semejante a aquellos de los cuales él estaba acusado, para probar que la policía tenía preso al hombre equivocado y dejar al público con la impresión de que el "verdadero" asesino seguía libre.

El dinero supuestamente cambiaba de manos durante las horas de visita en la prisión, cuando Sharif deslizaba un sobre con divisas a través de la mesa. Se dijo que el primer pago contenía el equivalente a tres mil dólares. Se dijo también que los pagos en efectivo se depositaban en un salón de billar de la localidad, donde se los entregaban a Armendáriz.

Basándose en estas confesiones, la policía subsecuentemente incriminó a diez miembros de Los Rebeldes en al menos siete de los homicidios. Los individuos fueron Sergio Armendáriz Díaz, Juan Contreras Jurado, Carlos Hernández Molina, José Luis González, Juárez Rosales, Héctor Olivares, Fernando Güermes Aguirre, Luis Andrade, Carlos Barrientos Vidales, Romel Omar Ceniceros García y Erika Fierro, la mujer que antes afirmara que había arreglado las "citas" de Sharif. En testimonio dado ese mes de abril antes los agentes del tribunal, Fierro explicó que ella estaba en una barra llamada La Tuna con una amiga apodada "Mausy", a quien describió como la novia de un hombre que vendía hamburguesas en la calle cerca de Joe's Place, cuando Sergio Armendáriz le hizo señas de que se acercara.

"Sergio Armendáriz, El Diablo, el líder de la banda Los Rebeldes, me pidió que yo se la presentara (a "Mausy")", se dijo que Fierro había testificado. "Ella no quería hablar con él. Pero yo insistí y ella fue. Después, no la volví a ver. Yo sabía que él iba a matarla, pero no podía hacer otra cosa porque él me había amenazado de matarme".

El procurador general Arturo Chávez Chávez se sentía complacido y compareció ante la prensa ese mes para presumir de la investigación "estilo FBI" que había conducido a los arrestos.

En los próximos días, los informes noticiosos ofrecieron varias versiones de los supuestos crímenes. Uno afirmaba que los miembros de la pandilla habían torturado a sus víctimas sobre un bloque de concreto sacrificial antes de matarlas y lanzar sus cadáveres en sitios remotos fuera de la ciudad. Otros relatos sostenían que las muchachas habían sido llevadas a moteles baratos donde las violaron y asesinaron para luego tirarlas en el desierto. Los exámenes forenses mostraron que varios de los cadáveres presentaban marcas de mordidas por varias partes, y a algunas de las jóvenes se les encontró el cráneo roto.

La policía luego vinculó a los miembros de la pandilla encarcelados con un número mayor de muertes, hasta un total de diecisiete, afirmando que Sharif Sharif había ordenado todos los asesinatos desde su celda en una cárcel de máxima seguridad. El comandante de la policía estatal Antonio Navarrete dirigió la investigación que asociaba a la pandilla con Sharif Sharif.

Los miembros de la banda denunciaron que habían sido golpeados y torturados y finalmente obligados a confesar crímenes que no habían cometido. Sus historias fueron corroboradas por miembros de sus familias, que describieron serias lesiones dolorosas, además del testimonio del supuesto líder de la banda de que había estado esposado en su celda durante tres días y que lo habían golpeado lo suficientemente fuerte como para dejarle una cicatriz permanente.

Para muchos, el supuesto complot de asesinato por encargo parecía absurdo. ¿Cómo podía Sharif Sharif ponerse en contacto con estos individuos, convencerlos de que llevaran a cabo una serie de asesinatos, y pagarles por su trabajo desde su celda de la cárcel? Los hombres no tenían ninguna conexión aparente con Sharif Sharif y ningún antecedente criminal serio.

Después surgieron otras dudas que ponían en tela de juicio si la policía podía establecer algún rastro de dinero entre Sharif y su supuesta banda de asesinos. Lo cierto es que Sharif hablaba sólo unas pocas palabras en español y le habría resultado muy difícil comunicarse con los hombres: mucho menos trazar un detallado *modus operandi* para los crímenes a fin de asegurar que todos los asesinatos se parecieran.

En una entrevista exclusiva en febrero de 1999, el egipcio le dijo a *Univision* que él creía que lo estaban usando como chivo expiatorio. Ese día, Sharif estaba en su décimo segundo día de huelga de hambre. Supuestamente, estaba rehusando la comida para llamar la atención sobre lo que él definía como su "condena injusta".

Sharif tenía una figura imponente, más alto y de piel más blanca que la mayoría de los reclusos de El Cereso. Tenía un aspecto cenizo, sin duda debido a los doce días sin comer. Sólo estaba tomando Gatorade y agua, nada más.

"¡Soy el chivo expiatorio perfecto porque no hablo español!", exclamó, subiendo la voz según hablaba. "¡Nunca hablé español hasta que entré en prisión! Y yo no soy de aquí. Soy un extranjero. ¡Y no tengo familia que me defienda afuera!".

"Pero yo soy un hombre trabajador. Cuando estaba afuera, trabajaba muy duro. Como vicepresidente de una compañía en Midland, Texas, supervisaba todas las comunicaciones por teléfono, fax y computadoras. Y también comencé una compañía aquí".

Recostándose en la silla, Sharif sacó una cajetilla de Marlboros del bolsillo de la camisa y prendió uno. "Mira", dijo señalando a algunos de los documentos mientras exhalaba el humo. "Aquí están los resultados forenses del cadáver de la mujer que dicen que es Elizabeth Castro. Su cadáver era de por lo menos dos semanas, y la Elizabeth Castro a quien se refieren es una mujer cuyo cadáver fue encontrado sólo cuatro días antes.

"Vienen aquí, me toman impresiones de los dientes, muestras de esperma, muestras de sangre, pelo de la cabeza, pelo púbico, orina y mis...” Estiró la mano, tocándose la punta de los dedos, para aludir a sus huellas dactilares. “Pero, ¡todo dio negativo! No quieren anunciar los resultados para que no podamos usarlos a mi favor, pero todo era negativo”.

Sharif estaba en lo cierto. En efecto, las autoridades sí le tomaron impresiones dentales y las marcas de los dientes en el cuerpo de Castro no coincidían con las del egipcio.

Al igual que otros en Juárez, Sharif aludió a la participación de la policía en los crímenes. “Estoy absolutamente seguro de un policía”, afirmó. “Y creo que hay más, pero no tengo pruebas. Tengo pruebas sobre uno, y estoy seguro de otras dos personas. Pero esos no son policías. Son ricos, son traficantes de drogas... ricos, narcotraficantes, mafia”.

¿Mafia mexicana? Esto no parecía ser la razón para unos crímenes tan ritualistas contra los pobres. ¿Por qué hacer un blanco de estas muchachas? ¿Podría haber mucho más en este embrollado argumento? ¿Podrían los asesinos estar violando a las chicas para satisfacer sus caprichos sexuales, y luego las asesinaban para que nadie pudiera identificarlos?

Sharif insistió que “la incompetencia, la corrupción y la ineptitud” estaban detrás de los asesinatos de Juárez. “Hay un policía que es muy poderoso y que siempre está en todas partes, manipulando cosas no importa dónde se encuentren, ocultando y fabricando mentiras”.

Según el egipcio, el oficial era “de baja estatura”. Señaló que todas las víctimas habían sido “delgadas y bajitas”. Es el tipo de mujeres que le gustan, una mujer que pueda controlar y someter”, y mostró una sonrisa forzada.

Cuando le preguntaron sobre sus supuestos lazos con los

miembros de Los Rebeldes, Sharif casi interrumpe, como si esperara la pregunta.

"Nunca vi a Los Rebeldes, nunca en mi vida. Antes de venir aquí a El Cereso, ni siquiera había oído hablar de Los Rebeldes, nunca. Todo eso es inventado. La policía los torturó, les puso pistolas en la cabeza; los amenazaron de muerte para que hicieran declaraciones incriminatorias contra mí".

"¿Qué tengo en común con las pandillas? No me gustan las pandillas", dijo con una mueca. "Agreden y matan a la gente. Soy una persona educada, soy una persona inteligente, ¡pero no hablo español! Usted oye cómo hablo español, y aprendí solo en prisión. ¿Cómo voy a dirigir a una pandilla mexicana?"

Cuando le preguntaron cuándo intentaba revelar la identidad de ese agente corrupto de la policía, Sharif se sonrío, "Cuando salga de aquí", dijo. "Muerto o vivo, saldré de este lugar".

Acomodándose en la silla, Sharif comenzó a soplar anillos de humo y a romperlos con sus largos dedos. "No estoy ayunando para presionar a un juez", dijo en conclusión. "Mi ayuno es para Dios. Llevo doce días sin comer nada. Quiero que la gente me escuche. Lo que digo es la verdad y tengo pruebas."

"Mientras tanto, estoy aquí. Tal vez hasta me muera aquí, ¿quién sabe? Tomo la vida día a día. De un Gatorade a otro".

Sergio Armendáriz, alias "El Diablo", también negó cualquier participación en los asesinatos cuando conversó con *Univision* ese día. "Me obligaron a firmar una confesión", insistió el recluso de hombros anchos. "Y firmaron mi nombre con una

X, diciendo que soy analfabeto. ¡Eso no es cierto! Yo fui a la escuela".

Los ojos negros de Armendáriz se entrecerraron mientras recordaba el interrogatorio de la policía que lo envió a la cárcel. "Me agarraron el brazo derecho para hacerme firmar un documento, una confesión", comenzó. "¿Y qué saben ellos? ¡Yo soy zurdo! Y mira, mira esta cicatriz en la frente. ¡Me hicieron esto con la culata de una pistola, porque yo no firmaba!".

"¡Y no sólo eso! ¡Me esposaron! ¡Estuve esposado tres días dentro de la cárcel! Yo no firmé y no confesé porque yo no hice nada. No aceptaré una culpa que no es mía".

Si bien su apodo sonaba siniestro, como un título que había adquirido dadas sus supuestas actividades de pandillero, Armendáriz insistió que en realidad era un apodo que le puso su madre cuando él era un chiquito porque era muy travieso. Luego, afirmó que ni siquiera existía una pandilla llamada Los Rebeldes.

"Hay una zona, un barrio, un sector de la ciudad donde a la gente le gusta tener toda clase de diversiones", dijo. "¿Qué hay de malo en eso? Se reúnen en esa parte de la ciudad... Y ésa es una zona donde la gente puede divertirse".

"En otras palabras, una zona donde uno puede ir y bailar y donde puedes conseguir lo que quieras. ¿Cómo, pues, podemos llamar a una pandilla por el nombre de esa zona, Los Rebeldes? No sé quiénes son Los Rebeldes. Cuando hablan de eso aquí, se refieren a los que estamos detenidos aquí. No puedo creer en ninguna otra cosa, porque, como se lo he dicho a las autoridades, ¡todo lo demás, incluyendo las muchachas a quienes me acusan de asesinar… es una mentira!"

Armendáriz juró que jamás había conocido a Sharif. Pero las autoridades sostenían que tenían pruebas de que el líder de la pandilla había cometido por lo menos uno de los asesinatos. Decían que una prueba odontológica revelaba que la marca de una mordida que se halló en el seno de una de las mujeres asesinadas coincidía con los dientes de Sergio Armendáriz.

"Según la fiscalía del distrito, la primera serie de pruebas de mis dientes se corresponden con las marcas de las mordidas en el cuerpo, con las marcas que están en el seno", reconoció Armendáriz. "Pero luego mis abogados contrataron a un dentista y las pruebas de ese dentista indican lo contrario. Luego ellos hicieron otras pruebas y es por lo que estamos esperando ahora".

"Y una vez que prueben que no es cierto, que no son las marcas de mis dientes, entonces, con la gracia de Dios, podré salir".

"Además, las autoridades dijeron que tenían un vídeo en que yo aparecía asesinando a una mujer, y cuando exigimos ver ese vídeo, jamás nos lo mostraron. Si estaban filmando un vídeo, ¿cómo no evitaron que yo cometiera el crimen que pensaban que estaba cometiendo antes de que supuestamente la asesinara?"

Cuando los medios de prensa les preguntaron, los funcionarios mexicanos no presentaron ningún vídeo ni ninguna prueba de que hubiera habido algún encuentro en la cárcel entre los presuntos miembros de la pandilla y su presunto líder, Sharif Sharif, ni ofrecieron ninguna prueba de transacciones financieras entre las partes.

Sin embargo, las autoridades insistieron en que Armendáriz y los otros estaban detrás de los asesinatos, y durante un tiempo la ciudad estuvo tranquila otra vez.

El descubrimiento de otros veinticinco cadáveres en 1997 volvió a causar pánico entre los residentes de Juárez, y suscitó aun más dudas acerca de las afirmaciones de la policía de que Sharif Sharif y los miembros de la pandilla eran responsables de todos los asesinatos.

Aun después de que las autoridades alegaron que habían vinculado a Sharif Sharif y a Sergio Armendáriz, el líder de la banda, al menos con dos de los crímenes, gracias a las marcas de mordidas encontradas en los senos de las mujeres, los asesinatos continuaron, dejando abierta la posibilidad real de que el culpable o los culpables siguieran sueltos.

Se habían retirado los cargos contra cinco de los diez miembros de la pandilla que habían sido detenidos. Ceniceros, Güermes, Hernández, Olivares y Fierro fueron puestos en libertad por falta de pruebas. Sin embargo, los otros cinco, incluido Armendáriz, seguían encarcelados en El Cereso por los asesinatos.

Como en casos previos, las últimas víctimas eran mujeres menudas y bonitas, de pelo negro largo y labios gruesos. Muchas trabajaban en las fábricas y, al igual que las víctimas anteriores, habían sido raptadas del distrito del centro a plena luz del día. Sus cadáveres presentaban señales de violación y mutilación cuando los encontraron pudriéndose en sitios remotos, fuera de la ciudad industrial.

Entre las últimas víctimas fatales estaba una madre de veintidós años llamada Silvia Guadalupe Díaz, quien se esfumó sin dejar rastro el 7 de marzo, luego de haber ido a una maquiladora local para pedir trabajo.

Al igual que con las víctimas anteriores, la policía nunca investigó la desaparición de Díaz. Los agentes desestimaron las repetidas súplicas de su marido para que lo ayudaran a localizar a su joven esposa. Silvia lo había dejado con un bebé de tres meses y una niña pequeña cuando salió esa mañana en busca de un empleo para ayudar a alimentar a su familia. Sin embargo, las autoridades no parecieron preocuparse porque la joven madre no regresara a la casa ese día, aunque los cadáveres seguían amontonándose como pilas de leña.

En los días que siguieron a la desaparición de Díaz, se hallaron los cadáveres de otras víctimas. El 11 de marzo, un ranchero a caballo tropezó con los restos esqueléticos de una niña de diez años que había sido violada, golpeada, estrangulada y parcialmente enterrada en una franja de tierra baldía al sur de la ciudad.

Tres días después, encontraron el cadáver de una niña de once años en Cerro Bola, el mismo tramo de desierto donde se hallaron las primeras víctimas asesinadas en enero de 1993. La policía dijo que la niña había sido violada después de muerta. La autopsia reveló que la habían apuñalado quince veces en el cuello y en el pecho y que había muerto desangrada.

Luego, el 21 de marzo, encontraron a otras dos víctimas.

Una muchacha de dieciséis y otra de dieciocho. Ambas mujeres habían sido asaltadas sexualmente y abandonadas en zonas remotas fuera de la ciudad. La de dieciocho años tenía cinco heridas punzantes en el cuello.

El 29 de marzo, unos trabajadores agrícolas se encontraron finalmente con el cuerpo desnudo y golpeado de la madre de veintidós años, Silvia Díaz. Sus restos mutilados habían sido lanzados en una zanja de irrigación a unas 820 yardas al oeste de la Calzada Juárez Porvenir en Lote Bravo. Su ropa interior y un uniforme semejante al que usan las obreras de las maquiladoras se hallaron cerca. Parecía que Díaz había encontrado trabajo y llevaba consigo la bata nueva que sus empleadores le habían dado para su nuevo empleo.

Según su suegra, Díaz fue vista por última vez en una fábrica de uno de los muchos parques industriales de Juárez. La autopsia reveló que había sido violada y estrangulada. El cadáver mostraba señales de haber sido tirado en el lugar poco después de su desaparición el día siete, abandonado a la voracidad de ratas y coyotes que merodean las arenas del desierto.

La nueva oleada de crímenes provocó más protestas airadas, en las que parientes de las mujeres asesinadas se unieron a activistas locales para exigir justicia una vez más. Que las mujeres de Juárez se organizaran y tomaran una posición contra las autoridades marcaba un hito. Ésta sería la primera vez en la historia de México que las mujeres ponían problemas de mujeres en la agenda del gobierno.

Constituía una anomalía que las mujeres mexicanas estuviesen encontrando empleos por millares en estas maquiladoras a lo largo de la frontera. En el pasado, rara vez habrían contemplado dejar la casa para ir a trabajar. En la actualidad, estas mujeres eran parte importante de la fuerza laboral. De repente, estaban fuera del hogar y ganándose la vida como los hombres.

A los gerentes de las maquiladoras les encantaba contratar a mujeres porque podían pagarles un salario más bajo que a los hombres. También las preferían porque los gerentes creían que tenían una destreza manual superior y estaban mejor dotadas para realizar las tareas repetitivas y con frecuencia físicamente agotadoras que exigían de los obreros de la línea de montaje. Los índices de producción eran más elevados con las empleadas, decían, porque las mujeres podían desempeñar los trabajos más efectivamente y mantener un ritmo más rápido.

Esther Chávez Cano, pionera de las activistas en defensa de las mujeres, denunció que al emplear fundamentalmente a mujeres, esas compañías extranjeras estaban provocando, sin proponérselo, un conflicto de género en México. Tal vez los asesinatos de las jóvenes obreras de las maquiladoras se vinculaban de alguna manera a ese conflicto.

Mujer delgada y menudita, de pelo castaño rojizo y lentes montados al aire, Chávez llevaba mucho tiempo instando a las autoridades a emprender una acción agresiva para encontrar y aprehender a quien fuera responsable de los asesinatos. Ella incluso había comenzado una agrupación local de mujeres, a la que llamó "8 de marzo" por el Día Internacional de la Mujer, para promover una mayor acción pública contra los continuos crímenes.

Su interés en los asesinatos se remontaba a 1993, cuando comenzó a leer las noticias breves que informaban de estos crímenes. Noticias que aparecían en el interior del periódico local, casi como pies de fotos, una tras otra. Los crímenes nunca parecían merecer las primeras páginas, no importa cuán macabros fueran o cuántas muchachas desaparecieran.

Con las noticias de cada nuevo homicidio, la enérgica activista procuró enterarse de todo lo que podía sobre las circunstancias que rodeaban los asesinatos. Como parte de su investigación, acudía incluso a las escenas de los crímenes. Chávez descubrió que muchas de las muchachas habían sido raptadas de la zona del centro mientras estaban a la espera de un autobús; sus cuerpos delgados y mutilados los tiraban con muy poco cuidado en las tierras desérticas que rodean la ciudad. La mayoría de las víctimas eran delgadas y menudas, con un peso entre noventa y cien libras, con pelo negro largo, labios gruesos y tez olivácea.

En su mayor parte, las muchachas muertas eran pobres y sus familias tenían poco o ningún dinero para buscar a los culpables o despertar conciencia de los crímenes. Sin teléfonos ni medios de transporte, los familiares de las mujeres desaparecidas tenían que viajar durante millas a pie, sólo para presentar una denuncia de la persona desaparecida o indagar por noticias. Con frecuencia los rechazaban, diciéndoles que regresaran en setenta y dos horas para hablar con un agente. Pero ya entonces era demasiado tarde.

Chávez estaba indignada de que, pese al creciente número de cadáveres, las autoridades seguían culpando a las víctimas de provocar las agresiones sexuales por caminar solas por las calles con faldas cortas y zapatos de tacones altos cosa que, según los investigadores insinuaban, habían provocado sus asesinatos.

Ella señalaba que la mayoría de las mujeres muertas llevaban pantalones o vaqueros cuando desaparecieron.

"Si usted quiere violar y matar a una mujer, no hay mejor lugar para hacerlo que Juárez", escribió Esther en una columna de opinión que apareció en el mismo periódico en que la Dra. Irma Rodríguez publicó los resultados de la autopsia de la muchacha Morales.

A mediados de 1997, Chávez exigió públicamente la renuncia del oficial de la policía estatal que supervisaba las investigaciones, denunciando que el departamento no había realizado su trabajo y que debían incluirse nuevos investigadores en el caso. Su demanda suscitó que las autoridades del departamento de policía del estado de Chihuahua, que normalmente guardaban silencio sobre el estado de la investigación, hicieran un comentario público.

En junio, Julián Calderón Gutiérrez, el primer comandante de la policía estatal, insistió en que sus agentes progresaban sobre bases sólidas. El 2 de junio, Calderón dijo en declaraciones a *Las Vegas Sun*, uno de varios periódicos de Estados Unidos que seguían la oleada de asesinatos: "Sabemos que mucha gente cree que ni siquiera estamos investigando, pero el hecho es que tenemos catorce agentes asignados sólo a estos casos y hemos esclarecido un cierto número de ellos y progresamos en otros".

Sin embargo, la creciente crítica del público dio lugar a que Arturo Chávez Chávez, el procurador general del estado de Chichuahua (sin relación de parentesco con Esther Chávez), anunciara, a fines de 1997, la creación de un nuevo equipo de trabajo para investigar el creciente número de asesinatos en

Juárez. La Fuerza de Trabajo Especial para la Investigación de Delitos contra las Mujeres (FEDCM) funcionaría desde la oficina satélite que mantenía el procurador general en Juárez bajo la dirección de un fiscal especial escogido por el mismo Chávez.

No fue una sorpresa que acto seguido el procurador general fuera criticado por haber esperado más de tres años para actuar. Arturo Chávez había estado en el cargo desde 1994. Sin embargo, cuando el equipo de trabajo se creó, más de 170 mujeres habían sido asesinadas en Juárez, y la cifra seguía aumentando.

Los críticos sugirieron que la nueva unidad estaba concebida para apaciguar las inquietudes ciudadanas antes de que el proceso electoral las caldeara; las elecciones estatales habían de celebrarse en julio de 1998. (Tanto el municipio de Juárez como el estado de Chihuahua, estaban gobernados por el PAN). Chávez también se vio obligado a responder a preguntas acerca del extravío de pruebas y de incidentes en los cuales los periodistas y los transeúntes habían contaminado las escenas de crímenes, dejando rastros de colillas de cigarrillos y latas de refresco vacías.

CAPÍTULO CUATRO

El diablo está en Juárez

Yo la buscaba, no la buscaba muerta, la buscaba viva.

JESÚS GONZÁLEZ,
PADRE DE LA VÍCTIMA SAGRARIO GONZÁLEZ

AUN CON EL RECIÉN CREADO EQUIPO de trabajo especial del procurador general, los asesinatos de mexicanas jóvenes y bonitas parecían proseguir sin tregua, con treinta y ocho homicidios más en 1998, casi la mitad de los cuales mostraban señales de agresión sexual y mutilaciones. Entre ellas, estaba una joven obrera llamada María Sagrario González Flores.

Al igual que Silvia Morales, esta adolescente fue vista por última vez en el momento de cambiar de autobús en el centro de la ciudad el 16 de abril. Su familia sostiene que fue raptada a plena luz del día, mientras esperaba la transferencia en la parada del autobús o mientras caminaba sola hacia su casa en la desierta colonia de Lomas de Poleo, situada al noroeste de la ciudad.

Durante semanas, Paula González Flores le había estado

rogando a su hija de diecisiete años que dejara su empleo en el centro de la ciudad, donde trabajaba en una línea de montaje, soldando componentes eléctricos para la Capco Crane & Hoist, un fabricante de grúas con sede en el noreste de Estados Unidos. Flores se preocupó después de que los gerentes de la planta insistieron en que Sagrario cambiara su turno de la noche al primero de la mañana, que comenzaba a las 6:00 A.M.

En lo que los gerentes de la planta fallaron, fue en no darse cuenta de que, al cambiarle el horario de trabajo a la muchacha, la estaban poniendo en grave peligro. Sagrario estaba yendo a trabajar todos los días en una furgoneta[2] con su padre, Jesús, y una hermana mayor, Guillermina, quienes también trabajaban en la planta en el turno de la noche, pero en diferentes departamentos.

Ahora Sagrario quedaba a su suerte, recorriendo la desolada ruta desde el rancho de la familia a la fábrica. Para estar a tiempo en el trabajo, debía despertarse a las tres de la mañana, ducharse en la oscuridad y ponerse en camino a las cuatro.

La familia González vivía en una de las zonas más marginales de la ciudad, donde la arquitectura era tan árida como el paisaje. Algunas casas habían sido fabricadas literalmente de desperdicios; estaban hechas de pedazos de cartón, madera y metal con tornillos sujetos a través de tapas de botellas. Los edificios eran estructuras que, vistas desde afuera, tenían un aspecto indeseable, pero la risa de los niños que jugaban y la música ranchera que salía de la radio contaban otra historia. Allí había amor y calor de hogar en su interior.

2. Traducción más aceptada de la palabra inglesa *van*. (N. del T.).

La casa de los González había sido construida con papel alquitranado y madera y luego pintada de un color rosa pálido con un techo de tablas verde oscuro. Había una serie de chozas más pequeñas que la familia usaba para almacenar herramientas agrícolas y animales en ceba. Estos estaban rodeados por una cerca de estacas de madera y alambre de púas. La barrera era para evitar que los animales de la finca se escaparan. No había agua corriente. La letrina se levantaba detrás de la vivienda, y un pequeño pozo cavado a mano proporcionaba agua potable. La casa era de un solo cuarto grande, dividido en varios segmentos habitacionales con cortinas de tela. Pedazos de alfombras cubrían áreas del piso de tierra y ayudaban a conservar el calor durante las secas y frías noches de invierno.

Una vistosa cortina de flores dividía la sala principal del espacio destinado a dormitorio, donde dormía la familia. La cama doble de los padres estaba recostada a una pared, y dos pares de literas se adosaban a la otra. Apenas si había espacio para caminar entre ellas.

Paula y Jesús González se habían mudado a Juárez con sus siete hijos en 1996. Venían del estado de Durango, luego de que la industria forestal de su pequeña aldea había empezado a declinar y los empleos se hicieron más escasos. La familia construyó su casa casi de un día para otro y clandestinamente hizo una conexión a la línea del fluido eléctrico para alimentar varios bombillos y un pequeño televisor.

Un buen número de residentes de la ciudad sustraía la electricidad del alumbrado público, mediante el empate de extensiones domésticas que llegaban a sus casas. Líneas de cables entrecruzados en los barrios hacían imposible determinar quién estaba conectado a quién. Muchos de los alambres activos estaban tendidos a lo largo del suelo, e incluso atravesaban los caminos de tierra, haciéndolos peligrosos para los niños que jugaban afuera o caminaban con sus amigos.

Por muchos kilómetros no había otra cosa que arena reseca y cactus saguaros cerdosos y finos como lápices. No había ruidos de tránsito, sólo el canto de los gallos que correteaban por las colinas.

Jesús González se quedó consternado cuando su esposa lo llamó por teléfono a la fábrica poco antes de las 10:00 P.M. del 16 de abril para informarle que Sagrario aún no había llegado a la casa. Su turno había terminado a las 3:00 P.M. Casi siete horas antes. Pero no había ninguna señal de ella.

Al principio, Jesús creyó que su hija más pequeña había salido del trabajo con su novio, un joven que también estaba empleado en la planta Capco. Luego vio al chico trabajando y se le paró el corazón. En ese momento Jesús se sintió sobrecogido por el pánico y la horrible certidumbre de que no volvería a ver a Sagrario. Sabía lo que le había pasado a las mujeres jóvenes que desaparecían camino al trabajo o regresando de él. Su niñita era ingenua e inocente. Cantaba en el coro de la iglesia y pasaba muchas de sus horas libres ensayando con el grupo del coro. Era bella, con una inmaculada piel castaño claro, pelo negro y ondeado que le caía hasta la cintura, y labios gruesos. Al igual que su madre, Sagrario tenía cejas pobladas y largas y espesas pestañas. Rara vez usaba pantalones, prefiriendo los vestidos bonitos que le caían hasta la rodilla.

Jesús corrió a ver a su supervisor, le contó lo que había sucedido y obtuvo el permiso para irse y llevarse consigo a su hija mayor.

Guillermina estalló en llanto cuando supo que su hermanita no había llegado a casa. Temblando, corrió hasta su ropero para tomar la cartera y luego se encontró con su padre a la entrada del edificio.

Su primera parada fue en la cárcel local del centro de Juárez, donde estaba la jefatura de la policía municipal. La instalación abarcaba cuatro manzanas cuadradas y tenía fama de ser un lugar donde los reclusos eran tratados brutalmente, no sólo por los otros presos, sino también y con mayor frecuencia por los guardias. Situada en una peligrosa sección de la zona del centro, entre la Avenida 16 de Septiembre y la Calle Oro, al lugar se le llamaba localmente "la cárcel de piedra", por las paredes de ladrillo que la rodeaban como una fortaleza.

Jesús se quedó horrorizado con la reacción de los agentes por su preocupación de que Sagrario no hubiera regresado a casa esa noche. Le sorprendió que con todas las jóvenes desaparecidas que habían sido encontradas muertas en la ciudad, la policía siguiera tomando a la ligera la denuncia de otra muchacha perdida. Sintió que lo trataban con aire de condescendencia cuando le dijeron que se pondrían en contacto con él si encontraban a su hija. Si bien ellos no insinuaron que ella se había fugado con un novio, como habían hecho con Ramona Morales e Irma Pérez, se sonrieron cuando él les imploró que comenzaran a buscar.

La hija mayor de Jesús intentó contener sus emociones mientras permanecía de pie junto a su padre escuchando a los agentes que lo engañaban con promesas de ayuda, mientras sabía en su corazón que a estos hombres les importaba un bledo el destino de Sagrario. A Guillermina tampoco le gustó la manera en que los agentes la miraban. Al igual que Sagrario, ella también era delgada y de ojos vivaces enmarcados por gruesas y oscuras pestañas. El cabello largo y brillante le caía por debajo de los hombros.

Desesperado por encontrar a Sagrario, Jesús y su hija subieron a la furgoneta y se dirigieron de la estación de la policía municipal al rancho de un amigo. Sabían que la familia tenía un teléfono celular y querían pedírselo prestado para llamar a la línea de emergencia con la esperanza de obtener una mejor respuesta de los agentes.

Guillermina observaba a su padre mientras marcaba el 060 en el teclado del teléfono. Se daba cuenta por su postura que las noticias no eran buenas. Los funcionarios le dijeron que la policía no despachaba a un patrullero a menos que hubiera una emergencia real. Que la desaparición de una muchacha de diecisiete años en una ciudad saturada de asesinatos de mujeres jóvenes no fuera una emergencia, le parecía increíble a Guillermina.

Consciente de que su esposa estaba preocupada, Jesús se detuvo en la casa para recoger a Paula y a su hijo Juan.

Era de noche cuando la familia llegó al edificio recubierto de espejos donde tenía su sede tanto la oficina central del procurador general como la policía del estado, que eran los organismos que estaban a cargo de la investigación de las jóvenes asesinadas. Seguramente, ellos podrían prestar ayuda, pensaba Jesús mientras se acercaba a la ventanilla y pedía hacer una denuncia sobre la desaparición de su hija. Alguien podría estar violándola y asesinándola en ese mismo momento. Él debía rescatarla. Apenas había empezado a hablar cuando el agente uniformado lo interrumpió.

—Señor, debe esperar veinticuatro horas antes de presentar una denuncia formal sobre una persona desaparecida —le instruyó el agente.

—La estamos buscando viva —le contestó Jesús.

Parecía algo surrealista. Su hija estaba desaparecida y la policía rehusaba hacer algo para ayudarlo, si bien el tiempo oficial de espera para dar cuenta de la desaparición de una persona se había reducido de las setenta y dos horas que se exigía antes, gracias a los esfuerzos de activistas locales como Esther Chávez, un día entero aún parecía demasiado tiempo de espera para empezar una investigación, dada la atmósfera criminal en que se vivía. Decepcionados y frustados se marcharon del lugar. Luego de hacer verificaciones en los hospitales locales, Jesús y Juan siguieron la ruta que Sagrario habría tomado a pie si hubiera ido de regreso a casa. Un viento ligero agitaba la arena polvorienta del desierto mientras ellos la llamaban en la oscuridad. "¡Sagrario!", gritaban.

No hubo respuesta, sólo los aullidos de los coyotes en las colinas.

Paula estaba afuera, esperando frente a la cortina de encaje que servía como puerta principal, cuando su marido y su hijo regresaron a su granjita.

Jesús parecía exhausto y derrotado, y Juan estaba triste, enojado y cansado. Escuchando la conmoción, Guillermina se apresuró a salir para enterarse de si había alguna noticia. La muchacha de veintidós años era más agresiva que su hermana menor y tenía rasgos físicos más pronunciados. Llevaba su espesa melena negra echada hacia atrás, lo que le acentuaba sus pómulos angulares y la notable blancura de sus dientes.

Juntándose en un abrazo desesperado, los cuatro sollozaron incontenIblemente. Era evidente que algo terrible le había ocurrido a Sagrario.

Sin contar con la ayuda de las autoridades, la familia había hecho lo poco que podía para buscar a Sagrario. Sólo restaba algo por hacer: acudir a los voluntarios locales que rutinariamente recorrían el desierto en busca de víctimas.

Había una creciente especulación entre los residentes de Juárez de que algunos agentes, tanto de la policía estatal como de la municipal, estaban de algún modo involucrados en el creciente número de asesinatos, o que estaban encubriendo al culpable o a los culpables. Preocupados de que las autoridades estaban haciendo muy poco para proteger a los ciudadanos de las comunidades más pobres de la ciudad, un equipo de radioaficionados voluntarios recorría periódicamente las zonas desérticas que bordeaban la ciudad en busca de cualquier anormalidad.

Muchos de estos hombres no podían costearse sus propios autos, por lo que organizaban grupos para viajar a los sitios de búsqueda, y luego se separaban para llevar a cabo sus propias exploraciones a pie. La tarea no era exenta de riesgos. El calor del desierto con frecuencia resultaba agobiador, además de que abundaban las cegadoras tormentas de arena y las serpientes venenosas. La mayoría de estos exploradores llevaba sombreros de vaquero, gruesas botas de piel y lentes ahumados para protegerse de los elementos.

Paula y su marido se unieron a los que buscaban.

Sagrario llevaba desaparecida poco más de dos semanas cuando la familia supo que habían encontrado el cadáver de una mujer en una zanja de un área desolada de Lote Bravo, llamada Loma Blanca.

Alguien había dado parte a la policía local de que allí había un taxi ardiendo. Algunos muchachos habían estado jugando en las cercanías cuando advirtieron las llamas y corrieron a ver lo que se quemaba. A su regreso, tropezaron con el cadáver y se apresuraron a avisarle a la policía.

Paula tomó a su hijo Juan de la mano y corrió al cuartel de la policía el viernes, 1ro de mayo, para saber si la muchacha muerta era su Sagrario. Allí la saludó un grupo de madres de muchachas desaparecidas o asesinadas y varias activistas locales que mantenían una vigilia en el vestíbulo del edificio del gobierno. La expresión de sus rostros le dijo a Paula lo que ella no quería saber.

Finalmente un reportero se dirigió a ella.

—Señora, acaban de hallar a otra muchacha —dijo.

—¿Cuál y dónde la encontraron? —preguntó Paula, temiendo la respuesta.

—Todo lo que puedo decirle es que esta muchacha llevaba una bata de Capco.

Paula sintió que se le hundía el corazón.

—Espera, aquí, mamá. Yo iré —interrumpió Juan.

Las piernas le temblaron mientras veía a su hijo más joven

desaparecer dentro del edificio, consciente de que las otras madres que se agrupaban cerca estaban evitando su mirada. A sus poco más de 40 años, Paula González era aún una mujer físicamente apta y se las había arreglado para conservar su belleza, natural y juvenil. No usaba maquillaje y llevaba su espesa cabellera sujeta en una cola de caballo. Al igual que muchos residentes de la ciudad, vestía informalmente de pantalones y de vistosos suéteres que ella tejía a mano.

Los minutos le parecieron horas mientras caminaba de un lado a otro, preguntándose el por qué las autoridades habían esperado tres días para informarle a la familia sobre Sagrario. Por lo que Paula sabía, los funcionarios habían descubierto el cadáver de la adolescente el pasado miércoles, pero no habían notificado a los miembros de la familia ni le habían dicho nada el día anterior cuando había venido a la jefatura en busca de noticias.

Habían pasado menos de treinta minutos cuando Paula vio a su hijo salir del edificio. Su cara le dijo lo que ella ya sabía: la joven muerta era su hijita.

Según las autoridades, Sagrario había sido estrangulada y apuñalada, tres veces en el pecho, dos en la espalda. Las heridas eran superficiales y no habían penetrado en ningún órgano vital. La policía creía que también había sido violada, pero su cuerpo estaba demasiado descompuesto para determinarlo con certeza.

Los funcionarios dijeron que la adolescente llevaba puesta aún la bata que suelen usar la obreras de las fábricas cuando descubrieron su cadáver. Paula había bordado el nombre de su hija en el uniforme el día en que lo trajo a casa, sin esperar jamás que llegaría a servir para identificar el cadáver desfigurado de Sagrario.

Los informes noticiosos reportaban que aproximadamente un tercio de las muchachas asesinadas eran obreras de las maquiladoras. Ahora Sagrario González había sido añadida a estas crecientes cifras estadísticas. Su cuerpo estaba en un estado de descomposición tan avanzado que resultaba difícil saber si se trataba realmente de Sagrario.

En el proceso de identificación, a Juan le mostraron la bata blanca que llevaba puesto el cadáver y algunas prendas íntimas que él creía que pertenecían a su hermana. Por razones humanitarias, le enseñaron tan sólo una parte de un brazo y una reconstrucción de la calavera, en lugar del cráneo y la cara de Sagrario, que se habían convertido en una masa amorfa de tejido pútrido.

Para mitigar un poco el horror del proceso de identificación, las autoridades habían comenzado a crear reconstrucciones del cráneo y la cara de las víctimas. Se valían de esas reconstrucciones, en lugar de las calaveras, como habían hecho en casos anteriores. Aún no se contaba con esa nueva tecnología cuando le pidieron a algunas madres, como Ramona Morales e Irma Pérez, que identificaran a sus hijas.

Chihuahua fue uno de los primeros estados del país en emplear las técnicas de reproducción facial. Valiéndose de los huesos de la cara y de las medidas craneales, Irma Rodríguez, patóloga del estado, podía "darle una cara" a un cadáver, que a menudo no era más que un esqueleto con algún tejido hinchado y ennegrecido por la descomposición. El proceso completo normalmente tomaba quince días.

La Dra. Rodríguez era una mujer de aproximadamente

cuarenta años, de rostro redondeado, pelo corto y un estilo franco y directo que exudaba eficiencia. Se había ocupado de los casos de las jóvenes asesinadas desde mediados de los años noventa y había acudido a las escenas de los crímenes en docenas de casos, entre ellos el de Silvia, la hija de Ramona Morales. En ese tiempo, el laboratorio criminológico del estado no contaba aún con tantos adelantos, y las familias se veían obligadas a presenciar los cuerpos descompuestos de sus hijas asesinadas. En muchos casos, los cráneos se recobraban en un estado tan avanzado de putrefacción que parecían como pavorosas máscaras del Día de las Brujas con las bocas completamente abiertas como si estuvieran gritando de miedo, una imagen que difícilmente podría consolar a un familiar en duelo. Y algo aún peor, las ratas del campo que pueblan el desierto tenían predilección por los cartílagos auditivos y nasales y con frecuencia devoraban las caras de las víctimas en el transcurso de veinticuatro horas.

Los adelantos de la tecnología forense habían hecho posible ahora que los expertos reconstruyeran un rostro a partir de los restos óseos. Una vez que el cadáver era recibido en la morgue, Rodríguez y su equipo evaluaban todas las características de la cara a fin de aplicar la técnica de la reproducción facial, o lo que los expertos en ese campo llaman "dar una semejanza de rostro". Ella conservaba registros meticulosos de las escenas de los crímenes en un carpeta con dibujos explícitos y notas sobre los exámenes forenses de los cadáveres y el estado en que se habían hallado.

La imagen de Sagrario González había sido reconstruida a

partir de sus características odontológicas. La nueva tecnología también ayudaba a la identificación de algunos de los cadáveres más descompuestos gracias a las fotos de las reproducciones faciales que aparecían en los periódicos de la ciudad.

Celia Guadalupe o "Lupita", la vecina de trece años de Ramona Morales, fue identificada después que la madre reconoció a la niña por una foto de una de las reproducciones faciales de la Dra. Rodríguez publicadas en *El Diario de Juárez*, un periódico local. Las autoridades creían que la adolescente había sido secuestrada mientras regresaba a su casa de la escuela una tarde de diciembre de 1997. Su familia había intentado recogerla ese día, como lo hacían normalmente, pero su abuela llegó tarde para encontrar que la niña aparentemente ya había emprendido el regreso a pie.

Los restos de Lupita revelaron que había sido golpeada tan salvajemente que el examen hizo llorar al médico forense. El cuerpo de la niña se encontraba en tal estado de descomposición que había sido imposible determinar si había sido violada, pero el hecho de que la encontraran desnuda de la cintura para arriba llevó a la Dra. Rodríguez a creer que ciertamente una agresión sexual había precedido al asesinato. El único consuelo de la Dra. Rodríguez era que los expertos forenses pudieran ayudar a la familia a identificar a la niña desaparecida.

El hermano de Sagrario González sabía poco acerca del método de reconstrucción facial. De pie en el laboratorio de criminología ese viernes, estudió cuidadosamente la réplica que le presentaban como su hermana y le perturbaba la apariencia de los dientes. Parecían mucho más grandes de lo que habían sido cuando estaba viva. Pero Juan, al igual que muchos de los familiares de estas jóvenes, estaba demasiado asustado para preguntar a las autoridades acerca de esta discrepancia.

Sus reservas no eran insólitas. Muchas de las familias de las víctimas compartían la confusión del joven sobre el tamaño de los dientes y la mandíbula de las reconstrucciones, sin darse cuenta de que sin el tejido carnoso que los rodea, parecían más grandes de cómo se veían en la vida real. Si bien la técnica de reproducción facial era lo más avanzado en ese terreno, estaba limitada en su capacidad de retratar con precisión las partes carnosas de un ser humano, especialmente las zonas en torno a las encías y los dientes. La Dra. Rodríguez sentía que estaba librando a los familiares cercanos el horror de ver los auténticos restos óseos de sus seres queridos y, no obstante, algunas familias de las muertas se quejaban de la política del estado de apelar a la reconstrucción facial con fines de identificación. Muchos de los familiares desconfiaban de la práctica, convencidos de que las autoridades ocultaban importante información al valerse de esas réplicas.

Paula González supo de sólo mirar la cara de su hijo que las noticias no eran buenas. Las lágrimas comenzaron a rodarle por el rostro, inundándole algunas de las profundas arrugas que el tiempo y el sufrimiento le habían dejado mientras veía a Juan Francisco descender las gradas de cemento y dirigirse hacia ella. Lo escuchó mientras él le aseguraba, con la mayor delicadeza, que la ropa que la policía le había mostrado era de Sagrario.

Sin embargo, en ese momento el joven había decidido no hablarle a su madre de sus dudas respecto al tamaño de los dientes de su hermana. Posteriormente, él sí le confiaría su incredulidad.

Como si el día no hubiera sido lo bastante difícil, Paula González se enojó aun más esa tarde cuando la policía adujo que a Sagrario la habían matado mientras llevaba una vida secreta. Los agentes le dijeron a la familia que la adolescente ganaba un segundo salario como prostituta, vendiéndole su cuerpo a los hombres de Juárez.

Esa opinión encolerizó a Guillermina, la hermana mayor de Sagrario, a quien le parecía increíble que los investigadores hicieran semejante declaración. Las dos muchachas eran muy apegadas, al punto de compartir la ropa. Furiosa, Guillermina se enfrentó con los agentes, jurando que desmentiría sus afirmaciones y que mantendría el caso de su hermana en los titulares de la prensa.

Su madre, entre tanto, no pudo contener sus emociones. Ese día, al enterarse de la noticia, Paula González se desplomó en la calle frente a la jefatura de la policía.

"¡Asesinos!", les gritaba a los agentes uniformados que entraban y salían del edificio. "¡Todos ustedes son unos asesinos!"

Sagrario habría cumplido dieciocho años el 31 de julio, sólo tres meses después de su brutal asesinato.

La familia González era demasiado pobre para costear un ataúd o una lápida para Sagrario; un entierro adecuado cuesta 150 dólares en México. La joven fue sepultada en un cementerio del desierto al que sólo se puede llegar por una carretera de una sola vía con curvas serpentinas y estrechos pasos en zigzag entre las montañas al fondo de la casa. La tumba estaba cubierta de tierra y piedras, marcada por una cruz de madera y flores plásticas. A su alrededor, había tumbas que sobresalían del suelo adornadas también con flores artificiales. Pocas flores crecen en el desierto de Sonora y, como las flores naturales son tan caras, las familias usan flores plásticas en su lugar.

En cuclillas, Paula acariciaba la tierra, como si tocara a su hija perdida. Se mecía con los ojos cerrados.

—¿Eres tú mi reina?, susurraba dulcemente. —¿Eres tú quién está enterrada aquí, mi Sagrario, mi hija?

Un audible sollozo llenó el aire, seguido por un torrente de lágrimas. Paula González no estaba convencida de que el cuerpo que yacía debajo de la tierra era realmente el de su hija.

En los meses que siguieron a la muerte de Sagrario, las autoridades le notificaron a la familia que una prueba de ADN que llevaron a cabo en el cadáver había arrojado resultados negativos. Los funcionarios prometieron repetirla, y Paula y Jesús quedaron ansiosamente a la espera de noticias.

No obstante, las circunstancias que rodearon su desaparición, llevaron a la hermana mayor de Sagrario a tomar precauciones. Temiendo por su vida, Guillermina renunció a su empleo en la fábrica sólo dos semanas después de que hallaran el cadáver de su hermana y consiguió trabajo en un salón de belleza local de la cadena SuperCuts. Pero su miedo no le impidió cuestionar la torpeza con que las autoridades manejaron el caso de su hermana o los de otras muchachas asesinadas.

Guillermina no pararía hasta fundar una pequeña organización popular a la que nombró Voces Sin Eco, para buscar justicia para Sagrario y para las otras mujeres asesinadas de Juárez. La agrupación la integraban tan solo seis familias, quince miembros en total. Su objetivo era mantener los asesinatos en los titulares de la prensa, mediante vigilias con velas, la erección de cruces a lo largo y ancho de la ciudad e indagaciones bimestrales de pistas y pruebas que la policía pudiera haber pasado por alto. Entre los miembros estaba Irma Pérez, la madre de Olga Alicia, la empleada de la zapatería asesinada.

Con el paso del tiempo, Guillermina se convertiría también en una elocuente activista en pro de la justicia y en una crítica pública de las autoridades, tanto locales como estatales.

Sin embargo, ella rehusaba orar en la iglesia blanca que se levantaba en la colina sobre la vivienda de la familia en Lomas de Poleo. La capilla había sido el otro hogar de Sagrario. Allí había pasado horas tras horas, ensayando con el coro y asistiendo a misa. Incluso había intentado que el sacerdote le permitiera llevar acompañamiento de guitarra a la misa del domingo para darle un toque más moderno.

Guillermina sospechaba ahora de todo el mundo, incluso de un sacerdote que había sido amistoso con su hermana y que desapareció inmediatamente después del asesinato. Ella quería regresar a la catedral de Durango, el pueblo de su familia, para rezar por su hermana asesinada. A partir del crimen, le había dicho a su madre que ya no creía que Dios estuviera en Juárez.

"El diablo está en Juárez", insistía Guillermina.

CAPÍTULO CINCO

Cambio de guardia

Es imposible que un voto valga más que una vida

SAMIRA IZAGUIRRE,
LOCUTORA RADIAL DE CIUDAD JUÁREZ

ADEMÁS DE LOS ASESINATOS DE MUJERES JÓVENES, Ciudad Juárez también estaba experimentando un aumento en la violencia relacionada con las drogas. Desde fines de la década de los ochenta, México había sido la ruta principal de la cocaína de América del Sur y una importante fuente de marihuana, heroína y metanfetaminas.

El contrabando de drogas había aumentado constantemente después de la firma del Tratado de Libre Comercio de América del Norte, según los agentes del orden que patrullan la frontera entre México y Estados Unidos. En efecto, un estudio que llevaron a cabo en 1998 agentes de la patrulla fronteriza estatal y federal y que fue divulgado por el *Wall Street Journal* revelaba que el tratado de libre comercio había facilitado que los traficantes de drogas ingresaran su mercancía en Estados Unidos, al extremo que había traficantes que consultaban con profesionales de comercio exterior sobre el modo de operar conforme a los procedimientos del NAFTA. Muchos de los embarques ilegales de drogas entraban al país en compartimientos secretos de camiones, trenes e incluso aviones de carga.

Las autoridades reportaron que ya en 1988 había en Juárez unas 450 pandillas, la mayoría involucradas en el negocio de las drogas. Los ajustes de cuentas entre narcotraficantes rivales habían llegado a ser esperados e incluso rutinarios en la ciudad fronteriza. Los funcionarios en Juárez reportaron ochenta muertes violentas relacionadas con las drogas y setenta desapariciones relacionadas con el comercio ilícito de drogas de 1994 a 1998.

Juárez, después de todo, era el pueblo de Amado Carrillo Fuentes, el líder del cartel de drogas más grande de México. Algunos funcionarios creían que Carrillo era responsable de la importación de hasta el 70 por ciento de la cocaína que entraba en Estados Unidos anualmente. Según las autoridades, Carrillo favorecía el embarque de narcóticos a través del área Juárez-El Paso, valiéndose de las carreteras interestatales 10 y 25.

El derramamiento de sangre vinculado al comercio de drogas en Juárez, que en un tiempo se limitaba fundamentalmente a la violencia entre bandas rivales, comenzó a extenderse por las calles de la ciudad fronteriza cuando, a la edad de cuarenta y dos años, Amado Carrillo Fuentes murió durante una cirugía plástica en Ciudad de México. Ésta fue concebida, al parecer, para cambiar su apariencia con el fin de evadir a las fuerzas del orden. La noticia de la muerte de Carrillo provocó una guerra territorial por el control del lucrativo negocio de las drogas en el país, en la cual las facciones contendientes usaban zonas de Juárez como trasfondo para librar su batalla por la supremacía.

Se reportó ampliamente que el notorio capo había estado regenteando los cinco principales carteles de drogas del país y mediando entre ellos durante años. Una vez que él salió de circulación, no tardó en estallar una contienda feroz. A las pocas semanas de la muerte de Carrillo, se habían reportado en Ciudad Juárez más de dieciocho homicidios relacionados con las drogas, con ejecuciones que ahora tenían lugar en las calles a plena luz del día.

La situación se hizo aun más volátil en agosto de 1999, cuando cuatro pistoleros irrumpieron en Max Fim, un popular restaurante del centro, y abrieron fuego, vaciando 130 peines mientras los aterrorizados clientes daban gritos de horror. Increíblemente, sólo seis personas resultaron muertas y otras cuatro heridas en el sangriento asalto de los narcos ese día.

La noticia de la masacre hizo cundir el pánico en la ciudad. El mensaje era claro. Con la desaparición de Carrillo, la guerra de las drogas había escalado a un nivel jamás antes visto en Juárez. En el pasado, los asesinatos se habían limitado a individuos implicados en este negocio ilícito. Ahora inocentes transeúntes estaban resultando víctimas, si se hallaban en el camino.

A muchos residentes de la ciudad les aterraba el transitar por las calles del centro, donde ocurría gran parte de la violencia. Los funcionarios públicos reportaban que los asesinatos relacionados con las drogas parecían restringirse a las dos millas cuadradas donde operaban la mayoría de las empresas comerciales y turísticas, a corta distancia del Puente Internacional de Córdoba. Este puente conecta con la ciudad de El Paso. Se emitieron advertencias a los norteamericanos con planes de cruzar la frontera para una noche de diversión o un día de compras en las pequeñas tiendas turísticas.

Los vecinos salieron a las calles exigiendo el fin de la violencia. Más de tres mil manifestantes desfilaron por la ciudad en septiembre de ese año. Sus gritos coléricos que exigían un alto a la violencia se añadían a la explosiva situación existente. Ahora la oficina del procurador general del estado estaba siendo bombardeada por todas partes, enfrentándose a enfurecidas manifestaciones tanto de las familias de las mujeres asesinadas como de los residentes locales temerosos de los narcotraficantes en guerra.

El procurador general Arturo Chávez Chávez probablemente durmió poco esa noche. Luego de enfrentarse a tres mil manifestantes supo que otras cuatro personas habían sido muertas a tiros en un bar de la localidad y que cuatro médicos de los hospitales de la capital de la nación habían sido torturados, estrangulados y apilados en un parque público de la Ciudad de México. No resultaba claro si los médicos asesinados pertenecían al equipo que llevó a cabo la cirugía estética de Amado Carrillo Fuentes, pero sus horrorosas ejecuciones aumentaron la ansiedad en la capital mexicana.

Cuatro meses después de la muerte del traficante multimillonario, las autoridades anunciaron cargos de asesinato contra tres de los cirujanos que habían operado a Carrillo. Curiosamente, en el momento del anuncio, dos de los médicos ya estaban muertos. Según las autoridades mexicanas, sus cuerpos habían sido hallados días antes junto a una carretera embutidos en cemento dentro de cilindros sellados. Un científico forense le dijo al *New York Times* que las autopsias revelaban que los cirujanos habían sido torturados. Había pruebas de que a los médicos les habían vendado los ojos, los habían esposado y luego los habían quemado y apaleado antes de estrangularlos.

El 2 de febrero, unos oficiales de la policía, que hablaron con la condición de permanecer en el anonimato, declararon a *El Diario de Juárez* que la exacerbación de la violencia en la ciudad era producto de una guerra interna entre dos facciones del Cartel de Juárez. Una dirigida por Rafael Muñoz Talavera, que era narcotraficante desde hacía mucho y quien había estado preso en una cárcel federal mexicana por una causa relacionada con cocaína en California en 1989, y la otra por Vicente Carrillo Fuentes, hermano menor del capo difunto.

Días más tarde en ese mismo mes, el *New York Times* citaba a "un funcionario del gobierno de Estados Unidos" que confirmaba que Muñoz Talavera se había impuesto como el nuevo líder del cártel. Muñoz, sin embargo, negó los informes de su victoria, afirmando en una carta abierta a los periódicos de Juárez que "yo soy un simple trabajador". El *New York Times* se retractó de sus anteriores alegaciones dos días después de que apareciera la carta de Muñoz, y publicó que el mismo "funcionario del gobierno" ahora decía que la victoria [de Muñoz Talavera] no estaba comprobada todavía.

La Administración para el Control de Drogas de EE.UU. (DEA, sigla en inglés), mantuvo que el cartel de Juárez introducía cocaína, heroína y marihuana, así como "metanfetaminas de alta calidad" en Estados Unidos con alarmante facilidad. En un informe publicado a principios del 2002, el organismo federal afirmaba que "grandes cantidades" de las metanfetaminas se entregaban en Phoenix, Arizona, gracias a las operaciones en la región occidental del cartel en Hermosillo, Sonora. El organismo también reveló el descubrimiento de cargamentos del Cartel de Juárez en Oklahoma, Illinois, Georgia y el estado de Washington, y divulgó que el antiguo cartel de Carrillo, dirigido por el difunto Amado Carrillo Fuentes, había estado despachando cocaína directamente a Nueva Jersey y la ciudad de Nueva York.

Ese mismo mes, una operación contra el tráfico de drogas dirigida por los agentes del Servicio de aduanas de Estados Unidos dio lugar al decomiso de tres "refugios" en Texas y un negocio de camiones en El Paso que pertenecía y era administrado por un presunto narcotraficante mexicano, Eduardo González Quirarte, quien se creía era un cabecilla del Cartel de Juárez. Las autoridades informaron que los agentes habían encontrado que los camiones pertenecientes a El Paso Trucking Center, una empresa de González, estaban equipados con "compartimentos secretos" que probablemente habían sido utilizados para ingresar cargamentos de drogas ilícitas en Estados Unidos.

La batida al norte de la frontera de México parecía unilateral, en la que agentes federales estadounidenses llevaban a cabo la mayoría de las redadas en suelo norteamericano, hasta que una revelación inesperada provocó que las autoridades en México se decidieran a actuar.

Ese mes de febrero, se supo que un agente de la policía

judicial federal, que había sido muerto a tiros en enero por asesinos que portaban fusiles AK-47, tenía lazos con el cartel de drogas de Juárez. Aun más sorprendente era el hecho de que también era miembro de la fuerza especial de Chihuahua que investigaba los crímenes en serie de Juárez. En un artículo que apareció en el *New York Times* el 1ro de febrero del 2002, el procurador general de México, Jorge Madrazo Cuéllar, confirmaba que el subcomandante Mario Héctor Varela, de la policía del estado de Chihuahua, era un "narcopolicía" corrupto, vinculado al poderoso cartel de Juárez. El procurador general mexicano también le confirmaba al periódico que Varela había sido miembro de la fuerza especial de la policía que investigaba los secuestros y asesinatos de las mujeres de Juárez.

La revelación, aunque pasmosa, no resultaba una sorpresa para las mujeres de la ciudad fronteriza, que hacía mucho tiempo habían sugerido que la policía podría estar implicada en algunos de los crímenes.

Cuéllar, el procurador general de México, reaccionó enérgicamente a la revelación. De pie ante los medios de prensa en febrero de ese año, prometió que nombraría nuevos detectives y fiscales en la unidad especial para investigar los homicidios de las mujeres.

Arturo Chávez Chávez, el procurador general de Chihuahua, estuvo de acuerdo. "Quizás algunas de nuestras investigaciones no se hicieron bien", dijo a los periodistas ese mes de febrero. "Tal vez debieron haberse hecho mejor".

En respuesta a la constante crítica del público, Chávez invitó a Juárez al famoso criminólogo norteamericano Robert Ressler en 1998, para trabajar junto con las autoridades mexicanas en la investigación de los homicidios. Al dar sus razones para la invitación, Chávez citó la vasta experiencia de Ressler en el área de clasificación criminal y su destreza técnica en reunir pequeños fragmentos de información para armar el retrato de un asesino. "No tenemos a nadie con ese tipo de experiencia en México", dijo Chávez a los reporteros en una conferencia de prensa en abril.

Ressler era bien conocido en Estados Unidos por su trabajo en el Centro Nacional para el Análisis de Crímenes Violentos, una dependencia del FBI con sede en Quantico, Virginia. El ex agente había dejado la famosa Unidad de Análisis de la Conducta, del Buró, que inspirara la escalofriante película de suspenso *El silencio de los corderos*, en 1990, y trabajaba como asesor de servicios policiales y otros cuerpos. Adquirió notoriedad en Estados Unidos, por primera vez, a principio de los años noventa luego de la publicación de su libro *Los que combaten a los monstruos*, en el cual hace una análisis en profundidad de los asesinos en serie.

Los funcionarios de Juárez esperaban que Ressler pudiera ayudarlos a arrojar alguna luz sobre los continuos asesinatos. El experto participaría como investigador independiente, contratado por funcionarios del gobierno mexicano, no como un operativo formal del FBI, que representara al gobierno de Estados Unidos. El plan era analizar todos los aspectos de los crímenes —hora de desaparición, edad de las víctimas, condición social y las circunstancias de sus muertes— y hacer recomendaciones para mejorar las destrezas investigativas del departamento de la policía estatal, tales como la caracterización psicológica.

Durante los primeros tres viajes a Juárez ese abril, Ressler pasó una semana revisando los expedientes de los homicidios sin resolver y acompañando a la policía a las escenas de los crímenes. En una entrevista, la activista local Esther Chávez dijo que a ella le parecía curioso que los funcionarios le pidieran ayuda al norteamericano experto en perfiles psicológicos cuando no hablaba la lengua del país y, por tanto, no podría conversar con las familias de las muchachas asesinadas.

Sin embargo, la oficina del procurador general del estado de Chihuahua celebró una conferencia de prensa a fines de junio en la cual Ressler anunció sus resultados. Vestido con un traje oscuro y botas de vaquero, y sobresaliendo por encima de los funcionarios mexicanos con su estatura de más de seis pies, el criminólogo canoso dijo a los periodistas que de los 160 y tantos asesinatos que habían ocurrido en Juárez desde 1993, encontraba que 76 se ajustaban a un patrón. La mayoría de las muchachas muertas tenía una edad que oscilaba entre diecisiete y veinticuatro años y muchas de ellas habían sido violadas y estranguladas. Al igual que Sagrario González, al menos doce de ellas se habían esfumado camino a su trabajo en una fábrica local, o de regreso a sus casas.

Sobre la base de su investigación, Ressler sustentó la teoría de que uno o más asesinos en serie cruzaban la frontera procedentes de Estados Unidos para cometer los crímenes en Juárez. Señaló zonas como la calle Mariscal en el centro, cerca de los bares de dudosa moralidad donde algunas muchachas de las maquiladoras iban solas después del anochecer, o las calles y callejones desolados donde tomaban los autobuses que se dirigían a las afueras y al constante flujo de mujeres jóvenes, muchas de ellas sin nexos o familias a las cuales reportarles la desaparición.

En respuesta a preguntas respecto al modo en que las autoridades habían manejado la investigación, Ressler dijo a los periodistas que la policía mexicana estaba haciendo lo mejor que podía con lo que tenía. Citó, como razones para la falta de progreso, la falta de personal adecuado y de experiencia, pero hizo notar que la investigación había sido llevada a cabo tan bien, si no mejor, que muchas en el lado norteamericano de la frontera.

"La policía de Juárez no tenía autos ni personal adecuados que trabajaran en los casos", le dijo a un productor de *Univision* durante una larga entrevista en su casa en Fredericksburg, Virginia. "Hicieron lo mejor que pudieron y yo diría que fue un buen trabajo. Examiné setenta y seis expedientes, y la investigación de esos crímenes en Juárez no estuvo para mí por debajo de los estándares".

"Necesitaban más dinero, pienso que tal vez del NAFTA, para aumentar el nivel de los servicios de policía y conseguir el equipo y el personal".

Ressler afirmó haber visto algunas pruebas "convincentes" contra el egipcio encarcelado Sharif Sharif y los miembros de la pandilla callejera Los Rebeldes. Si bien no pudo ofrecer detalles concretos, señaló las marcas de mordidas encontradas en los cuerpos de varias víctimas que los funcionarios sostenían que coincidían con los dientes de Sergio Armendáriz, una acusación que el líder de la banda negaba con vehemencia. Aunque los resultados de la prueba de ADN habían sido al principio favorables a la oficina del procurador, una segunda prueba practicada a petición de Armendáriz resultaría luego no convincente.

El criminólogo mexicano Oscar Maynez estaba en desacuerdo con la opinión de Ressler de que uno o varios asesinos en serie procedentes de Estados Unidos cruzaban la frontera para asesinar a las muchachas de Juárez. Maynez había trabajado como criminólogo para la oficina del procurador general en la época del gobernador Barrio, pero había renunciado al cabo de dos años asqueado por la manera en que las autoridades llevaban a cabo la investigación. Después lo habían invitado a regresar como jefe del departamento forense del estado. En calidad de tal revisó gran parte de las pruebas de los casos de homicidio que se mantenían abiertos.

Maynez creía que el perpetrador o perpetradores eran de México y se ensañaban con su propia gente. Se refirió al trabajo de Ressler con asesinos en serie en Estados Unidos, y en particular a su teoría de que los hombres que cometían asesinatos en serie eran en su mayoría anglosajones y oriundos de países europeos. Maynez hizo notar que no había habido ningún estudio completo del asesinato en serie en México para negar la posibilidad de que un mexicano fuese un criminal de esta especie.

Maynez también se mostraba escéptico en cuanto a si la policía del estado le había presentado en verdad al ex agente del FBI todos los hechos concernientes a los homicidios, o si Ressler, inadvertidamente, había basado su evaluación en datos incorrectos o incompletos. Maynez sostenía que sin datos precisos era imposible llegar a conclusiones adecuadas.

Si los asesinos eran o no de Juárez, un hecho era en extremo claro: acechaban a sus víctimas, conocían bien el desierto y tenían los medios para llegar a zonas desoladas donde nadie podía oír los desesperados gritos de las muchachas pidiendo socorro.

Cuando el estadounidense experto en perfiles psicológicos regresó a la ciudad fronteriza unos seis meses después, en septiembre de 1998, supo que se había producido un importante cambio político en el estado de Chihuahua. Los votantes le habían enviado un claro mensaje a los miembros del PAN, el partido que gobernaba en el estado, en los comicios de julio, al elegir para gobernador a Patricio Martínez, el candidato del oposicionista Partido Revolucionario Institucional (PRI), que había estado controlando a México por más de setenta años.

Como parte de su campaña, Martínez había prometido terminar la violencia de la región "en un mes" y se había concentrado particularmente en los asesinatos de Juárez. Su promesa pareció ganarle el favor del electorado y obtuvo la gobernación del estado.

Martínez nombró al miembro del PRI Arturo González Rascón como nuevo procurador general del estado, quien prestó juramento el 4 de octubre cuando el cambio de poderes tuvo lugar oficialmente.

Los nuevos políticos recibieron a Robert Ressler y apreciaron la ayuda que proporcionaba a los investigadores en la acumulación y análisis de sus datos. El famoso criminólogo había conseguido que tradujeran al español el *Programa para la aprehensión del delincuente violento*, un documento de quince páginas redactado por el FBI y conocido abreviadamente como

VICAP, para que los investigadores del estado pudieran usarlo como guía. Él y otros miembros del organismo policial en Estados Unidos usaban el formato para registrar datos tales como el *modus operandi* y la semblanza de la víctima con vistas a un análisis, y como orientación para datos de referencia recíproca con otros organismos de la policía. Ressler había invitado a la gente del VICAP del FBI a que participara en el caso. Al no hacerlo, él se ocupó de que el formulario del VICAP fuese traducido al español.

Aunque los policías mexicanos habían sido atacados por los activistas cívicos y los medios de difusión, entre otros, Ressler los defendió, insistiendo que no eran "sólo esos tipos de grandes sombreros que duermen siestas... habían realizado una operación muy buena y tenían gente muy buena en los altos puestos... lo que las agrupaciones de mujeres dicen es que a estos tipos machos les importa un comino las víctimas... no estoy de acuerdo con eso".

A principios de octubre, el nuevo procurador general del estado de Chihuahua, Arturo González Rascón, anunció el nombramiento de una abogada de treinta y cuatro años llamada Suly Ponce Prieto para asumir la dirección del Equipo Especial para la Investigación de Delitos contra las Mujeres, quien estaría encarcagada de supervisar la investigación de todos los homicidios de mujeres, incluidos los asesinatos de carácter sexual.

Enseguida circularon rumores de que la alta mujer de pelo castaño dorado había sido escogida por sus nexos políticos con Rascón y no tardarían en tildarla de lacaya política. Ella llegaba al puesto pisándoles los talones a tres directores que habían renunciado en un período de seis meses por razones que nunca llegaron a saberse.

Ponce se instalaría fuera de las dependencias del procurador general en Juárez e informaría al fiscal del distrito, Nahúm Nájera, a cargo de la ciudad fronteriza.

En algunas entrevistas, Ponce dijo que, cuando se presentó a trabajar la primera semana, se encontró un departamento de policía estatal mal equipado para ocuparse de las investigaciones de homicidios. Para su asombro, descubrió que los agentes carecían incluso de los instrumentos más básicos: equipos tales como bolsas de papel, guantes de látex y cinta policial, todo lo cual es esencial para la debida preservación de la escena de un crimen.

Según informes publicados, Ponce supo que la policía había quemado más de mil libras de pruebas, el grueso de las cuales lo constituían ropas que se habían recogido en las escenas de los crímenes. En los días que antecedieron a la toma de posesión de su puesto en octubre, miembros de la administración anterior también habían limpiado su oficina de todos los expedientes que pertenecían a investigaciones anteriores realizadas por expertos, incluido Robert Ressler. Deseosa de aportar un cambio positivo en su nuevo papel, Ponce dijo a los periodistas mexicanos que no le habían dejado "nada" con que trabajar.

Aunque se había desempeñado como profesora universitaria, abogada de oficio y magistrada local, Ponce nunca había trabajado como fiscal. Pero su falta de experiencia como acusadora pública no le importó a Rascón, quien elogió a su nueva directora como una talentosa profesional. Sin embargo, la oficina que se esperaba que ella dirigiera estaba a duras penas a la altura de los tiempos. La pequeña oficina blanca con una puerta pintada de azul estaba probremente equipada con un sencillo escritorio de metal, dos sillas corrientes de oficina, una máquina de escribir y un teléfono.

De pie en el pasillo ese primer día, fumándose un cigarrillo, Ponce se preguntaba si su nuevo puesto había sido creado como un ejercicio de relaciones públicas para darle la ilusión a la gente de que se iba hacer algo. De ser así, eso cambiaría tan pronto su nombre apareciera en la puerta de la oficina.

Casi inmediatamente, Ponce exigió una oficina más grande, computadoras con los últimos adelantos y un sistema telefónico actualizado. También impuso autoridad sobre las escenas de los crímenes, negándoles acceso a transeúntes y reporteros a los que antes se les había permitido el acceso hasta el punto de cambiar de posición el cadáver de la víctima de un homicidio a fin de tomar una foto sensacional para el periódico.

Bajo la dirección de Ponce, las escenas de crímenes serían acordonadas y preservadas. Ponce especulaba que de 180 feminicidios que habían ocurrido en Juárez desde 1993, el 30 por ciento, o 55 de los crímenes, eran de carácter sexual. El resto, afirmaba, eran homicidios violentos tales como muertes ocurridas al azar o ejecuciones no relacionadas con los asesinatos en serie que los funcionarios habían asociado con Sharif Sharif y los miembros de Los Rebeldes.

La presencia de Ponce y su creencia de que Sharif Sharif era responsable de al menos uno de los asesinatos, dificultaba aun más la defensa del egipcio.

En México, a diferencia de Estados Unidos, a una persona

se le considera culpable o "probablemente responsable" hasta que demuestre su inocencia. Es la responsabilidad del abogado defensor deshacer los cargos presentados por la fiscalía, y corresponde al juez, no a un jurado, determinar la culpabilidad o inocencia de una persona.

Ponce estaba consciente de que Sharif Sharif y su abogada, Irene Blanco, habían tenido éxito en que un juez lo exculpara, por falta de pruebas, de cinco de los seis cargos de asesinato presentados en su contra. Sin embargo, aún quedaba un cargo pendiente: el asesinato de la obrera Elizabeth Castro. Y aunque las pruebas apuntaban en otra dirección, las autoridades seguían renuentes a poner a Sharif en libertad.

Durante meses, el egipcio había estado exigiendo una reunión con el superior de Ponce, el gobernador Patricio Martínez. Sin embargo, Martínez no estaba interesado en reunirse con Sharif, quien también había solicitado una entrevista con Oscar Maynez, el experto forense del estado, y con varios activistas locales, incluida Esther Chávez. El egipcio quería hablar con Maynez respecto a sus propios resultados, los que había deducido de una investigación que había comenzado desde su celda.

Según el criminólogo, Sharif creía que el hijo del propietario de una cantina de la localidad se encontraba detrás de algunos de los asesinatos y sostenía que el hombre, Armando Martínez, había degollado a una de las bailarinas que trabajaban en el establecimiento de su padre. Maynez también dijo que Sharif insistía en que la cantina estaba vinculada con el tráfico de drogas en Juárez y que la bailarina asesinada se ajustaba perfectamente al perfil de la víctima. La fuente de Sharif era un oficial de la policía llamado Víctor Valenzuela Rivera, quien posteriormente testificaría ante legisladores del estado y ante periodistas de que él estaba en el Club Safari, una barra de la localidad frecuentada por policías y narcotraficantes cuando oyó a Armando Martínez hacer chistes sobre los asesinatos y asegurarles a los hombres que ellos estaban "protegidos" por funcionarios del gobierno y la policía.

Las escalofriantes declaraciones no quedaron sin sangrientas consecuencias. Cuando Irene Blanco, la abogada de Sharif, insistió en que la policía investigara las acusaciones contra Martínez, su propia familia fue agredida. Blanco le dijo a los periódicos locales de Juárez que recibió una amenaza de muerte de un hombre anónimo que le dijo por teléfono que "me iban a dar donde más me duele". Al día siguiente ella declaró que pistoleros no identificados que viajaban en una furgoneta gris abrieron fuego contra su hijo, un joven adulto, mientras conducía su auto a lo largo de la calle La Raza en el centro de Juárez.

Se dijo en las noticias que tres de más de diez balas que le dispararon habían alcanzado al joven, y los médicos declararon que, de no ser por el hecho de que siguió conduciendo hasta un hospital, habría muerto a consecuencia de las heridas. Una bala le perforó el estómago, otra lo alcanzó en una pierna y una tercera le hirió un brazo.

"Nunca pensé que se atreverían a hacerle algo así a mi familia", confesó Irene Blanco a una fuente noticiosa. "Por mi propio bien, tengo que decidir si prosigo con este caso. También tengo una hija a quien cuidar".

Según Blanco, el ataque a su hijo tuvo lugar a la 1:30 P.M., y a las 3:00 P.M. Suly Ponce estaba ante los medios de prensa explicando que el tiroteo se "debía a una confrontación entre narcotraficantes". "Ningún agente policial fue al hospital a hablar con mi hijo", recordaba Blanco "y dos horas después del atentado a mi hijo, la fiscal dice en una conferencia de prensa que era un ajuste de cuentas entre narcos y que además yo me iba a aprovechar de la situación, porque el incidente favorecía a Sharif".

"Es evidente que aquí se viola la ley y que éste es el tipo de investigación que se lleva a cabo en Chihuahua".

Finalmente, Blanco decidió mudarse a otra parte de México, pero siguió representando a Sharif desde el nuevo lugar.

En una entrevista exclusiva con *Univision*, Sharif había sugerido que alguien con poder estaba detrás de los asesinatos y que estaba siendo protegido por una persona o personas con autoridad. Insistió en que por lo menos un oficial de policía de alto rango estaba implicado, así como dos poderosos capos de la droga y tal vez uno o varios empresarios de El Paso que viajaban diariamente a Juárez. Cuando se le preguntó si podía revelar los nombres de esos individuos, Sharif prometió que los haría públicos cuando obtuviera su libertad. Al parecer, estaba demasiado temeroso de las repercusiones.

Si bien él había sido condenado en dos ocasiones por agresión sexual, las afirmaciones de Sharif no carecían de mérito. En 1998, la Comisión Mexicana para la Defensa y Promoción de los Derechos Humanos (CMDPDH), una agrupación independiente defensora de los derechos humanos con sede en Cuauhtémoc, revisó los archivos de la policía del estado y publicó un riguroso informe en el que criticaba irregularidades en la investigación de homicidios.

Encontraron que algunos de los expedientes carecían de fotografías de los cadáveres o de pruebas de ADN para contribuir a la identificación; otros estaban equivocados respecto al lugar donde habían encontrado a las víctimas. En cierto número de casos, dijeron, las víctimas habían sido erróneamente identificadas.

Un funcionario estatal con conocimiento de primera mano del caso de Sharif reveló que las repetidas peticiones del egipcio de que se revisara la prueba de ADN en el caso de Elizabeth Castro le habían sido denegadas por los funcionarios del estado, incluso mientras se preparaban para el juicio. Además, a ningún miembro de la familia de la joven le habían mostrado nunca el cadáver de Castro para verificar su identidad. Los padres aceptaron, sencillamente, la palabra de la policía de que el cadáver era realmente el de su hija. "Hay una madre que nunca sabrá lo que le sucedió a su hija", dijo Oscar Maynez refiriéndose al caso de Castro.

Cuando les preguntaron, los funcionarios estatales no pudieron explicar por qué la policía había transportado casi inmediatamente el cadáver de Castro a una instalación del estado en Veracruz, a unas doscientas millas de Juárez, donde era inaccesible a los miembros de la familia. Tampoco pudieron explicar por qué los resultados de la autopsia practicada en el cadáver habían descrito a una mujer cuyo peso, rasgos físicos y ropa no coincidían con los de Castro. Tampoco pudieron explicar por qué el cadáver estaba en un estado tan avanzado de descomposición propio de alguien que llevaba muerto por lo menos un mes o más, cuando Castro sólo llevaba cuatro días desaparecida cuando las autoridades afirmaron que habían hallado su cadáver.

Sin embargo, Ponce se mantuvo firme el 29 de marzo de 1999, mientras un juez mexicano encontraba a Sharif Sharif culpable del asesinato de Castro y lo sentenciaba a treinta años de prisión por el crimen.

No está claro quién ordenó que Sharif Sharif fuese transferido ese mismo día de su celda carcelaria en El Cereso a la penitenciaría del estado en la ciudad de Chihuahua, donde lo pusieron en confinamiento solitario, sin libertad de andar por la instalación o de hablar con los reporteros, aunque los medios de prensa informaron que la policía estatal se encontraba detrás de esa orden. Si bien una estricta seguridad era la razón oficial, muy bien podría haber sido otro el motivo para el súbito traslado. Tal vez las declaraciones del químico estaban generando demasiada publicidad fuera de México y los funcionarios estaban ansiosos de silenciarlo. Una vez sentenciado, a Sharif ni siquiera le permitieron ver a su abogada defensora. A Irene Blanco le dijeron que tendría que esperar nueve meses antes de visitar a su cliente.

Llama la atención que el traslado de Sharif se produjo inmediatamente después de que se transmitiera su entrevista por *Univision*, que salió al aire en Estados Unidos, México, Centroamérica y varios países latinoamericanos.

Durante la entrevista, él resaltó que varios de los cadáveres se habían encontrado cerca de las instalaciones de PEMEX, la compañía mexicana de petróleo, y aludió a la posibilidad de que uno de los asesinos pudiera ser un norteamericano empleado de esa empresa, que viajaba a Juárez diariamente desde su casa en El Paso. Sharif insistió que durante su propia investigación de los asesinatos, había llegado a identificar a un grupo de víctimas cuyos cadáveres habían aparecido en terrenos de la propiedad de PEMEX o en terrenos baldíos cercanos. También sugirió que algunos miembros de la policía mexicana podían estar implicados en los asesinatos, ya como participantes voluntarios o como protectores pagados del culpable o los culpables.

Según algunos informes noticiosos, al menos uno de los homicidios estaba vinculado a un miembro de la policía municipal.

Quizás los funcionarios gubernamentales querían lograr que el egipcio dejara de suscitar dudas sobre la investigación que llevaban a cabo. O tal vez porque él era la pieza clave del caso que ellos llevaban, el presunto arquitecto de los crímenes, y necesitaban que el público lo creyera culpable.

Mientras estuvo en El Cereso, a Sharif le habían permitido el uso de una máquina de fax, un teléfono celular y una computadora. También se había ganado el derecho a portar la llave de su celda. Abelardo González, el director de la cárcel de máxima seguridad, recompensaba la buena conducta con privilegios tales como llaves que permitían a los reclusos proteger sus pertenencias personales mientras no estaban en sus celdas.

Durante su encarcelamiento en El Cereso, Sharif había conversado con el director de la cárcel sobre sus viajes a través de la frontera mientras vivía en Midland, Texas. Él iba conduciendo a través de El Paso y cruzaba la frontera para pasar un buen rato. Reconocía que era una especie de bohemio, sin ataduras, que sólo quería divertirse.

—Él luego tendría encuentros con algunas de las jovencitas y todo el mundo sabe que le gustan las jovencitas—, sonrió el director. —De manera que eso bastó para que fuera acusado del asesinato de una de ellas.

Suly Ponce ofreció su perspectiva del caso durante una extensa entrevista que tuvo lugar en febrero de 1999, sólo cuatro meses después de que ella asumiera el papel de directora de la fuerza especial a cargo de los homicidios de mujeres.

Aunque algunos habían especulado que las víctimas eran retenidas durante días, Ponce dijo que ella creía que, en los casos de homicidios de índole sexual, los asesinatos solían tener lugar el mismo día de los secuestros o uno o dos días después.

—Todo indica que los acontecimientos tienen lugar en rápida sucesión, el secuestro, la violación y el asesinato—, afirmó. —Los asesinos probablemente se las llevan [a las víctimas] a un lugar abandonado que ya tienen previsto, y allí las violan y finalmente las matan.

Ponce afirmó que lo que más la perturbaba de los asesinatos era la falta de profesionalismo de parte de la policía y de otros miembros de la administración anterior en la manera de tratar a los familiares de las víctimas.

—Las autoridades gubernamentales dijeron que muchas de las víctimas trabajaban en sitios nocturnos, y que como consecuencia, algo malo les ocurriría—, explicó Ponce. —Las familias no aceptaron eso de que una mujer está destinada a sufrir una muerte violenta sólo por el hecho de que trabaje en un club nocturno.

Las autoridades se esforzaban en ganarse la confianza del público, aunque Ponce reconoció que su equipo de investigadores no estaba más cerca de resolver muchos de los homicidios. Su razón era tan sorprendente como problemática. Según Ponce, las investigaciones se habían atascado porque los familiares de las víctimas no cooperaban. Temiendo que una investigación a fondo pudiera revelar las vidas privadas de sus hijas, se habían reservado información que podría haber sido decisiva para resolver el caso, agregó.

Ponce prosiguió confiadamente hasta sugerir que su oficina estaba a la cabeza de la investigación; sin embargo, su conducta cambió cuando la confrontaron con un vídeo que habían filmado el día anterior miembros del equipo de *Univision* en el cual se veía al personal de la policía caminando por la escena del crimen y potencialmente contaminando pruebas. La cinta mostraba también que los investigadores habían olvidado recoger alguna posible evidencia, incluida una cobija ensangrentada. Ponce pareció sorprendida por el vídeo y aclaró que tenía la intención de mejorar la calidad del trabajo del departamento. Aunque sólo llevaba cuatro meses en el cargo, aseguró a los medios que ya había comenzado a ejecutar algunos cambios, entre ellos nuevas medidas de seguridad para frenar a los asesinos, como colocar unidades de la policía alrededor de las maquiladoras a las horas en que las mujeres cambiaban de turno y de contratar a taxistas para llevar a las trabajadoras a sus casas, especialmente a las más jóvenes que eran las que corrían mayores riesgos.

Además, Ponce dijo que había instado a las mujeres de Juárez a que evitaran el ponerse en situaciones de peligro. Recomendaba que no anduvieran solas por lugares desolados o abandonados. Si tenían que hacerlo, debían encontrar una manera de ir acompañadas. También advirtió que aceptar subirse a un vehículo con un desconocido podía terminar en una violación o algo peor, y les advirtió a las jóvenes obreras que tomaran un autobús o un taxi siempre que fuera posible.

Si el autobús no aparecía, Ponce insistió en que las mujeres esperaran por alguien conocido que pudiera llevarlas o incluso que llamaran a un auto patrullero.

Desafortunadamente, su consejo parecía inconcebible para una mujer pobre y carente de educación, obligada a vivir con tres a cinco dólares al día. En verdad, los sueldos eran tan bajos en las fábricas de Juárez que los obreros de las maquiladoras tenían que cuidar mucho cómo gastaban cada dólar. Tomar un autobús o un taxi para regresar a casa del trabajo por la noche podría significar la diferencia entre comer y quedarse con hambre. La mayoría de las mujeres no podían darse el lujo de llevar un teléfono celular. E incluso si podían costear un teléfono, no era probable que funcionara en las zonas desérticas fuera de la ciudad.

Las mujeres de Juárez tampoco confiaban en los taxistas de la ciudad ni en los agentes de la policía municipal. Sobraban comentarios de que algunos miembros de la policía de Juárez estaban implicados en los crímenes.

De hecho, una joven madre afirmaba haber sido víctima de una violación colectiva por parte de miembros de la policía municipal mientras estuvo detenida a principios de febrero de

1999. Su historia ya había circulado por las colonias donde habían vivido muchas de las víctimas, sembrando mayor desconfianza entre la población. Muchas se preguntaban quién era más peligroso, un taxista, un conductor de autobús, un agente de la policía o alguien completamente desconocido.

A juzgar por el creciente número de asesinatos y la incapacidad de las autoridades para detenerlos, la respuesta parecía sencilla: no se podía confiar en nadie en Ciudad Juárez.

CAPÍTULO SEIS

La misma cosa

Es una desgracia ser mujer, más desgracia ser mujer pobre en esta ciudad

ESTHER CHÁVEZ CANO,
ACTIVISTA PRO DERECHOS DE LAS MUJERES
Y FUNDADORA DE CASA AMIGA

UNO DE LOS RELATOS MÁS PERTURBADORES y más divulgados que se dieron a conocer contra la policía fue el de María de Jesús Talamantes, quien afirmaba haber sido víctima de una violación colectiva por miembros del departamento de la policía local mientras se encontraba detenida a principios de febrero de 1999. Un subsecuente examen médico confirmó que ciertamente María había sido violada y los guardias fueron arrestados, pero un juez desestimó los cargos debido a la falta de pruebas contra los hombres.

Talamantes, una linda joven de melena ondeada con cerquillo, vivía en las afueras de la ciudad en una casita de ladrillos. El problema comenzó cuando un vecino le pegó a su hijo y rápidamente la discusión se convirtió en una riña en la cual golpearon a su marido y llamaron a la policía.

En una entrevista con María, no mucho después del presunto ataque, ella le contó a los periodistas de *Univision* los hechos que la habían llevado a la cárcel municipal ese mes. La familia Talamantes vivía en una polvorienta carretera de doble vía que terminaba en la vivienda de la familia. La casa de ladrillos era más firme que las viviendas de otras familias en Ciudad Juárez; tanto María como su marido, Pedro, trabajaban y contribuían a la economía familiar. Mientras el equipo de noticias preparaba la salita para grabar la entrevista, uno de los camarógrafos detectó a un auto patrullero escondido en unos arbustos fuera de la casa. ¿Quiénes eran los agentes que estaban vigilando y por qué?

Si bien la historia que sigue suena como algo inventado, partes del relato de María han sido corroboradas por un examen médico. María alegó que, enojada al enterarse de que su vecino había golpeado a su hijo, fue hasta la casa del hombre para confrontarlo. Pero el vecino se encontraba con varios hombres que estaban borrachos y comenzaron a insultarla. La joven madre regresó corriendo a su casa en busca de la ayuda de su marido, y juntos volvieron a la casa del vecino. Fue entonces que el grupo atacó a Pedro Talamantes y comenzó a golpearlo de manera tan brutal, dijo María, que ella, horrorizada, le pidió a su hijo que llamara a la policía. Cuando los agentes llegaron, le informaron al grupo que todos iban a ser arrestados.

Talamantes sostuvo que su marido estaba en tan mal estado que los agentes tuvieron que levantarlo del suelo y llevarlo hasta el auto de la policía. Los condujeron a la cercana Cárcel de Piedra, donde tuvieron una vista de rutina ante un juez. No dejaron hablar a nadie. A María y a Pedro los enviaron a un médico dentro del penal, donde su marido recibió tratamiento por sus lesiones y a ella la examinaron.

María alegó que entonces una mujer guardia la llevó a un baño para registrarla por posible portación de drogas. Luego de ordenarle que se desnudara, María dijo que comenzó a abusar sexualmente de ella: besándola, acariciándole los senos e introduciéndole los dedos en la vagina. Cuando María protestó, la mujer la abofeteó, ordenándole que se pusiera la ropa, y la volvió a golpear, esa vez en el estómago.

Talamantes dijo que ella y la guardia salieron luego del baño. Cuando ella se acercó a un agente uniformado para contarle el atropello físico y sexual, él no hizo ningún esfuerzo por ayudarla, sino que, por el contrario, la tiró en una celda junto con otras mujeres, algunas de las cuales estaban temblando y vomitando.

María dijo que observó en silencio cómo algunas de las mujeres le pedían drogas a los guardias y éstos se las suministraban enseguida. La joven madre dijo que ella, inocentemente, tomó alguna también, después de que los guardias le dijeron que las píldoras la ayudarían a dormir en la celda hacinada e incómoda mientras revisaban su caso.

Pasaban las horas mientras María yacía en la celda, entre dormida y despierta. Escuchaba a los guardias que miraban maliciosamente a las mujeres a su alrededor. En un momento, entraron a la celda y la trasladaron a otra en un área menos visible de la cárcel, contigua a la cocina. Ella afirmó que el espacio estaba cubierto de ropas de mujer: pantaletas, sostenes y docenas de otras prendas.

Cuando ella preguntó qué pasaba, uno de los guardias le contestó con una sonrisa malvada, "¡Tú nos lo vas a dar!" El guardia no tenía más de treinta años, con mejillas hundidas y piel curtida.

La fría mirada del agente no cambió ni siquiera cuando María se echó a llorar. Recordaba que fue en ese momento que empezó a darse cuenta de la magnitud de su problema.

Ella sostuvo que el agente luego le dijo algo que la dejó pasmada, "¿Tú quiere que te llevemos a Lomas de Poleo?" Esas fueron sus palabras. Se refería al tramo deshabitado de desierto al noroeste de la ciudad donde habían encontrado los cadáveres de muchas de las mujeres asesinadas.

María dijo que intentó parecer fuerte, exigiéndoles a los agentes que la dejaran en paz. Luego vio cuando uno de ellos salió de la celda y regresó un rato después con un maletín que contenía un álbum de fotos.

Talamantes sostuvo que el álbum tenía fotos de "muchachitas" siendo violadas y golpeadas. Otras imágenes mostraban a las víctimas, "cuando les arrancaban los pezones, cuando las quemaban". Ante la mirada de los guardias, ella iba pasando las páginas. Dijo que había imágenes que mostraban a hombres que arrastraban a varias jovencitas a través de los arbustos halándolas del pelo. En una de las fotos, una niña estaba tirada en el suelo, rodeada por un grupo de hombres. Otras fotos mostraban a la misma niña siendo violada una y otra vez mientras los demás miraban la escena y se burlaban.

Era evidente por las fotos que la muchacha estaba gritando y llorando, recordaba María. Otras fotos mostraban a otras jovencitas siendo violadas, tanto por vía anal como vaginal, afirmó ella.

"En las fotos, los hombres se estaban riendo, riéndose de lo que estaban haciendo", recalcó. En otras se veía a un hombre rociando a una muchacha con gasolina y luego prendiéndole fuego.

"Yo lloraba y rezaba en silencio", recordaba luego María.

"Y como si me leyeran el pensamiento, los guardias me dijeron, 'piensa en ellas. Tú lo has visto todo, y no puedes quedarte viva' ".

María dijo que cuando les advirtió que su marido también estaba detenido en la cárcel y que daría cuenta a las autoridades si algo le sucedía, uno de los agentes tomó una cámara y la fotografió desde varios ángulos, amenazándola de "matarla" y matar a su marido si le contaba a alguien de su plática de esa noche. Ahora tenían su imagen grabada y podían encontrarla en cualquier parte, le advirtieron.

María reconoció que no había podido dormir esa noche, preocupada por su situación y pensando en las horrorosas fotografías de las víctimas. Por la mañana, hubo cambio de guardias. Aunque ella todavía no tenía idea de los cargos que presentarían en su contra, los guardias le dijeron que ya había cumplido su sentencia. Creyó que podría irse a casa, pero la trasladaron a otra celda, un lugar húmedo donde ella era la única persona.

Cuando Talamantes le preguntó a uno de los guardias por

qué seguía detenida, el hombre de uniforme azul sonrió con ironía. Dijo que trazó con las manos la silueta de ella en el aire y le dijo "porque tú me gustas".

María empezó a temblar. Muerta de sueño, se retrajo a un rincón de la celda, donde se echó en el piso, se hizo un ovillo y se quedó dormida. El agente de uniforme azul la despertó de un puntapié en la cara, recordaba ella. Dijo que le ordenó ponerse de pie y, mientras ella se levantaba, comenzó a quitarle la ropa y a besarla.

María alegó que su marido pudo oír la conmoción desde la celda vecina y que empezó a llamarla. Pero no pudo hacer nada para frenar la violencia. María recordó que cuando Pedro le imploró al guardia que la dejara en paz, éste le respondió con un comentario que la dejó atónita.

"Yo no soy un guardia, soy un agente de la policía", María sostuvo que el atacante respondió a gritos. La policía municipal de Juárez tenía su sede en el mismo edificio de la cárcel, por lo cual era enteramente posible que el hombre fuera, en efecto, un agente de la policía.

María recordaba que el agente la violó ese día. A los pocos minutos, otros dos guardias aparecieron en su cubículo. Y esos dos también la violaron.

Antes de irse, los hombres le juraron que "matarían a toda su familia" si ella hablaba.

Posteriormente, la aterrorizada joven madre fue puesta en libertad y se reunió con su marido. Durante dos días, ella evadió sus repetidas preguntas acerca de lo que le había pasado en las cuarenta y ocho horas que estuvo tras las rejas. Al principio le dijo que los guardias sólo habían querido interrogarla. Pero Pedro, sospechando algo peor, continuó preguntándole. Él había notado que su esposa caminaba de una manera extraña, como si estuviera lesionada.

Una y otra vez, contó María, ella rehusó responder a sus preguntas e incluso estaba temerosa de sus caricias. Dijo que varios días después de su liberación finalmente le reveló su secreto, cuando los dos estaban a punto de irse a la cama. Pedro, furioso, juró presentar cargos contra la policía. Al principio, ella le rogó que no lo hiciera, temiendo por la seguridad de ellos y las de sus dos hijos. Pero Pedro quería justicia y le imploró que pensara en las otras mujeres que podían resultar víctimas de esos agentes.

A la mañana siguiente, Pedro fue directamente a la oficina de asuntos internos para presentar una denuncia. Los funcionarios del lugar insistieron que María estuviera presente para contar su historia, pero ella no quería acudir. Dijo que se sentía demasiado asustada para hablar y recordaba las amenazas de los agentes que le habían tomado la foto.

En los días que siguieron, María comenzó a tener pesadillas, despertándose sobresaltada luego de ver las caras de sus asaltantes en el sueño. Hasta las caricias de su marido le provocaban recuerdos de la violación.

Molesto por la situación de su esposa, Pedro regresó a la oficina de asuntos internos. Otra vez le dijeron que María tenía que acompañarlo, ya que ella era la única que debía hacer una declaración a las autoridades. Cuando él regresó a casa, su mujer y sus hijos no estaban. María los había llevado a dar un paseo con la intención de despejarse la cabeza. Afuera el calor era abrasador, pero dentro de la casa la temperatura se había hecho insoportable.

Mientras Talamantes deambulaba por las calles sin ningún destino aparente, se encontró casualmente con una amiga. La mujer se dio cuenta enseguida de la mirada extraviada de María y la invitó a ella y a los muchachos a comer algo a su casa. La amable invitación tranquilizó a María y, de repente, sintió la necesidad de compartir su dolorosa historia. Su vecina la escuchó atentamente y luego instó a María a seguir el consejo de su marido.

Esa noche María le prometió a Pedro que le contaría la historia a la fiscal del distrito. El argumento de él ahora tenía sentido: ella debía hacer una denuncia y detener a esos hombres horribles antes de que agredieran a otras mujeres.

Esta vez, un abogado de la oficina de asuntos internos y un psicólogo esperaban a María y a su marido cuando llegaron al edificio de cemento y espejos donde tiene su sede la oficina principal de la procuraduría. A María le pidieron, en primer lugar, que se sentara en la oficina del abogado y que hiciera una declaración en la cual detallara lo que le había sucedido durante su detención. La reunión resultó ser difícil para ella, y la entrevista se detenía cada vez que un agente uniformado entraba en el despacho. En un momento, se puso tan nerviosa que se metió de un salto debajo del escritorio del abogado y se enrolló en posición fetal.

Con el transcurso de las horas, se las arregló para proporcionarles a las autoridades un relato de su odisea. Sin embargo, no se atrevió a mencionar las horripilantes fotografías que le habían mostrado.

Parte de la presentación de una denuncia oficial era el proceso de identificación. Durante la visita de María a la oficina le pidieron que señalara a sus presuntos asaltantes. Los agentes se alinearon detrás de una ventana con un vidrio grueso, y ella de inmediato identificó a uno de sus agresores.

Al señalarlo, su marido dejó escapar un suspiro y perdió el control. Por un momento, recordaba María, parecía que iba a atravesar la ventana de vidrio para agarrar al hombre.

María dijo que también la sometieron a un examen médico. El examen determinó que en verdad la habían violado. Uno de sus asaltantes también le había transmitido al parecer una infección vaginal.

Los agentes de la policía negaron con vehemencia el testimonio de María.

El abogado que representaba a la división de asuntos internos le dijo a María que abriría un expediente con su caso, pero citó discrepancias en las horas en que a ella la habían asaltado. Los funcionarios citaron también que ella había contraído la infección antes de entrar en la cárcel.

Pasaron quince días y sólo uno de sus cuatro agresores estaba sujeto a investigación, y no se habían recogido muestras de semen ni de ADN de ninguno de los acusados, ni de la mujer guardia que María había nombrado, algo que de seguro no habría ocurrido si un incidente de esta naturaleza hubiese tenido lugar en Estados Unidos. No obstante, a María le tomaron muestras de sangre y le hicieron otras pruebas. A los acusados también se les permitió seguir trabajando en la cárcel en lo que duraba la investigación.

En una movida audaz y potencialmente peligrosa, María compartió su experiencia con la prensa local, compareciendo con gran valentía ante las cámaras de televisión, acompañada por su marido. Su relato acaparó los titulares y fue el tema de los noticieros. En respuesta, los cuatro guardias fueron arrestados y desfilaron ante la prensa y las cámaras de televisión.

Durante un tiempo, María tuvo esperanzas de que los hombres que la habían violado comparecerían ante la justicia. Pero no habría de ser así.

La fiscal especial Suly Ponce le dijo posteriormente a *Univision* que su oficina había hecho lo posible por garantizar un resultado positivo. Ella y los miembros de su personal creían que María decía la verdad, pero sus manos quedaron atadas una vez que el caso fue a los tribunales.

"Presionamos al juez", dijo Ponce. "Se libró una orden de arresto y enseguida se actuó en consecuencia. Desafortunadamente, eso fue todo lo que pudimos hacer para ayudar a detener a los responsables de ese delito".

Al final, un juez mexicano desestimó los cargos, citando "falta de pruebas", y los agentes fueron puestos en libertad. Tres de ellos regresaron a sus puestos en la cárcel de la ciudad.

Entre tanto, María y su familia recibieron numerosas amenazas. Al regresar a casa, recordaban los Talamantes, autos patrulleros comenzaron a recorrer el vecindario, y los agentes se detuvieron en varias casas, tocando a las puertas y haciendo preguntas acerca de María. De noche, miembros del departamento de policía estacionaban sus autos patrulleros en las cercanías y alumbraban con sus faros la casa de los Talamantes, contó ella.

En un momento dado, el marido de María viajó a Los Ángeles y la dejó sola con sus hijos en su casa de Juárez. Esa noche, María vio que un Lincoln Mercury Marquis negro, con vidrios ahumados, se estacionaba frente a su casa. Mientras los niños dormían, vio que alguien se bajaba del auto, sacaba una pistola y disparaba dos veces al aire. Pensó por un momento en llamar a la policía, pero enseguida rechazó la idea. En su mente, sus atormentadores y la policía eran la misma cosa.

Según María, el hombre estaba vestido de negro, la misma descripción del "chero" o "vaquero" que vieron esperando junto a Silvia Morales en la parada de autobuses del centro de Juárez varios años antes.

No mucho después de su odisea, María Talamantes encontró empleo en la línea de montaje de una maquiladora local. En su primer día de trabajo fue a almorzar a la cafetería de la fabrica. Al sentarse a comer, sintió como que alguien la miraba. Al darse vuelta reconoció a uno de los guardias de la cárcel parado detrás de ella. Era el mismo hombre flaco que le había enseñado el álbum de fotos en la celda que quedaba cerca de la cocina de la cárcel. Asustada, indagó acerca de él al día siguiente y supo por algunos compañeros de trabajo que había venido a la fábrica buscando trabajo como guardia de seguridad.

María nunca había revelado lo que sabía del álbum de fotos de la cárcel, que mostraba a jovencitas siendo apaleadas, violadas y quemadas vivas. Ella decía que, simplemente, le daba mucho miedo.

Con el tiempo, se confió a una activista de la localidad llamada Judith Galarza, que presidía la Federación Latinoamericana de Asociaciones de Familiares de los Detenidos-Desaparecidos (FEDEFAM). Galarza la instó a contar su historia a funcionarios mexicanos en Ciudad de México, a la que comúnmente se le llama el DF o Distrito Federal. La activista estaba batallando para que se hiciera justicia a las mujeres asesinadas de Juárez y se sentía ansiosa de exponer lo que creía que era una falta de profesionalidad de parte de las autoridades mexicanas.

"No hemos oído un testimonio acerca de incidentes similares en otros lugares", dijo Galarza en una entrevista con el reportero de un periódico. Los casos en Juárez son exclusivos de la región fronteriza con Estados Unidos, y el grueso de la población está compuesto de campesinos e indígenas que vienen del sur. Un gran número de ellos van a trabajar en la industria maquiladora.

María estuvo de acuerdo en reunirse con Galarza en Ciudad de México y allí volvió a contar la historia, pero esta vez ante una audiencia mucho más grande y que suponía que podría ejercer una influencia política mucho mayor. Esperaba que sus esfuerzos le hicieran justicia a las muchachas que había visto en las fotos.

María reconoció más tarde que había mencionado las fotos que había visto a funcionarios del gobierno, quienes la habían disuadido abiertamente de denunciarlas.

"Tenía miedo", recordaba María en una entrevista con la laureada documentalista Lourdes Portillo. "¡Hasta la licenciada [la fiscal especial] me aconsejó que no dijera nada!

"Me dijeron, 'entrevistamos a esos policías, y los psicólogos los entrevistaron, y son peligrosos, ¡están locos! Deberías tenerles mucho miedo' ".

Dos años después, a mediados del 2001, Talamantes volvió a la luz pública cuando un equipo de televisión la localizó en Juárez a pesar de que la activista Esther Chávez le pidiera que no lo hiciera. María estaba luchando para ganar suficiente dinero para alimentar a sus cinco hijos, luego de que su marido la abandonara, y se vio obligada a ganarse la vida.

Esther temía que cualquier otra exigencia emocional podía ocasionarle a la pobre mujer un ataque de nervios con serias consecuencias. Ya ella había ido a ver a Chávez en busca de ayuda. Al igual que muchas otras sobrevivientes de una violación, María rehusaba recibir ayuda profesional. Sin embargo, el equipo de televisión se presentó a su puerta e insistió en que le concediera una entrevista grabada sobre las supuestas violaciones colectivas de la policía. María accedió.

La historia no tardó en salir al aire. Luego de lo cual, la policía fue a casa de María, la lanzó contra la pared y la golpeó brutalmente, según Chávez. La activista estaba en España de vacaciones cuando ocurrió el incidente. Chávez se enteró de la agresión cuando un miembro del equipo de su recién fundada Casa Amiga, un centro para atender casos de violaciones y abuso doméstico, entre otros, la telefoneó al extranjero para decirle que María de Jesús Talamantes se había aparecido golpeada en el albergue. A los miembros del personal les tomó más de cuatro horas calmarla, y aun entonces se mostró renuente a hablar con una terapeuta.

Aun hoy, María sigue luchando para mantener unida a su familia y refrenar su cólera contra las autoridades por no haber castigado adecuadamente a sus presuntos violadores.

Para complicar más las cosas, María se sentía avergonzada de lo que sus hijos pensaban. Sus hijos mayores habían comenzado a cuestionar su dolorosa experiencia, contando que sus compañeros de clases decían cosas feas de su madre. Los ataques no sólo la habían afectado emocionalmente y le habían hecho perder a Pedro, su esposo, sino que ahora también estaban teniendo un impacto negativo en los niños.

Hay algunos en la ciudad fronteriza que han manifestado sus dudas sobre las afirmaciones de María acerca de la violación y de la existencia del macabro álbum de fotos que sus carceleros le mostraron. A la luz de todo lo que le sucedió, hay también dudas de por qué ella decidió quedarse en Juárez después de todo lo que había sufrido. Pero los que expresan esas dudas no entienden las difíciles condiciones en que vive el pueblo de México. Aun si María quiso irse de Juárez, ¿a dónde se habría ido? Era una madre sola con cinco hijos. Gran parte de la economía del país se encontraba ahora en Juárez, mientras la industria en otras partes de México no estaba creciendo tan rápidamente. Muchas de las aldeas y pueblos del país se hallaban abandonados y las familias se mudaban hacia el norte en busca de trabajo.

Juárez era su hogar, el único que los hijos de María conocían. Allí, al menos, la familia tenía una casa, por muy pequeña que fuera.

Silvia Elena vestida con la ropa blanca típica de las quinceañeras, el vestido que se ponen las muchachas en México y otros países de América Latina para celebrar sus quince años.

Teresa Rodríguez (IZQUIERDA) y Ramona Morales

Olga Alicia

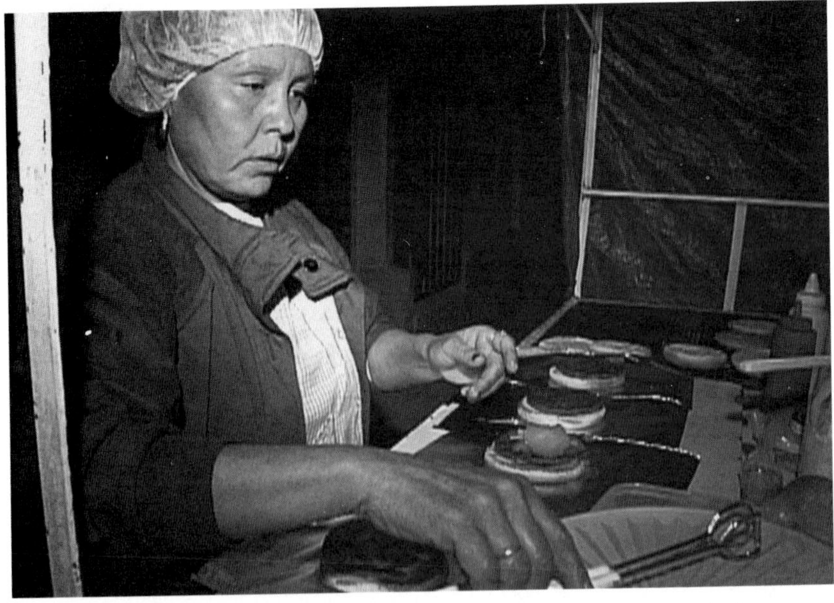

Irma Pérez (madre de Olga Alicia) cocinando en su puesto de hamburguesas. Éste es el trabajo del que vive.

Sharif entrevistado por Teresa Rodríguez en un salón de conferencias de la cárcel El Cereso. Durante la entrevista él insistió que no era culpable del asesinato de Elizabeth Castro.

Sergio Armendáriz, alias El Diablo, entrevistado por la autora en la cárcel de El Cereso. Él también negó cualquier participación en los asesinatos.

Oscar Maynez

Esther Chávez

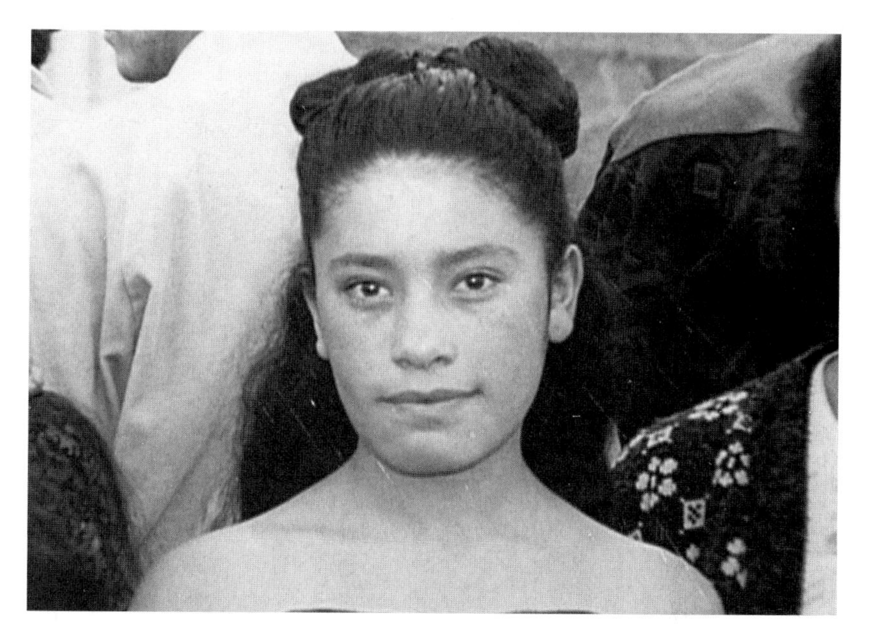

Sagrario González

Paula González se arrodilla ante la tumba de Sagrario adornada con flores plásticas.

El barrio de Sagrario González

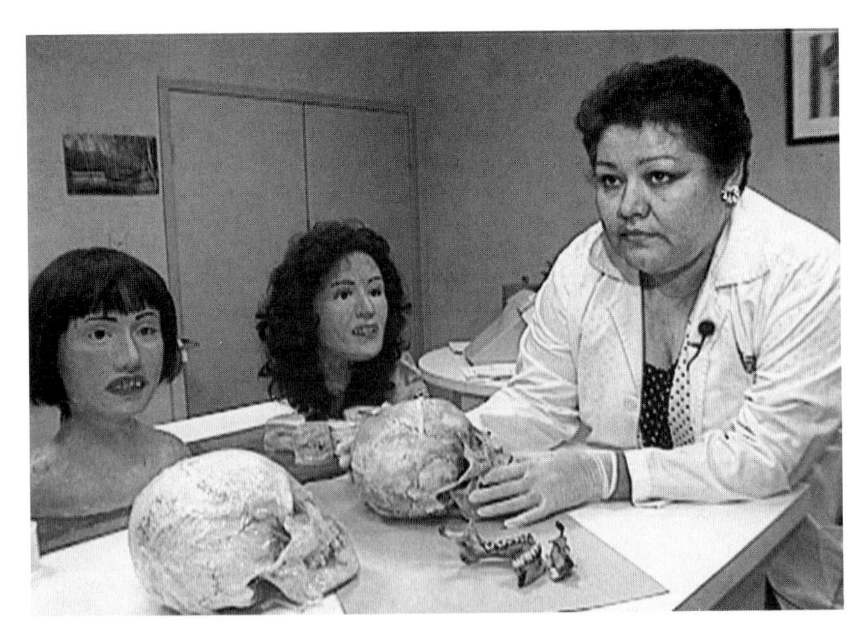

La Dra. Irma Rodríguez muestra de qué manera, a partir de los restos recobrados, su oficina puede recrear un rostro.

La Cárcel de piedra

na cruz de madera se
vanta frente a la sede
e la procuraduría
omo recordatorio
e las víctimas.

Gustavo González
Meza, alias La Foca,
uno de los choferes
de autobús acusados
del asesinato de
las ocho víctimas
encontradas en el
campo algodonero.

El campo algodonero, donde encontraron los cadáveres de ocho víctimas en noviembre del 2001, el cual se ha convertido, desde entonces, en una especie de santuario para las mujeres asesinadas de Juárez.

Desde el lado de Ciudad Juárez, junto al Puente Internacional Paso del Norte (uno de los puentes que conecta con El Paso), una cruz les recuerda simbólicamente a los visitantes que Juárez es un lugar peligroso, donde más de 400 mujeres han sido asesinadas desde 1993.

CAPÍTULO SIETE

Los que combaten a los monstruos

Todo el que combate a los monstruos debe cuidar que en el proceso no se convierta en monstruo.

FRIEDRICH NIETZSCHE

EL 8 DE MARZO DE 1999, cuatro expertos en perfiles delictivos de la unidad de análisis de la conducta, del Buró Federal de Investigaciones, con sede en Quántico, Virgina, llegaron a Ciudad Juárez. La invitación llegaba luego de meses de discusión entre los funcionarios del estado de Chihuahua y las autoridades de la oficina del FBI en El Paso. Los informes de prensa indicaban que el entonces presidente de México, Ernesto Zedillo, había propiciado la visita al dirigirse directamente al presidente Bill Clinton para solicitarle la colaboración de los agentes en la investigación que se llevaba a cabo sobre los homicidios.

Vestida con un traje de color vivo y con su pelo rojo zanahoria perfectamente peinado, Ponce se enfrentó a los micrófonos ese mes para responder a las preguntas sobre la inminente llegada de los agentes norteamericanos. La fiscal explicó que el equipo le proporcionaría adiestramiento investigativo a los miembros de la policía del estado de Chihuahua y ayudaría a crear un perfil psicológico de los asesinos o criminales en serie que podrían ser los autores de los asesinatos.

Durante la conferencia de prensa, Ponce culpó a los gobiernos anteriores por su negligencia y torpeza en el manejo de la investigación y mantuvo que ella y su equipo recibirían del FBI la ayuda que tanto necesitaban en organización y actualización de sus archivos.

"Ahora es posible hacer esto bien", dijo ella a los medios de prensa ese día. "Seguir cometiendo errores sería injusto con las familias de las víctimas y con la sociedad en general".

Los vecinos de la ciudad se sentían optimistas. "De todo corazón recibimos la ayuda del FBI", dijo la activista local Vicky Caraveo Valina, una abogada que también era directora de Mujeres por Juárez, agrupación de apoyo que ella había fundado recientemente para levantar la conciencia pública acerca de los asesinatos. "Tal vez ellos prueben lo que hemos estado diciendo todo el tiempo, que las autoridades están haciendo un trabajo insatisfactorio".

Caraveo, que era también la esposa de un rico empresario local, estaba furiosa por los continuos asesinatos de las muchachas pobres de la ciudad y había fundado la agrupación para que la sociedad no olvidara esos crímenes. Atractiva, educada y perteneciente a la elite de la ciudad, Caraveo parecía la improbable campeona de las víctimas pobres. El abuelo de

Vicky era un ex funcionario del estado de Chihuahua y la familia tenía un nombre reconocido en la industria bancaria de México.

La organización popular de la joven Guillermina González, Voces Sin Eco, también se estaba dando a respetar. Puesto que sus miembros carecían de dinero para alquilar un local, el único modo de ponerse en contacto con ellos era a través del teléfono celular de Guillermina. Ella y su pequeño grupo de voluntarios habían estado pintando cruces negras contra un fondo rosado en los postes de la electricidad y de teléfono de la ciudad para llamar la atención sobre los asesinatos. Pronto hubo postes en casi todas las comunidades con ese triste símbolo. Además había vallas y carteles en los autobuses públicos de la ciudad que transmitían el mensaje: "Tenga cuidado. Vele por su vida".

A Caraveo, a González y a otras mujeres de la localidad se les estaba reconociendo el trabajo realizado por sacar a la luz pública las injusticias perpetradas contra las mujeres de la ciudad. Algunas pensaron que si no fuera por ellas, muchos de los asesinatos sencillamente habrían sido ignorados por las autoridades ansiosas de cerrar casos, ya por incompetencia o debido a motivos más siniestros. Se seguía especulando que miembros del departamento de policía estaban implicados en los crímenes o encubriendo a los responsables.

Notablemente, desde enero de 1999, al menos otras cinco mujeres habían sido asesinadas en la ciudad fronteriza; algunas agencias de noticias elevaban esta cifra a diez. Ponce insistió en que un solo asesinato tuvo motivación sexual. Pero una revisión de los expedientes reveló que por lo menos dos no mostraban ningún motivo aparente más allá de la "rabia psicosexual".

El más inquietante de los crímenes fue el brutal asesinato de una obrera de maquila de doce años de edad llamada Irma Angélica Rosales Lozano (para las muchachas, la edad legal en México para comenzar a trabajar en las maquiladoras es de dieciséis años). Aunque los noticieros locales reportaron que tenía trece años de edad, en realidad le faltaban todavía cinco meses para cumplir los trece cuando descubrieron su cadáver el 16 de febrero en un terreno baldío del sudoeste de la ciudad. La habían violado, por la vagina y por el recto, y la habían ahogado con una bolsa plástica de una tienda de víveres.

Una investigación reveló que el asesinato había ocurrido en pleno día, pocas horas después de que Angélica terminara su turno en la Electrocomponentes de México. Esta fábrica era una maquiladora cercana donde ella había hecho su jornada habitual de nueve horas y media en la línea de montaje probando los alambres codificados por colores de las nuevas neveras.

A principios de ese mes, Irma había viajado doce horas en autobús desde las resecas tierras de Durango y se estaba quedando en Juárez con su hermano mayor Miguel Ángel García y su joven esposa. Sus padres estaban enfermos. Habían invertido sus ahorros en comprarle a su única hija una identidad falsa para que pudiera encontrar trabajo y enviar dinero a su pueblito, donde las muchachas no suelen alejarse mucho de las miradas de sus madres.

En Juárez, un certificado de nacimiento falso cuesta alrededor de veinte dólares, el precio que Miguel García pagó a un falsificador local para la identificación de Irma. Eso era todo lo que se necesitaba para obtener empleo en una de las maquiladoras que en ese momento casi ascendían a setecientas. Pese a las decenas de miles de obreros que llegaban a diario, sobraban los empleos en la línea de montaje, y algunas fábricas llegaban a emplear a dos mil trabajadores por turno. Los carteles que anunciaban empleos colgaban de los modernos complejos industriales, en los que presumían de brindar beneficios tales como aire acondicionado, duchas, áreas para cambiarse de ropa y una cafetería que ofrecía comida gratis al personal.

Suly Ponce había estado en su cargo poco más de tres meses, cuando hallaron, en febrero, el diminuto cadáver de Irma tirado en una zanja. Al igual que la muerte de Sagrario González, había ocurrido luego de un cambio de turno que había obligado a la joven a viajar sola.

Irónicamente, Irma y su cuñada, Yadira, habían sido entrevistadas en otras dos fábricas antes de encontrar un trabajo que ofreciera puestos para ambas en el mismo turno. Electrocomponentes de México había pertenecido anteriormente a la General Electric, pero la habían vendido a la Internacional Wire Group, de San Luis, Misurí. La planta de ensamblaje de Juárez era enorme y empleaba a unos 2.000 trabajadores.

Al igual que muchas de las muchachas empleadas en las fábricas, Irma era conversadora. Algunos de los obreros de su grupo o "célula" se quejaban de que no regresaba a tiempo del almuerzo. Demasiado atareada conversando, estaba afectando su oportunidad de ganar el bono especial en efectivo que les daban a las que resultaban más productivas. La velocidad era recompensada en la Internacional Wire Group. Las mujeres en la "célula" de Irma sabían que ellas nunca llegarían a hacer sus cuotas, dada la interminable socialización de la inquieta muchachita.

Esa primera semana Irma recibió un regaño de su supervisor. Conversaba demasiado y la iban a trasladar a otra área de la fábrica, que era de 200.000 pies cuadrados, cuando regresara a trabajar después del fin de semana, con la esperanza de que tendría un mejor rendimiento. No obstante, ese viernes por la tarde, con los veintiún dólares que había ganado esa primera semana bien sujetos en la mano, Irma y su cuñada se dirigieron entusiasmadas al centro de Juárez para hacer algunas compras.

Queriendo lucir más alta y elegante, Irma se compró su primer par de zapatos de tacón alto y un vestido con estampado de flores. Llevaría los zapatos nuevos al trabajo ese lunes, y a pesar de las ampollas que le sacaron durante el turno de nueve horas, juró que volvería a ponérselos el viernes cuando se reuniera con las otras chicas para una noche de baile en el centro de la ciudad.

El martes 16 de febrero, el supervisor de Irma la confrontó respecto a su rendimiento en el nuevo puesto. Según informes de prensa la muchacha había estado ausente del trabajo durante parte de su turno ese lunes y fue cuestionada al respecto al día siguiente y finalmente despedida por abandono de su puesto.

Sería la primera vez que Irma viajaría sola a su casa, que estaba situada en el barrio Colonia México 68, exactamente al otro lado de una cerca calada que separaba el impecable parque industrial de las hileras de toscas casas de cartón y latón que integraban la creciente comunidad de ocupantes ilegales. Esta comunidad debía su nombre a las protestas anarquistas de Ciudad de México en 1968, en las que el Ejército mató a veintenas de estudiantes que protestaban.

Su cuñada Yadira no podía dejar su puesto. Simplemente le advirtió a la niña que tuviera cuidado a su regreso a casa. Irma debía esperar por el autobús número 5 o el número 7; cualquiera de los dos la dejaría cerca de su casa, un cobertizo de cemento que compartían con varias personas por el costo de unos cincuenta y cinco dólares mensuales de alquiler. Más de tres mil personas habitaban esa villa.

Cuando Yadira llegó a su casa esa noche se asombró al enterarse de que Irma no había llegado. Ella y Miguel regresaron aprisa a la fábrica a buscarla, luego fueron a la cárcel local, a los hospitales e incluso a la estación de policía. Eran cerca de las 9:00 P.M. cuando un parte noticioso de la televisión daba a conocer la horrible noticia de que habían encontrado a otra muchacha asesinada.

Miguel temblaba cuando llamó al precinto local para averiguar si la muchacha muerta era Irma.

"Sí, tenemos a una niñita aquí", le contestó la recepcionista, refiriéndose a una jovencita que estaba viva pero encarcelada. Ella luego continuó describiendo la ropa de la muchacha. La descripción se ajustaba a lo que Irma llevaba puesto de arriba a abajo, hasta sus tenis blancos. La operadora le dijo que la niña había sido arrestada por robo y estaba presa por esos cargos.

Miguel contestó que iría inmediatamente a recoger a su hermana. Al colgar el teléfono, exhaló un suspiro de alivio. Al menos estaba viva, creía él.

Un oficial uniformado saludó a Miguel cuando llegó a la oficina de Suly Ponce más tarde ese jueves por la noche. Pero las noticias que le dieron no eran en absoluto las que él esperaba. No había habido ninguna muchacha arrestada por robo, sólo el cadáver de una jovencita que había sido violada, asesinada y lanzada en una zanja.

Esa noche, era Irma, su hermanita, la que yacía en la morgue.

La muerte de Irma Angélica Rosales Lozano ocurrió casi a la misma vez que otros asesinatos de muchachas, incluido el de Celia Guadalupe Gómez, una estudiante técnica que fue violada, estrangulada y abandonada en un terreno baldío, donde habían encontrado su cadáver dos meses antes, el 10 de diciembre de 1998. Luego, en enero de 1999, encontraron el cadáver de otra jovencita en medio de un campo desierto que todavía no ha sido identificada. Ésta también había sido violada y estrangulada.

Fue a raíz de estos asesinatos que los agentes del FBI tocarían tierra en Juárez.

No habría ningún vistoso despliegue para anunciar su llegada el 8 de marzo, Día Internacional de la Mujer, y no se sabe si su visita se orquestó para que coincidiera con esa conmemoración. De hecho, no hubo ningún anuncio público para marcar el arribo; las autoridades querían que la visita del equipo se mantuviera en silencio para permitirles a los hombres llevar a cabo su investigación velados por el anonimato, aunque un informe por escrito de sus hallazgos se presentaría posteriormente a las autoridades. Aunque era asunto de rutina para los miembros del Buró ayudar a los investigadores canadienses en sus problemas delictivos internos, era ésta la primera vez que agentes de EE.UU. habían sido invitados a México a colaborar en un asunto interno de ese país.

Durante su visita de cinco días a Juárez, los agentes del FBI recorrieron las escenas de los crímenes y revisaron fotos y pruebas de setenta y ocho de los homicidios cometidos en la ciudad. Con pocas respuestas y presionados a resolver los casos, a los visitantes no les quedaba más que especular sobre los móviles potenciales de los crímenes. Entre algunos de los rumores que circulaban estaban un asesino en serie suelto, traficantes que extraían órganos humanos para venderlos en el mercado negro y mujeres que eran secuestradas para usarlas en sacrificios satánicos o venderlas como prostitutas.

En efecto, había habido varios informes de prensa que resaltaban la posibilidad de que los asesinatos fueran parte de un ritual satánico llevado a cabo por miembros de una secta o pandilla local. Un artículo que apareció en el *Texas Monthly* detallaba cómo un grupo de voluntarios que peinaba el desierto en 1996 en busca de posibles víctimas había tropezado con una choza de madera. Los miembros del equipo de exploración afirmaban que dentro encontraron velas rojas y blancas, varias prendas de ropa interior de mujer y huellas de sangre fresca. También describieron cierto número de perturbadoras imágenes dibujadas sobre un gran tablero de madera. Había el dibujo de un escorpión, el símbolo del cartel de las drogas de Juárez, y otro de tres mujeres desnudas con negras melenas sueltas a las que miraba una cuarta mujer con expresión de tristeza. En ese mismo dibujo un grupo de soldados se reunía alrededor de lo que parecía ser una planta de marihuana y unas uñas en forma de espada aparecían garrapateadas en la parte superior del cuadro.

El grupo describió otro dibujo que mostraba a tres mujeres desnudas con las piernas abiertas y extendidas, rodeadas de uñas en forma de picas, con una figura masculina que parecía ser la de un pandillero en el centro de la imagen.

Los expertos norteamericanos en perfiles criminales se encontraban en la ciudad para hacer una evaluación y ayudar a calmar los ánimos. Curiosamente, sus hallazgos contrastaban con los de Robert Ressler, ex especialista del FBI en perfiles psicológicos delictivos, que era considerado entonces como el primer experto en asesinatos en serie de Estados Unidos. Mientras Ressler creía que los asesinatos eran obra de dos o tres asesinos en serie que operaban en Juárez, los agentes del FBI llegaron a la conclusión de que los crímenes, en su mayoría, no estaban vinculados entre sí.

"El equipo determinó que la mayoría de los casos eran homicidios aislados", según una declaración dada a conocer por la oficina del FBI en El Paso ese verano. —Es demasiado prematuro e irresponsable afirmar que un asesino en serie ande suelto en Juárez.

Los agentes llegaron a la conclusión, luego de revisar setenta y ocho casos, que había más de un asesino suelto por la ciudad. De hecho, el equipo sugirió que los únicos asesinatos en serie que habían ocurrido en Juárez habían sido perpetrados por Sharif Sharif.

Sin embargo, Sharif había sido acusado y condenado tan solo por uno de los homicidios cometidos en la ciudad, el asesinato de la obrera de diecisiete años Elizabeth Castro, lo cual difícilmente lo clasificaba como un asesino en serie. En 1999, un juez del estado de Chihuahua exoneró a Sharif de todos los cargos vinculados con la pandilla de Los Rebeldes. De hecho, sólo tres días antes de que el equipo de expertos llegara a la ciudad, el mismo juez había encontrado culpable al egipcio de un solo cargo de asesinato y lo había condenado a treinta años de prisión. Si bien el caso contra Sharif se basaba solamente en pruebas circunstanciales, al juez que presidió el juicio le habían presentado un informe legal de cuarenta páginas que resumía el presunto complot del acusado para cometer asesinatos y sus nexos con la pandilla callejera supuestamente liderada por Sergio Armendáriz.

Armendáriz y otros cinco miembros de Los Rebeldes llevaban tres años en la cárcel cuando llegaron a Juárez los expertos en perfiles delictivos. Cada uno de los hombres enfrentaba diecisiete cargos de asesinato. Sin embargo, hubo poco movimiento en sus casos y poca mención de su participación en los asesinatos en el subsecuente informe de los agentes.

Frank Evans, el agente especial del FBI que había coordinado la visita del equipo a Juárez, le dijo a un periódico de Texas luego de su jubilación en el 2002, que los investigadores del estado de Chihuahua habían desestimado los resultados de su equipo "por no coincidir con la teoría establecida del caso".

En otras palabras, las conclusiones del FBI, basadas en dos visitas a la ciudad y una revisión de los archivos policiales, diferían de la teoría oficial de que Sharif Sharif había cometido los asesinatos originales y que una vez en la cárcel había orquestado una serie de otros asesinatos semejantes para hacer aparecer que el verdadero asesino seguía suelto. —Sharif es un psicópata que debería estar encerrado de por vida—, le dijo Suly Ponce al presentador de un programa radial durante una entrevista en vivo. —Su cultura egipcia contribuyó a su conducta agresiva contra las mujeres.

Menos de dos semanas después de que los agentes del FBI se fueran de la ciudad, una obrera de catorce años llamada Nancy (cuyo apellido no se divulgó debido a su edad y al carácter del crimen) fue brutalmente violada, estrangulada y dejada por muerta en una remota área desértica de Ciudad Juárez. El violento asalto ocurrió en la madrugada del 18 de marzo de 1999. Para entonces, se calculaba que 172 mujeres habían sido asesinadas en Juárez.

Milagrosamente, Nancy, una muchacha muy delgada de ojos oscuros y tez marcada por el acné, sobrevivió la horrible experiencia y proporcionó detalles del ataque a la policía.

La joven trabajadora les dijo a las autoridades que cuando su turno terminó a la 1:00 A.M., caminó inmediatamente hasta la curva que queda fuera de Motores Eléctricos, la maquiladora en la cual trabajaba, para esperar por el autobús fletado por la fábrica, que la llevaría a su casa en uno de los barrios pobres que rodeaban la ciudad. Ella había estado ensamblando piezas para A.O. Smith, una firma de Milwaukee que fabricaba calentadores de agua revestidos de vidrio, por menos de tres semanas cuando se produjo el ataque. Había comenzado a trabajar el 1ro de marzo.

Un empleo de bajo salario en la línea de montaje fue el único puesto que pudo encontrar. Nancy era menor de dieciséis años, la edad legal para trabajar, y no había cursado más que sexto grado. El contacto con la vida de la ciudad había suscitado sus sueños de una vida mejor, con buena ropa y un armario propio para guardarla. Su madre la apoyaba pero era incapaz de ayudarla. Le dijo a su hija más pequeña que, si quería agregarle nuevas prendas a su ropero de cosas viejas de segunda mano, tenía que ganarse el dinero para comprarlas.

La familia de Nancy era extremadamente pobre y ella tenía seis hermanos. Vivían en un cobertizo desvencijado, no más grande que una caseta, en una colonia de chozas junto a unas vías del ferrocarril. Los niños jugaban junto a los restos de perros muertos y otros animales, así como también de desperdicios humanos que arrastraba el agua desde las colinas cada vez que llovía. Los vecinos de Nancy se robaban la electricidad mediante el empate de cables eléctricos hasta llegar a una fuente de energía.

Consciente de que las fábricas de exportación exigían que sus empleados tuvieran por lo menos dieciséis años, Nancy le dijo a la policía que ella había mentido respecto a su edad en su solicitud de empleo, usando documentos falsificados como hacían muchos de los jóvenes obreros de las maquiladoras.

El gobierno mexicano, al igual que muchas economías del tercer mundo, se adhería a una estricta política de suprimir salarios con el fin de atraer la inversión extranjera. Lo que resultaba único en Juárez era el contraste entre la vida laboral y la vida doméstica de muchos de los trabajadores de la línea de montaje. Los obreros de maquila como Nancy y la joven Irma Rosales trabajaban en condiciones del siglo veintiuno, disfrutando de aire acondicionado central, maquinarias de último modelo y acceso a baños relucientes, áreas privadas para cambiarse de ropa y comidas gratuitas, frías y calientes, servidas en una cafetería moderna.

Mientras las muchachas ensamblaban sofisticadas pizarras de circuitos en estas plantas modernas, se enfrentaban en sus casas a enfermedades como el cólera y la tuberculosis dadas las condiciones de vida. Muchas, entre ellas Nancy, sobrevivían en condiciones del siglo XVII, enfrentándose a una vida sin agua corriente ni electricidad en casuchas de cartón y papel alquitranado, sin pisos ni cimientos. Por lo general, el baño no era más que un hueco cavado en la tierra que estaba rodeado por piezas de madera desiguales y cubierto por la base de un tanque de cincuenta y cinco galones, probablemente recogido de la basura de una de las maquiladoras locales. En algunos casos se usaban coloridas mantas mexicanas como cortinas de estas letrinas y duchas primitivas.

La parada de Nancy era la última de la ruta del autobús. Ella le contó a las autoridades que el 18 de marzo vio como otros pasajeros se desmontaban y entonces se levantó a fin de estar lista para su parada. De repente se dio cuenta de que el autobús tomaba otro rumbo. Comenzó a preocuparse según dejaba atrás el tendido eléctrico y los cactus espinosos y se adentraba en el desierto más allá de su barrio.

El chofer le explicó que estaba teniendo "problemas mecánicos" y que simplemente buscaba una gasolinera. Luego comenzó a reírse de manera siniestra. "¿Tienes miedo?", le preguntó.

Nancy sintió que el autobús daba tumbos sobre el terreno rocoso hasta que finalmente se detuvo en una remota sección de Lote Bravo.

"¿Nunca has tenido sexo?", le preguntó con insolencia el conductor a la vez que la sujetaba por el cuello. Lo último que ella recordaba eran las gruesas manos del hombre atenazándole la garganta. Cuando Nancy volvió en sí, yacía boca abajo en medio del desierto; era de noche y estaba tinta en sangre. Los alrededores le resultaban completamente desconocidos.

Nancy recordaba poco de la agresión, sólo que el conductor del autobús la había amenazado de matarla si se lo decía a alguien. Al amparo de la oscuridad, se fue arrastrando de algún modo a lo largo de la maleza, en dirección a una pequeña casa iluminada por la luz tenue del portal. Allí encontró ayuda de dos hombres que respondieron cuando llamó a la puerta. Ellos más tarde informaron que la jovencita yacía en el suelo fuera de su casa horriblemente lesionada; estaba golpeada y amoratada, parcialmente desnuda y había perdido uno de sus zapatos de goma.

Nancy identificó a su asaltante como el chofer del autobús que la había recogido al terminar su turno. En seguida se inició una investigación con resultados inmediatos.

El chofer, Jesús Manuel Guardado, conocido también como "El Tolteca", ya había tenido problemas con la ley. Su joven esposa embarazada lo había denunciado recientemente por abuso doméstico. Ella le dijo a la policía que, durante uno de sus ataques de mal genio, se había jactado de haber matado a varias mujeres y que le había dicho que guardaba trofeos y artículos de sus ropas como prueba. Una información de prensa reveló que la mujer de Guardado también le dijo a la policía que su marido había regresado a casa en diferentes noches con un cuchillo de cocina ensangrentado, pero que ella no se había atrevido a hacerle preguntas.

Cuando la policía arrestó a Guardado varios días después, en Durango, México, se dijo que él había divulgado los nombres de otros cuatro hombres, tres de ellos choferes de autobuses subcontratados por las fábricas de la ciudad, quienes, según dijo, habían participado en unas cuantas muertes recientes. Los cuatro fueron luego arrestados y acusados del asesinato de siete mujeres entre junio de 1998 y marzo de 1999.

El relato de Nancy le proporcionó a Ponce, la fiscal especial, otra cantera de sospechosos. En un giro inesperado, Ponce asoció a los choferes de autobuses con el encarcelado Sharif Sharif. Anunció que los cuatro hombres, a los que llamaban "Los Toltecas", por el sobrenombre de Guardado, habían confesado haber recibido dinero de Sharif Sharif a cambio de los asesinatos.

"Sharif pagó para que se cometieran los asesinatos", dijo Ponce a los miembros de la prensa. Sostuvo que "el monstruo" había vuelto a concebir un elaborado complot, esta vez implicando a un residente de El Paso y convicto de narcotráfico llamado Víctor Moreno Rivera, que respondía al apodo de "El Narco". Moreno supuestamente hizo el contacto inicial con

Sharif mientras visitaba a un amigo que también se encontraba preso en la cárcel.

Sharif ofreció pagarle 1.200 dólares al mes si convenía en matar cuatro mujeres cada treinta días, según declaraciones hechas por Moreno a la policía. Luego de varias negociaciones, Moreno dijo haber aceptado recibir el dinero a cambio de dos asesinatos al mes. Luego reclutó a tres de los choferes de autobuses, Agustín Toribio Castillo, José Gaspar Ceballos Chávez y Bernardo Hernández Fernández, para llevar a cabo los asesinatos.

Según Ponce, había un solo obstáculo. Para hacer el pago, Sharif insistió en que le mostraran una prenda de ropa que hubiera pertenecido a la víctima, preferiblemente pantaletas, junto con recortes de periódicos que detallaran el crimen. Era el modo que tenía el egipcio de comprobar que los asesinatos se habían consumado.

—El Narco hizo los pagos, —explicó la fiscal del distrito a los miembros de la prensa, reunidos fuera de su oficina en marzo—. Pero volvamos atrás, comencemos con Sharif, el autor intelectual que les pagó para cometer estos crímenes. Su contacto era el Narco... y el Tolteca [Manual Guardado], quien recibió el dinero y lo repartió entre sus cómplices.

Los críticos no tardaron en señalar las pavorosas semejanzas entre las acusaciones de Ponce contra Los Rebeldes en abril de 1996 y estos nuevos cargos que presentaba contra Moreno y los cuatro choferes de autobuses.

“Es el mismo cuento que inventaron sobre Los Rebeldes”, le dijo a un productor de la televisión norteamericana la elocuente y equilibrada abogada defensora de Sharif, Irene

Blanco. "¡Idéntico! ¡Idéntico! Supuestamente, él le pagó mil pesos a Los Rebeldes, y a los choferes de autobuses doce mil dólares".

No mucho después que Los Toltecas fueron arrestados, el director de El Cereso, Abelardo González, anunció que planeaba renunciar a su puesto como encargado de la instalación. La noticia fue recibida con sorpresa. El director de la cárcel era conocido por su dedicación al trabajo y a los reclusos de El Cereso.

Abelardo González creía que era importante reconocer a los presos como individuos. Sin esfuerzo podía recordar sus fechas de encarcelación y otros detalles más íntimos. Sobre todo se enorgullecía de los programas de rehabilitación que había puesto en práctica durante su mandato.

González, quien tenía un diploma en obra social, veía su papel en el "centro de rehabilitación de adultos" como el de un educador y rehabilitador. Para mérito suyo, había puesto en práctica varios programas destinados a brindar a los reclusos las destrezas para que llegaran a convertirse en miembros productivos de la sociedad cuando salieran en libertad. La violencia de la prisión había disminuido mientras él había estado al frente, y destacaba con orgullo que no había habido puñaladas ni muertes violentas en su período, un gran logro si se tienen en cuenta las condiciones de sobrepoblación penal con la que había tenido que trabajar.

No obstante, en los días que siguieron al arresto de los hombres, González renunció de repente, con la excusa de buscar otras oportunidades de trabajo. En realidad, un oficial de la policía cercano a la investigación reveló que a González le habían pedido que falsificara pruebas en el caso contra Los Toltecas. Al negarse, las autoridades lo habían presionado para que renunciara a su puesto en la cárcel. Al parecer, los funcionarios le habían dicho a González que alterara los registros de la prisión para que reflejaran que los miembros de los Toltecas habían visitado a Sharif Sharif en la cárcel. El rehusó y le costó el puesto. Pero su integridad se mantuvo intacta.

Al igual que Oscar Maynez, el director de la prisión no participó en el perjurio.

El arresto de los Toltecas provocó que los funcionarios del estado aplicaran con mayor rigor las regulaciones federales del trabajo, poniendo en marcha una investigación estatal sobre el empleo de menores de edad en las maquiladoras de la ciudad.

En la primavera de 1999, inspecciones estatales de rutina en 500 empresas de Ciudad Juárez descubrieron a más de 550 trabajadores ilegales. A las compañías que incurrieron en las violaciones les dieron tres meses para cumplir con la ley o encarar elevadas multas. En México, los menores de edad pueden trabajar legalmente con una autorización especial que restringe el número de horas y los turnos que pueden tener. También se estableció un registro laboral para garantizar el cumplimiento de la ley.

En julio de 1999, Motores Eléctricos convino en pagar 250.000 pesos, el equivalente a 25.000 dólares, en daños punitivos a Nancy como resultado del asalto de que fue víctima el 18 de marzo, según un informe publicado en *Frontera Norte-Sur*, un boletín mensual cibernético que cubre noticias en las tierras fronterizas del centro y norte de México.

El informe citaba también al ex procurador general Arturo

González Rascón diciendo que el estado de Chihuahua se había sumado al arreglo, dándole a Nancy "tierra con servicios municipales", de manera que ella y su familia pudieran construir una casa nueva. Rascón explicó que se llegó al arreglo como resultado de la mediación del Departamento del Trabajo de la localidad; sin embargo, no se dio a conocer ningún detalle respecto al mismo.

—Ésta es una actitud muy responsable de parte de las autoridades tanto como de la maquiladora, porque siempre hemos buscado proteger su situación [la de Nancy]—, dijo Rascón en *Frontera NorteSur*.

Entre tanto, el presunto agresor de Nancy, Jesús Manuel Guardado, El Tolteca, seguía preso en la cárcel municipal a la espera de ser juzgado por los cargos que se le imputaban a raíz de la agresión brutal. Guardado sostenía que había estado diecinueve días en poder de la policía, durante los cuales había sido torturado en repetidas ocasiones hasta que confesó la violación y el intento de asesinato de su pasajera adolescente.

Cinco días después de que los choferes de autobuses habían sido arrestados, los periódicos reportaron que los acusados habían confesado a las autoridades la existencia de al menos otros veinte cadáveres que habían enterrado en el desierto.

Esther Chávez, la activista pro derechos de las mujeres, exigió respuestas. "¿Cómo pudieron haber contratado a gente así para conducir autobuses… sin verificar sus antecedentes, sin controles de ningún tipo?" Guardado tenía antecedentes penales, y no obstante se las había arreglado de alguna manera para obtener una licencia para conducir un autobús. Era ilegal expedir tal permiso a personas con un pasado delictivo.

Chávez se enfureció aún más al saber que Motores Eléctricos, la maquiladora que empleó a Nancy, iba a presentar cargos contra ella, alegando que la joven había "falsificado documentos" para obtener su empleo.

"¡Qué insensibles!, —protestó Chávez—. Esta muchacha vive en una choza de piso de tierra. Tiene seis hermanos y hermanas que alimentar. Necesita trabajar".

Desde 1993, Esther Chávez había estado a la cabeza de la lucha por la justicia para las mujeres de la ciudad desde una pequeña oficina en la casa que había construido a su gusto en la Colonia Nogales, un barrio de clase media de Juárez, y aún se mantenía al frente. Su casa fue una de las primeras que se edificó en un apacible callejón sin salida, no lejos del centro y de los puentes que conectan a México con Estados Unidos.

A Esther le tomó varios años construir la casa blanca de concreto exactamente como la había soñado: con una sala comedor abierta y múltiples niveles. Era desde la pequeña oficina de su casa que ella había estado abogando por un cambio. Aunque no era artista, Esther coleccionaba las obras de pintores y escultores que compartían su asociación con las mujeres del mundo; desplegaba las obras de arte por toda la casa, que había decorado en rústico estilo mexicano con losas de terracota y alfombras de área.

Al igual que todas las casas de Juárez, la de Esther tenía barras de seguridad en puertas y ventanas. Una airosa palma le daba sombra al modesto Chevy Cavalier que estacionaba en la entrada protegido por una cerca de malla que rodeaba la residencia.

Ella siempre estaba dispuesta a ayudar a una mujer necesitada. Esther no dudaba en montarse en su auto, tarde en la noche, para rescatar una víctima desesperada o en cambiar sus planes para acompañar a un niña a la jefatura de policía a denunciar un incesto.

Una placa hecha de losas al lado de la entrada principal le daba la bienvenida a los visitantes: "Mi casa es su casa". El sentimiento no podría haber sido más genuino. Si bien la casa no era particularmente grande, resultaba acogedora, con pisos de madera reluciente y cielorraso de alto puntal. Esther pasaba la mayor parte de su tiempo en el dormitorio del primer piso que le servía de oficina. La habitación tenía espacio suficiente para un escritorio, una computadora y un pequeño sofá de dos asientos.

Durante cinco años, Esther se había dedicado a las mujeres asesinadas de Juárez, primero por su cuenta y luego como parte de una coalición de agrupaciones femeninas que cabildeaban a favor de las víctimas y sus familias. Sus esfuerzos habían sido lo bastante exitosos como para hacer que las autoridades abrieran una unidad especial dedicada a resolver los homicidios de mujeres. Pero esto no parecía bastante. Aún continuaban muriendo mujeres en la ciudad fronteriza, y el abuso sexual y la violencia doméstica seguían desenfrenados. Cuando Brian Barger, el corresponsal de televisión para CNN en español le preguntó a Chávez en 1998 lo que ella estaba haciendo para prevenir esos crímenes, Esther se dio cuenta de que podía hacer mucho más. Así y todo, ella había sido en extremo franca y, aunque tenía la capacidad de irritar a la gente con su franqueza, los políticos y los oficiales de la policía no podían negar su diligencia y lo que había conseguido para su causa.

Sus logros en el área de los derechos de la mujer eran reconocidos. Había sido la primera en pedir igual tratamiento para las mujeres y era una abierta crítica de la investigación llevada a cabo por el estado sobre los homicidios, uniéndose con otras activistas locales en exigir respuestas de los funcionarios públicos. Su persistencia le ganó encuentros con el gobernador del estado y el procurador general. Hasta había persuadido a una congresista federal de que se solidarizara con sus esfuerzos. Con Esther a la cabeza, las mujeres de la ciudad se habían agrupado, desfilaban en protesta e incluso habían conseguido la atención de los funcionarios estatales, que respondieron con la creación de la unidad investigativa especial que ahora dirigía Suly Ponce. No obstante eso no parecía ser suficiente.

La pregunta de Barger había tocado un punto neural, y su sugerencia de que Esther abriera en Juárez el primer centro de crisis de violaciones de la ciudad, la motivó a entrar en acción. A principios de 1999, con ayuda y apoyo de Barger, Esther fundó el Centro de Crisis Casa Amiga. El nuevo albergue funcionaría desde una modesta casa amarillo canario en el barrio obrero de Colonia Hidalgo. Trabajarían en ella dos personas y ofrecería apoyo psicológico, médico y legal a las víctimas de la violencia sexual y a sus familias. El alcalde de Juárez, Gustavo Elizondo, prometió que el municipio pagaría 30.000 pesos al mes, aproximadamente 3.200 dólares, suficiente para pagar el alquiler del local y los salarios de Chávez y sus dos asistentes. Además, la Federación Mexicana de Salud Privada y las Asociaciones de Desarrollo Comunitario pusieron hasta 25.000 dólares de subvención, y la oficina del secretario de justicia de Texas ofreció financiar el adiestramiento de las voluntarias para atender a las víctimas de violaciones.

En ese momento sólo había seis centros de crisis funcionando en México.

Casa Amiga no tardaría en convertirse en el único refugio de los familiares de muchas de las muchachas asesinadas. Esther, al parecer, era el único rayo de esperanza para esas familias.

Uno de los primeros logros de Esther como directora ejecutiva del centro fue convencer a las autoridades estatales de crear un departamento especial en la oficina del procurador general del estado donde una mujer o una jovencita pudiera ir privadamente a denunciar una violación o un incidente de violencia doméstica.

Hasta entonces, los delitos domésticos se habían agrupado con otras ofensas tales como robo con violencia y hurto, y a las mujeres las hacían esperar en el área común en la jefatura de la policía estatal hasta que las llamaban por sus nombres. Con frecuencia, el agente que atendía la ventanilla trataba de intimidar a la denunciante al decir en voz alta la razón por la que estaba allí. "¡La mujer está aquí para denunciar una violación!", anunciaba, provocando que todas las miradas en la sala de recepción se dirigieran hacia la presunta víctima.

Con frecuencia esto bastaba para que las jovencitas huyeran o impedía que encontraran el valor para denunciar el delito. Esther sabía que era virtualmente imposible para una mujer denunciar esos delitos; las que lo intentaban resultaban humilladas por la policía, que insistían que volvieran a contar su odisea frente a los agentes, abogados e incluso al presunto victimario. En un buen número de casos, los agentes se limitaban a despachar a las víctimas, por considerar que era una pérdida de tiempo recibir una denuncia cuando la mujer casi seguramente se reconciliaría con el abusador.

México no tenía ningún código civil o criminal para imponer penas por delitos relacionados con violencia familiar y violación. En efecto, sólo podían presentarse cargos si la mujer mostraba contusiones quince días después de que el supuesto ataque hubiera tenido lugar.

La sugerencia de Esther de establecer una unidad en un área separada del edificio, al principio fue recibida con escepticismo por los hombres investidos de autoridad, que no veían cómo el proporcionar un lugar seguro para denunciar un delito doméstico podría producir un cambio apreciable. Pero para su gran sorpresa, una vez que se estableció el lugar, las mujeres comenzaron a aparecer en un número demasiado grande para ser ignorado. No había ninguna señal clara que les indicara a las víctimas el camino hacia la división especial de delitos domésticos, sino más bien una serie de flechas pegadas al piso del vestíbulo para señalarles el lugar adonde dirigirse y en el que les permitirían conservar alguna privacidad cuando llegaran a denunciar las violaciones.

Reservar un área al fondo del edificio significaba también que ya las mujeres no tenían que dar cuenta del abuso de que habían sido víctimas en un cuarto lleno de hombres policías que estaban recibiendo informes de delitos menores tales como robos y hurtos.

Sin embargo, las familias que venían a la jefatura a denunciar las desapariciones de sus hijas eran enviadas a la ventanilla del vestíbulo principal de la Procuraduría General.

Esos casos aún no eran considerados personales—ni apremiantes.

De hecho, las autoridades continuaban burlándose de los esfuerzos de activistas locales, tales como Chávez y otros que siguieron su ejemplo, de organizar protestas contra el modo en que los funcionarios gubernamentales manejaban la investigación de los homicidios. Había sido una de las primeras críticas de Esther la que había motivado a otras personas, tales como Vicky Caraveo Vallina, a unirse a la lucha.

En ocasiones, centenares de mujeres de la ciudad harían una vigilia silenciosa en la jefatura de policía y participarían juntas en la exploración mensual del desierto en busca de los cadáveres de las muchachas desaparecidas.

Una de las primeras búsquedas tuvo lugar al mes exacto de que se fundara Voces Sin Eco, la agrupación de Guillermina González.

Coordinar las campañas de búsqueda cada dos meses resultaba complicado, ya que muchos de los participantes no tenían sus propios automóviles, y necesitaban hacer convenios entre dueños de autos y otros transportes. Para evitar el calor, los voluntarios se reunían al amanecer para empezar a recorrer las tierras desérticas de las afueras de Juárez. A las 9:30 A.M. ya hacía demasiado calor para llevar a cabo expediciones de dos y tres horas.

Los voluntarios se dividían en parejas para peinar las tierras baldías que circundaban la ciudad. Valiéndose de largas estacas de madera, escarbaban lomas de basura y revolvían la arena, a la espera de una sola pista o del fragmento de una posible prueba. Para aliviar el calor de los exploradores, la familia González llevaba una nevera portátil con refrescos en el baúl de su furgoneta.

En agosto de 1999, miembros de la agencia estatal de orden público del estado, convinieron en unirse a los voluntarios en una búsqueda por el desierto. Guillermina González y los demás se sentían entusiasmados de que funcionarios de la oficina del procurador general (formalmente conocida como la Procuraduría General de Justicia del Estado de Chihuahua, PGJE), estuvieran por fin tomando su causa en serio. Pero el grupo no tardaría en desilusionarse cuando se hizo evidente que nadie del organismo gubernamental intentaba participar de la búsqueda. En lugar de eso, mientras los miembros de Voces Sin Eco y los otros exploradores estaban esperando, se apareció de repente un grupo de agentes de la policía local. Al parecer estaban borrachos y comenzaron a acosar a Guillermina y a los otros voluntarios, exigiendo saber por qué el grupo estaba parado allí en medio de los quintos infiernos.

Valiéndose de su celular, Guillermina llamó enseguida al 060, la línea de emergencia de la ciudad, y reportó lo que estaba ocurriendo. Pero no se tomó ninguna medida disciplinaria contra los agentes.

El Dr. Eduardo Muriel, un respetado criminólogo de la Ciudad de México, fue invitado a Ciudad Juárez en el invierno de 1999 por Arturo González Rascón, el Procurador General del Estado de Chihuahua. El Dr. Muriel era uno de los tres expertos que se había ofrecido a trabajar de voluntario con González Rascón para seguir otras pistas, tales como la posibilidad de que los crímenes estuvieran relacionados con una secta religiosa o con la creciente industria lucrativa del tráfico de órganos.

A diferencia de los investigadores del FBI, la llegada del Dr. Muriel y de su equipo se vio rodeada por una gran fanfarria.

El experimentado científico llegó a Juárez durante la época en que María Talamantes compareció por primera vez ante las cámaras de la televisión para contar la historia de su presunta violación por la policía. Muriel dijo a los reporteros que él creía que Talamantes, en la mayor parte de su testimonio, estaba diciendo la verdad. Dijo también que había tenido algunos intercambios perturbadores con las autoridades durante su breve estancia en la ciudad. El criminólogo recordó un caso famoso, y semejante, que había ocurrido varios años antes en El Pedregal de San Ángel, un barrio muy exclusivo de la Ciudad de México.

El Dr. Muriel dijo que la violación de mujeres por parte de la policía no era infrecuente, pero que rara vez le ocurría a las mujeres de la clase alta del país. En ese incidente se dijo que los agentes de la policía habían violado a dos mujeres de una altísima clase de la sociedad mexicana. —Estas cosas ocurren y se mantienen en secreto porque se valen del uniforme para hacer que las muchachas guarden silencio— afirmó el Dr. Muriel.

El procurador general González Rascón presentó públicamente a Muriel y a su equipo ante la prensa, un gesto que él esperaba le garantizaría la cooperación de los periodistas y de las autoridades locales. Pero el Dr. Muriel sostiene que desde el principio encontró resistencia. Denunció que los miembros de la fiscalía del distrito continuamente le negaban acceso a los archivos y que la fiscal especial Suly Ponce no le prestó ninguna ayuda.

De hecho, sólo una semana después de que conviniera en trabajar en el caso, el criminólogo presentó su renuncia. Arguyó conducta impropia por parte de la fiscalía del distrito y el desdén de las autoridades locales, que supuestamente habían llegado a colocar cámaras ocultas en las oficinas que él y sus colegas habían usado.

"No tuvimos absolutamente ningún apoyo de la fiscalía del distrito, y además, actuaron de manera muy inadecuada hacia nuestro equipo", le dijo el Dr. Muriel a *Univision* en una entrevista días después de su renuncia. "Comenzaron a filmarnos y a grabar nuestras conversaciones dentro de su oficina".

La oficina de Ponce "no quería que fuésemos al laboratorio forense y no quiso facilitarnos ninguna pista que condujera o señalara hacia cualquier otro testigo o que nos diera información adicional", agregó el Dr. Muriel.

"Debieron [la fiscalía del distrito] habernos dejado los casos más problemáticos y mostrarnos los expedientes, para, en primer lugar, ver si contenían toda la información adecuada, como es costumbre con los expedientes criminales. Pero no fue sólo eso, había un montón de mujeres que no habían sido identificadas aún. Al menos podíamos haber tratado o empezado a tratar de obtener una gran cantidad de información".

El Dr. Muriel sostuvo que durante su breve estancia en Juárez no le fue permitido acercarse a ninguna de las escenas de los crímenes, sin ninguna excepción. El criminólogo explicó que finalmente se presentó una oportunidad una tarde en que él estaba en la oficina de Ponce y escuchó una llamada telefónica en que le pedían se presentara en la escena de un crimen. Consciente de que ella no disponía de transporte ese día, él se ofreció a llevarla al lugar.

"Cuando llegamos allí, la escena del asesinato ya estaba cercada, con el propósito de preservarla" recordaba el Dr. Muriel.

"Delimitan la escena para impedir que la gente camine por ella y, no obstante, todos los de la fiscalía del distrito entran y salen", dijo el Dr. Muriel. "Y yo me pregunto, ¿de qué piensan ellos que están hechos sus zapatos? ¿Acaso andan por el aire?" Una sola persona que atraviese la escena del crimen, basta para contaminarla.

"Ahora bien, ¿qué pasa entonces si uno tiene a diez personas en el lugar?" continuó. "Si se quiere preservar la escena de un crimen, hay que hacer las cosas bien desde el principio; desde el mismo segundo en que se descubre el cadáver. Pero ellos esperan hasta ser notificados por la policía, después que ya lo han pisoteado todo".

El Dr. Muriel denunció que a su equipo le impidieron el acceso a la escena del crimen, a los resultados del laboratorio forense y a los testigos interrogados en el caso.

Muriel añadió que su equipo, en consecuencia, comenzó su propia investigación. Notó que el caso era inusual, porque la mujer había sido asesinada de manera distinta a los casos anteriores.

El equipo investigativo supo que la víctima, una joven obrera, había llegado a trabajar al mismo tiempo que un hombre a quien se tenía por sospechoso en el caso. Los dos trabajaban en el mismo turno y en la misma línea de montaje. El día en que la mujer desapareció, la víctima y el sospechoso habían salido de la fábrica al mismo tiempo.

Mediante entrevistas, el Dr. Muriel se enteró de que el empleado había telefoneado a su cuñada, diciéndole falsamente que lo habían despedido del trabajo en la fábrica, una mentira que inventó como coartada para decir que había salido "temprano". De hecho, él no salió del edificio ese día, sino que se juntó con la mujer en la línea de montaje y se las arregló para salir del trabajo a la misma hora que ella. Más tarde encontraron a la muchacha asesinada.

—Así que llegamos a la procuraduría, a la fiscalía del distrito, con todo este material acumulado, y cuando llegamos, ya habían arrestado al hombre y a otro amigo suyo. Ya los tenían allí, así que les dije: "¡Buen trabajo! ¡Ya lo cogieron!"; y la fiscal del distrito [Suly Ponce] me miró muy sorprendida y me dijo:

—¿"A quién"?

El Dr. Muriel dijo haberse quedado pasmado por la falta de comunicación entre la policía y la fiscalía.

"Para decirles la verdad, la gente que trabaja en la fiscalía del distrito, desafortunadamente, tiene un conocimiento muy limitado de criminología", apuntó tranquilamente Muriel. "De manera que cuando se presenta alguien que sabe un poquito más que ellos, creo que se sienten presionados".

Advirtió que hasta quince agentes acuden habitualmente a la escena de un crimen, cuando deberían ser sólo dos: un técnico de laboratorio y un fotógrafo. Increíblemente, a algunas personas claves, tales como Irma Rodríguez, la médica forense, les niegan el acceso hasta que los miembros de la oficina de la fiscal del distrito les da permiso para comenzar su investigación.

"No están limitados por el conocimiento", agregó el Dr. Muriel. "Están limitados por la fiscalía del distrito".

En respuesta a algunas preguntas, el Dr. Muriel dijo que había llegado a creer que podría haber algún tipo de encubrimiento en Juárez. "Hemos llegado a sospechar que podría haber personas implicadas incluso dentro de las maquilas mismas, pero sería demasiado presuntuoso de mi parte hacer una afirmación definitiva en este momento, cuando todo es circunstancial". También expresó su enojo de que los miembros de la fiscalía instalaran subrepticiamente una cámara para filmar su trabajo. "Para grabar todo lo que hacíamos, primero sin nuestro permiso y luego contra nuestra voluntad", dijo con un gesto de repugnancia. "Y para dejar constancia de lo que decimos, encuentro esto ofensivo y creo que constituye una falta enorme de ética profesional".

"Pero eso no paró ahí. Nos mudamos a otra oficina, no sólo para intentar evadir la invasión de la privacidad, sino para evitar cualquier tipo de confrontación, y ¡ellos lo volvieron hacer! Esa fue la última ofensa", afirmó.

El Dr. Muriel dijo que estaba convencido de que los funcionarios de la fiscalía del distrito querían que su equipo abandonara la investigación. También dijo creer que Sharif Sharif y Sergio Armendáriz eran meramente chivos expiatorios de los asesinatos.

"Creo que lo fueron [chivos expiatorios] desde el mero principio, desde el momento en que los arrestaron", afirmó.

"Intenté ir y platicar con ellos y traté de obtener la autorización para hacerlo, pero la policía fue la primera que se opuso".

Ignoraron un sin número de cartas y llamadas telefónicas al fiscal del distrito del estado de Chihuahua pidiéndole que comentara sobre el acceso del Dr. Muriel a la información y sus denuncias de que miembros de la fiscalía del distrito estatal habían estado filmado secretamente la investigación del equipo. No fue hasta que *Univision* se puso en contacto con el cónsul mexicano en Miami y le advirtió que se proponía divulgar la historia con o sin respuesta que hubo algún tipo de reacción. Cuando los funcionarios del consulado de Miami encontraron a alguien que accediera a una entrevista para la cadena, resultó demasiado tarde para incluirla en la transmisión. En su lugar, enviaron por fax una declaración escrita a la cadena, que se editó y se incluyó en el programa.

El documento decía, en parte: "Durante el curso de nuestra investigación no hemos hallado ninguna vinculación de la policía con los casos de crímenes contra mujeres en Ciudad Juárez. También queremos aclarar que los investigadores independientes, encabezados por el Dr. Eduardo Muriel, abandonaron la investigación y renunciaron porque no pudieron obtener los resultados deseados".

Tenía poco sentido que al Dr. Muriel, que había sido invitado por el procurador general de Chihuahua para ayudar a investigar los asesinatos, le hubieran brindado tan solo un acceso limitado a los expedientes del caso, cuando el equipo de expertos de la unidad de análisis de conducta en Quantico, Virginia, sostenía que le habían dado amplio acceso durante su visita de cinco días a la ciudad fronteriza, la primavera anterior. En una entrevista con un reportero de Juárez, Suly Ponce respondió a las críticas del Dr. Muriel a su oficina: "Estos criminólogos estuvieron en Ciudad Juárez desde el 23 de enero, con todos los gastos pagados por el estado, y no hicieron el menor esfuerzo en abrir las investigaciones como habían prometido públicamente".

¿Qué estaba pasando tras bastidores? ¿Había encubrimiento o sencillamente total incompetencia? ¿O ambas cosas?

CAPÍTULO OCHO

Un rayo de esperanza

Si no dices la verdad sobre ti misma, no puedes decirla respecto a otras personas

VIRGINIA WOOLF,
NOVELISTA Y FEMINISTA BRITÁNICA

EL PUEBLO DE MÉXICO eligió un nuevo presidente en el verano del 2000, que derrotó a Francisco Labastida del partido oficialista por un amplio margen y desalojó del poder al partido político que había gobernado al país durante setenta años. Con la instalación de Vicente Fox Quesada, del Partido Acción Nacional (PAN), llegó la esperanza de que la corrupción gubernamental llegara finalmente a su fin.

La victoria total de Fox con un 44 por ciento del voto popular —el mismo día en que cumplía 58 años, significó un triunfo para la democracia. Sus promesas de campaña fueron grandiosas, un llamado a realizar drásticos cambios en todos los niveles del gobierno y el mejoramiento económico para el pueblo de México. Prometió barrer la corrupción, concederles más poder a los gobiernos estatales y locales y reestructurar el sistema de aplicación de la justicia federal de México. Propuso también un cierto número de soluciones al estancamiento económico y al ineficaz sistema judicial del país, así como una política migratoria más progresista con Estados Unidos.

Prometió incluso que seguiría usando pantalones de mezclilla cuando estuviera en el palacio presidencial.

Sus promesas atrajeron a muchos. Pero aun más atractiva fue la carismática personalidad de Fox. Nacido en Ciudad de México de padres ricos y criado en un extenso rancho del estado de Guanajuato en el centro de México, Fox era un magnético populista de centro derecha que se pintaba como un empresario "honesto" y un "hombre de pueblo". De raíces europeas mixtas —su padre era irlandés, su madre española— se convirtió enseguida en un señor distinguido y galante, trigueño, de rasgos cincelados y maciza estructura, que con sus seis pies y cinco pulgadas sobresalía por encima de sus conciudadanos.

El ex ranchero resultó un político que rara vez usaba trajes, que andaba de campaña con camisas deportivas, *jeans* desteñidos y un llamativo cinturón de vaquero con una hebilla enorme que tenía cifrado su nombre. Su imagen de *cowboy* casero y su reciente ingreso en la política fueron vistas como una amable alternativa a la vieja y corrupta maquinaria política del oficialista Partido Revolucionario Institucional (PRI). Y muchos contemplaron su victoria como un cambio de rumbo para México.

En Juárez, las agrupaciones de mujeres se preparaban para que su causa llamara la atención del nuevo presidente. Su elección al cargo esperanzó a las mujeres de la ciudad, que creían que al tratarse de alguien que venía de fuera, su gobierno aportaría cambios. La situación había llegado a ser tan crítica en Ciudad Juárez que incluso los funcionarios norteamericanos del otro lado de la frontera exigían una revisión de las investigaciones de los homicidios.

Norma Chávez, representante del estado de Texas, demócrata de El Paso, junto con los senadores Eliot Shapleigh, de Texas y Mary Jane García, de Nuevo México, se encontraban entre los funcionarios norteamaricanos que exigían una investigación binacional de las muertes. Los políticos sospechaban un encubrimiento y querían que las autoridades resolvieran el caso. Con Fox ahora de presidente, tal vez sus demandas serían, finalmente, atendidas.

Sin embargo, antes de mucho tiempo en el cargo, la popularidad de Fox se afectó cuando se vio involucrado en un escándalo que dio lugar a la renuncia de uno de sus ayudantes principales por la compra de unas toallas caras, de 400 dólares, para el palacio presidencial. Pero él inmediatamente reaccionó enfocando la atención nacional en las reformas a la inmigración [que se discutían en Estados Unidos] tales como el programa para trabajadores temporeros y la amnistía para los inmigrantes indocumentados.

Durante varias reuniones con el presidente de EE.UU., George W. Bush, a las que se le hizo mucha publicidad, Fox se comprometió en aumentar la seguridad en la frontera mexicana a cambio de políticas migratorias más inclusivas que le permitieran a los ciudadanos mexicanos trabajar legalmente en Estados Unidos y ayudaran a millones de obreros mexicanos indocumentados que ya vivían al norte de la frontera a obtener la residencia e incluso la ciudadanía. Pero las preocupaciones por la seguridad luego de los sucesos del 11 de septiembre del 2001, casi llegarían a cerrar la puerta de cualquier progreso posible en ese terreno.

En el frente interno, los intentos de Fox de liquidar la corrupción se encontrarían con una firme oposición y finalmente sería criticado por el fallo de su gobierno de investigar activamente y procesar a funcionarios corruptos por actos ilegales cometidos en el pasado.

Luego, a sólo dos meses de iniciado el gobierno de Fox, una jovencita de diecisiete años llamada Lilia Alejandra García Andrade desapareció en Ciudad Juárez sin dejar rastro. La joven madre fue vista por última vez a la salida de la fábrica donde trabajaba ensamblando piezas para un equipo de masaje hidráulico. Era el día de San Valentín del 2001, y García tenía intenciones de tomar el autobús contratado por la compañía para regresar a su casa esa noche.

Norma Andrade, la madre de la joven desaparecida, distribuyó volantes alrededor de la ciudad en los que solicitaba información que pudiera conducir al paradero de su hija. Sus avisos provocaron llamadas de intimidación de personas anónimas, pero ninguna noticia sobre Lilia.

En teoría al menos, Lilia debía estar a salvo. Sharif Sharif, los miembros de la banda Los Rebeldes y los choferes de autobuses y su presunto líder, Víctor Moreno, todos estaban tras las rejas. Sin embargo, las jovencitas continuaban desapareciendo.

Norma le dijo a la policía que la última vez que vio a su hija fue a las 6:00 A.M. del 14 de febrero, cuando la muchacha salía de la casa para el trabajo. Durante más de un año, la adolescente había estado ensamblando piezas en una fábrica del centro de Juárez. Su turno usualmente terminaba a las 6:00 P.M. y a Norma le gustaba recogerla por las noches. Pero la madre tuvo que trabajar hasta tarde ese día en la escuela primaria donde era maestra porque tenía que tomar un curso obligatorio de educación sexual.

Lilia tendría que tomar el autobús. Todavía estaba amamantando a su hijito y debía llegar a casa para alimentarlo. Pero se encontraba sin dinero ese día y le pidió prestado el monto del boleto del autobús a una compañera de trabajo.

Sus compañeros de trabajo en Servicios Plásticos y Ensambles, la fábrica donde García estaba empleada, dijeron haber visto por última vez a la joven madre, poco después de oscurecer, andando en dirección a un terreno abandonado, cercano a la fábrica, que debía atravesar para tomar el autobús del otro lado. Ésa era la ruta que ella a menudo recorría para regresar a su casa. Muchos de los empleados de la fábrica se valían de ese atajo, aunque no había alumbrado público.

La madre de Lilia dijo que ella se alarmó inmediatamente cuando supo que su hija no había llegado a casa esa noche. Además de su trabajo en la línea de montaje, Lilia también estudiaba en una preparatoria local, donde estaba en el cuarto semestre. Estaba estudiando para ingresar en la universidad con la esperanza de llegar a ser periodista. Le encantaba leer poesía y jugar baloncesto cuando tenía un momento libre. Pero en los últimos tiempos su horario estaba repleto, atendiendo a sus dos hijos pequeños, estudiando y trabajando en la fábrica.

Norma estaba segura de que a su hija le había ocurrido una

desgracia. A Lilia nunca se le hubiera ocurrido ausentarse del pueblo con tantas responsabilidades. Desesperada, Norma llamó a la Unidad de Atención a Víctimas de Delitos Sexuales y Contra la Familia para reportar la desaparición de su hija. Pero su solicitud de ayuda recibió poca atención.

Pocos días antes, Suly Ponce había asegurado a los residentes de la ciudad que con Sharif Sharif y varios de sus presuntos asociados en la cárcel, los principales perpetradores de los crímenes en serie estaban fuera de las calles. Se jactó de que treinta de los cincuenta y dos femicidios que habían ocurrido en Juárez desde 1998 habían sido resueltos en el tiempo que ella llevaba en el puesto. También hizo notar que la tasa de asesinatos de las mujeres de la ciudad había declinado de marzo de 1999 a febrero del 2001, con sólo cuatro casos en que las víctimas se ajustaban al perfil anterior.

"Estamos conscientes de que hay imitadores que van a seguir los mismos patrones [de asesinato] y vamos a estar atentos", insistió. "En muy poco tiempo tendremos el placer de decir abiertamente que en Ciudad Juárez no hay ni una sola agresión sexual". Pero pocos días después de que Ponce hiciera estos comentarios, Lilia García desapareció.

Fue sólo después que encontraron el cuerpo torturado y mutilado de la muchacha, el 21 de febrero, envuelto en una manta en un terreno baldío a 300 metros de la fábrica, que el crimen atrajo alguna auténtica atención. La autopsia reveló que llevaba muerta más de un día y medio y que había pasado por lo menos cinco días en cautiverio antes de su muerte.

La localización del cadáver de la joven marcaba un cambio

en la conducta del asesino. Éste era el primer cuerpo que encontraban dentro de los límites de la Ciudad de Juárez. Hasta ese momento, todas las víctimas habían sido descubiertas en zonas desérticas de las afueras.

El criminólogo Oscar Maynez vio el cambio como significativo. Era como si los responsables se sintieran inmunes a la detección, lo bastante seguros como para lanzar el cadáver en una parte muy transitada de la ciudad.

Según las autoridades, Lilia García había sido salvajemente golpeada, estrangulada y quemada. Se determinó que la causa de la muerte fue asfixia por estrangulación. Oscar Maynez notó que el *modus operandi* era idéntico al de varios de los asesinatos anteriores. Los informes noticiosos señalaron que a García le habían mutilado los senos.

La policía aludía a un asesino "imitador" que andaba suelto. —Los asesinatos más recientes de mujeres en Ciudad de Juárez se relacionan a un modelo de imitación de conducta criminal— dijo Arturo Rascón, el procurador general del estado de Chihuahua en una conferencia de prensa en marzo de ese año.

Suly Ponce, entre tanto, se ocupaba de minimizar el escándalo. Insistió en que Lilia García era la primera mujer en ser violada y asesinada en ese barrio de la ciudad ese año. Su afirmación no era exacta. De hecho, el cuerpo desnudo de una mujer no identificada había sido descubierto una semana antes cerca de donde acababan de encontrar el cadáver de García. De seguro, Ponce debió haber estado al tanto del descubrimiento anterior.

La improvisada respuesta de Ponce al último asesinato sirvió para caldear aun más los ánimos, y las activistas locales volvieron a salir a las calles en protesta. Era una opinión extendida entre ellas y las organizaciones no gubernamentales que Ponce y su equipo especial no eran más que "una farsa", creada para dar la ilusión de que los funcionarios del estado estaban haciendo algo respecto a los asesinatos; algo que pudieran destacar cuando los miembros de la prensa extranjera hicieran preguntas.

—Creo que un grave peligro aguarda a todas las mujeres en todo momento y en todos los puntos de esta ciudad—, dijo Guillermina González a los periodistas de la localidad días después de que encontraran el cadáver de García. Aunque tenía la estatura de una niña, los ojos de Guillermina mostraban el dolor de alguien mucho mayor. Era una joven valiente que había visto el rostro de la muerte a una edad demasiado joven. Por ahora, su organización popular, Voces Sin Eco, tenía su propia página web, que estaba diseñada y redactada por ella. El grupo también estaba recibiendo cartas de apoyo de todas partes del mundo.

El hallazgo del cadáver de García y la furia que desató llevó a los ejecutivos de alto rango de la industria maquiladora a ofrecer una recompensa de quince mil pesos por cualquier información que condujera a la captura del asesino o asesinos de la obrera adolescente. El anuncio dio lugar a una inundación de llamadas a la fiscalía del distrito. En su mayoría, pistas falsas de personas ansiosas de cobrar la recompensa.

Irritados por el peso que las llamadas suponían para los empleados municipales, unos funcionarios del gobierno atacaron ferozmente a los ejecutivos de Servicios Plásticos y Ensambles, los patronos de García, tildando de "irresponsable" su decisión de anunciar una recompensa.

Un funcionario que no dio su nombre llegó incluso a ir ante las cámaras para acusar a los ejecutivos de la maquiladora de usar la recompensa para ganar publicidad positiva para la fábrica y no como un gesto de buena voluntad.

La situación alcanzó un *crescendo* cuando el público ya colérico se enteró de que la policía municipal no había respondido a una llamada de emergencia al 060 que denunciaba "que estaba ocurriendo una violación" en el lugar exacto donde Lilia García fue vista por última vez y donde más tarde encontraron su cadáver.

Según el registro oficial de la policía, fue a las 10:15 P.M. del 19 de febrero cuando entró la llamada de emergencia, exactamente cinco días después de que García fuera vista con vida por última vez. La persona que llamaba reportó que la violación estaba siendo perpetrada por dos hombres en un auto. La víctima femenina, dijo el que llamaba, estaba desnuda y pidiendo auxilio. A pesar de resultar extraño, parece que los violadores habían llevado a García de vuelta al mismo solar donde la habían secuestrado cinco días antes, el 14 de febrero, y ahora ella estaba allí luchando por su vida.

Increíblemente, la policía no despachó un auto patrullero al lugar. No fue sino hasta que una segunda llamada llegó a la estación esa noche que una unidad fue enviada finalmente a investigar. Pero el patrullero no llegó a la escena hasta las 11:25 P.M., más de una hora después de que hicieran la primera llamada de alerta. Para entonces, el lugar estaba tranquilo y los agentes simplemente regresaron a su cuartel.

Una verificación de los registros del tablero de emergencia a las 11:05 P.M. del 19 de febrero, la noche en que hicieron la llamada al 060, simplemente dice "reporte sin novedad", según informe de Amnistía Internacional (*Amnesty International USA*), la organización sin fines de lucro que supervisa el estado de los derechos humanos en más de 150 países. Además, no hay ningún indicio de que los agentes que acudieron llegaran a salir del auto patrullero para registrar el lugar en busca de alguna anormalidad. De haberlo hecho, podrían haber encontrado las pertenencias de Lilia García.

Norma, la madre de García, se indignó cuando poco después de que encontraran el cadáver de su hija en febrero, supo que el propietario del solar baldío, un ex gobernador de Chihuahua, había mandado a nivelar la propiedad con rasadoras, aunque eso representara destruir evidencia potencial en el caso de su hija.

Los críticos estaban pasmados de que las autoridades no hubieran comenzado a investigar el por qué el servicio de emergencia del 060 no respondió a la llamada inicial que solicitaba la intervención de la policía, y por la incapacidad de explicar por qué le había tomado setenta minutos a un auto patrullero presentarse en el lugar para investigar.

Además, Amnistía Internacional hizo notar que los funcionarios mexicanos fueron negligentes en revisar los errores cometidos en el caso de García y que subsecuentemente negaron cualquier relación entre la llamada de emergencia y el secuestro y asesinato de la joven; aunque su cadáver fue hallado en el lugar exacto descrito en la llamada de emergencia. Aun con pruebas para mostrar que los dos incidentes estaban relacionados, las autoridades seguían insistiendo que no había habido negligencia en la respuesta de los agentes municipales a la llamada de emergencia.

Pero nueva información no tardaría en salir a la superficie, señalando directamente a la policía una vez más.

El asesinato de García y la torpe investigación que siguió dieron lugar a pronunciamientos que exigían la renuncia de Suly Ponce. La polémica fiscal demostró que no podía enfrentarse a las mujeres de Juárez. Éstas, finalmente, perdieron la paciencia y, el 8 de marzo del 2001, Día Internacional de la Mujer, se organizaron una vez más para marchar hasta la procuraduría. Muchos de los familiares y amigos de las mujeres asesinadas volvieron a denunciar a los funcionarios por no hacer lo suficiente para controlar los asesinatos en serie de Ciudad Juárez. El número de homicidios contra mujeres ascendía ahora a trescientos.

Veintenas de manifestantes procedentes de Juárez y de El Paso salieron a las calles ese día llevando cruces de madera y agitando fotos de sus seres queridos. Otros portaban pancartas que decían: ¡NI UNA MÁS! ¡BASTA YA! ¡NO MÁS CORRUPCIÓN, NO MÁS INEPTITUD! ¡FUERA SULY!. Durante casi dos años, las madres de las víctimas habían esperado justicia de la mujer nombrada para dirigir la investigación y procesar a los responsables de los crímenes. Pero Ponce no había estado a la altura de las expectativas, y ahora insistían en que la echaran.

Los manifestantes se dirigieron en masa a la oficina de Ponce donde le pidieron la renuncia. "Habían dos cruces, una que llevaban las familias y otra que teníamos nosotros", escribió Esther Chávez en un correo electrónico a *Univision*. Una la plantamos frente a la procuraduría, donde estaba Suly Ponce, y la otra... las familias la llevaron al lugar donde encontraron a Lilia Alejandra García... También teníamos otras pancartas que decían: SI SULY ES LO MEJOR DE LA PROCURADURÍA, NO QUEREMOS VER LO PEOR.

Esther describió cómo Ponce finalmente salió del edificio, voceándole a la multitud: "¡No me griten!".

"Apenas un día antes, el procurador general de Chihuahua había dicho que Suly Ponce era 'inmovible'. Ese día, por lo menos, la movimos y le sacudimos el tapete", escribió Chávez.

Ponce había provocado montones de críticas después que intentara vincular a Abdel Sharif Sharif con todos los crímenes, alegando que, mientras se encontraba en prisión, el científico extranjero le había pagado, primero a los miembros de Los Rebeldes, y luego a varios "ruteros", o choferes de autobuses, para matar a las mujeres a imitación de las muertes anteriores para que lo exoneraran de los crímenes.

"Tal vez la mala suerte que tuvimos en Juárez fue atraer a un individuo que nunca mereció poner un pie en suelo mexicano", insistió Ponce.

Pero su oficina nunca había podido presentar ninguna prueba de que el egipcio había estado funcionando desde la cárcel a partir de su arresto en 1995, ni que le hubiera pagado a miembros de ningún grupo para cometer los asesinatos.

La fiscal Ponce intentó aliarse con las mujeres de Juárez, diciéndoles: "¡Yo soy mujer como ustedes!"

Insistió en que durante su tenencia del cargo se habían hecho grandes avances, refiriéndose a la adición de computadoras nuevas y al equipo más avanzado para hacer pruebas de ADN para la especialista forense del estado, Irma Rodríguez.

En tanto la fiscal especial parecía ansiosa de enumerar sus logros, las mujeres furiosas que se encontraban fuera de su oficina ese día ignoraron sus declaraciones; ya estaban convencidas de que ella era un títere, que había sido enviada para tratarlas con actitud condescendiente. Las manifestantes creían que Suly Ponce no tenía ninguna intención real de ayudarlas en su campaña para frenar la violencia.

Los acontecimientos tomaron un giro peculiar cuando Esther Chávez se vio agredida verbalmente esa mañana por Guillermina González y los miembros de Voces Sin Eco. "Le dijeron cosas odiosas de mí a la prensa y rechazaron mi presencia", apuntó Esther. González y los miembros de su agrupación denunciaron que algunos periodistas y organizaciones no gubernamentales como Casa Amiga, bajo la dirección de Esther Chávez, estaban lucrando con los asesinatos. Ahora parecía como si, además de los crímenes y del aparente encubrimiento y las investigaciones chapuceras, hubieran plantado en Ciudad Juárez la semilla de la discordia, causando disensión en el ya sangrante y quebrantado corazón de la ciudad.

Casa Amiga, la organización de Chávez, había estado recibiendo donaciones de la comunidad y usándolas para administrar el albergue. Ahora, algunos miembros de otras organizaciones no gubernamentales, así como empleados de la procuraduría general, denunciaban que las donaciones estaban destinadas a las familias de las víctimas y no a Chávez. Esther mantuvo que había estado usando los fondos adecuadamente.

Madres desoladas entre las que se encontraban Irma Pérez y Paula Flores se unieron a Guillermina González para acusar a Esther de explotar las muertes de sus seres queridos, denunciando que ella usaba las tragedias como un medio de atraer la atención de los medios y recaudar fondos para su centro de crisis de violencia doméstica y violaciones. Guillermina también protestaba de que Esther daba, sin autorización, los números de teléfono privados de algunos miembros de Voces Sin Eco.

Chávez sostuvo que ella estaba ayudando a la causa. Arguyó que sólo había dado el teléfono principal del grupo.

La activista dijo que el ataque del grupo de Guillermina la había lastimado. —Es algo que me afecta profundamente, porque ellas son las personas que he intentado proteger y ayudar… Yo las quiero mucho, su sufrimiento me ha tocado… Las he ayudado y estoy dispuesta a volver a ayudarlas, siempre que me necesiten. Yo no las voy a atacar. Yo las respeto, y toda la sociedad debería respetarlas… Yo no soy rencorosa porque ellas son las víctimas y están dolidas.

No resulta claro lo que finalmente decidió a los funcionarios del gobierno a destituir a Suly Ponce de su puesto de fiscal especial, o si las crecientes protestas de las mujeres de Juárez desempeñaron algún papel. Cualquiera que haya sido la razón, se dio a conocer en abril del 2001 que ella había sido promovida al puesto de coordinadora regional de la Zona Norte, y que habían nombrado a una nueva fiscal especial con sede en Juárez: Zulema Bolívar, ex investigadora especializada en delitos sexuales de la procuraduría general del estado de Chihuahua.

En un artículo que apareció en *El Norte*, un periódico de la ciudad, el procurador general Arturo González Rascón reconoció que Ponce se había visto ferozmente atacada por las familias de las víctimas y muchas de las organizaciones de mujeres. Sin embargo, él no tuvo más que elogios para la abogada de pelo castaño rojizo y dijo que ella había concluido "investigaciones muy exitosas y especiales". A Ponce la trasladaron a un puesto en la oficina del gobernador del estado de Chihuahua en Juárez en el que debía supervisar las investigaciones de la policía estatal, y aunque ya no estaba a la vista del público, se dijo que seguía al tanto de las investigaciones de las mujeres asesinadas como parte de su nuevo y elevado cargo.

En los días y meses siguientes, una divulgación no autorizada del FBI había vinculado a traficantes de drogas con la muerte de Lilia García. Ponce rechazó la noción de que los narcotraficantes tuvieran algo que ver con el asesinato de la adolescente y catalogó el informe como una desinformación. En lugar de eso, y según un artículo publicado en *Salon.com*, una respetada revista virtual, Ponce sugirió que los obreros de un circo que funcionaba frente al centro de trabajo de García podrían haber sido los culpables. Pero cuando el gerente del circo salió a la luz pública y sostuvo que ella había "tratado de sobornarlos" para que señalara al grupo de obreros como los perpetradores, el artículo reportó que Ponce se había retractado.

Ponce negó enérgicamente los argumentos del gerente del circo y las acusaciones nunca llegaron a sustentarse.

Robert Ressler, el ex agente del FBI, expresó su frustración por el giro que tomaban los eventos en Juárez. En una entrevista telefónica en septiembre del 2001, el experto en perfiles psicológicos delictivos, que se había manifestado tan optimista sobre el trabajo de la policía y los fiscales en la ciudad fronteriza, sonaba cansado y asqueado.

"Resulté atrapado por la política del lugar —dijo. Todo lo que hice durante [la tenencia de] un partido fue de algún modo completamente descartado por el próximo. Impartí una semana de entrenamiento, establecí un equipo de trabajo con la policía de El Paso y luego el nuevo partido deshizo todo lo que hicimos".

A fines del verano del 2001, apareció un artículo en *El Diario de Juárez* en el que Norma Andrade García expresaba su indignación porque, después de nueve meses, la policía aún no tenía pistas sobre la violación y el asesinato de su hija.

—Estamos hablando de aproximadamente nueve meses durante los cuales no han podido dar ni una sola respuesta. Me dicen que están a punto de concluir la investigación, que están trabajando, pero no tienen nada, no hay nada—, le dijo Andrade al periódico. Ella prosiguió denunciando a las autoridades por sus comentarios despectivos y la total falta de respeto de uno de los agentes de la policía municipal.

"Me dijeron que por el momento estaban trabados en la investigación, y cuando mi hija mayor se enojó y les dijo que no tiraran el expediente de mi hija, el agente le dijo de una manera muy burlona mientras lo tiraba: 'Mira, mira, mira, mira...' —contaba Andrade. —Estas expresiones son inapropiadas. Por lo menos merecemos respeto. Además de estar heridas y furiosas, tienen que comprender que a veces nos sentimos muy deprimidas, muy tristes, que estamos llenas de ira y que esa ira puede dirigirse contra ellos, porque no han hecho una investigación adecuada".

Según el periódico, Norma Andrade había encontrado varias irregularidades en la investigación del caso de su hija —incluido un informe de la autopsia que revelaba una gran cantidad de semen presente en el cuerpo de la muchacha. Pese a los resultados de la autopsia, las autoridades le informaron que no contaban con la esperma que los ayudaría a encontrar al perpetrador o perpetradores, del asesinato de Lilia.

La afligida madre estaba segura de que su hija había estado viva durante varios días mientras era víctima de múltiples violaciones y que la habían torturado en repetidas ocasiones hasta su muerte. "Según la autopsia, mi hija falleció el 19 de febrero, lo cual significa que la mantuvieron cautiva durante cinco días", dijo Norma, llorando.

Nadie sabe qué horrores sufrió la muchacha de diecisiete años hasta que fue asesinada, acaso por misericordia. Un funcionario estatal que habló con *Univision* con la condición de que lo mantuvieran en el anonimato, reveló que en el estómago de la jovencita habían encontrado alimento parcialmente digerido. La autopsia sugirió que Lilia García había comido aproximadamente dos horas antes de que la asesinaran, dijo el funcionario.

Lo que resulta significativo respecto a este hallazgo es que indica que Lilia García no se sintió amenazada o temerosa en el momento de comer, probado por el hecho de que su cuerpo estaba segregando enzimas estomacales para digerir el alimento. Según los expertos forenses, cuando una persona teme o experimenta un trauma, el cuerpo se cierra y no produce esas enzimas. Esta pista hizo pensar a algunas personas al tanto de la investigación que García se sentía segura con la persona que le había servido su última comida y que no tenía el menor indicio de que pronto estaría muerta.

También apuntaba a la posibilidad de una red de criminales y sugería que la persona que cuidaba a Lilia mientras estuvo en cautiverio puede que no haya sido su asesino.

Aun más sorprendente fue el contenido de un informe redactado por los expertos forenses que habían examinado el cadáver de García. En un largo artículo que apareció en *Salon.com*, el periodista independiente Max Blumenthal reportaba que en las muñecas de García habían encontrado marcas idénticas a las que dejan las esposas que usa la policía.

—Alguien rico y poderoso tiene que estar implicado en el asesinato de mi hija—, declaró Norma a *El Paso Times* en reacción a estos hallazgos. —Yo no soy una investigadora, pero sólo alguien con esas características puede cometer, impunemente, algo así.

Tres meses después de la salida de Suly Ponce, Guillermina González anunció la disolución de su agrupación popular Voces Sin Eco. Aunque muchos especularon que la ruptura entre la organización de Guillermina y la poderosa activista Esther Chávez había provocado la decisión de la muchacha de cesar las operaciones, otros sostenían que su decisión no tenía nada que ver con el airado desacuerdo. Guillermina se casaba con un hombre que había conocido en una manifestación de protesta.

Su novio, Felipe Nava, también había perdido a un ser querido de muerte violenta. Su hija de un matrimonio anterior, la joven María Isabel, de diecisiete años, había sido secuestrada en enero del 2000, y su cadáver destrozado e incinerado fue hallado tres semanas después en un valle al suroeste de la ciudad.

Cuando María Isabel no regresó a su casa el 4 de enero, su madre inmediatamente denunció su desaparición a la policía municipal. Pero al igual que a muchos familiares de las mujeres desaparecidas, le dijeron que su hija probablemente se había fugado con un novio.

El 28 de enero, más de tres semanas después de su desaparición, la madre y el padre de María recibieron la noticia que todo padre teme. Los restos calcinados de su hija habían sido localizados. La autopsia revelaba que la niña había sido mantenida en cautiverio durante dos semanas antes de que fuera salvajemente asesinada y quemada.

Las circunstancias de su muerte parecían idénticas a las de Lilia García, pero a los funcionarios no se les ocurrió establecer la conexión.

Guillermina se había esforzado para mantener estas historias en los medios de prensa. Pero con el fin de administrar efectivamente su pequeña organización, necesitaba dinero. Los correos electrónicos, las cuentas del teléfono celular e incluso las exploraciones de búsqueda exigían algunos fondos. Pese a las promesas de ayuda de periodistas y productores de la televisión si ella les permitía divulgar su historia, los fondos tan necesitados nunca se materializaron y Guillermina finalmente decidió cerrar la organización.

En una conferencia de prensa ese verano, Paula González, la madre de Guillermina, apuntaba los logros que la agrupación de su hija había tenido durante su breve empeño.

"Le perdimos el miedo a las autoridades", declaró ante los miembros de la prensa el 18 de julio, el día en que la agrupación cesó oficialmente sus operaciones. "Acostumbrábamos a estar sentados durante tres horas antes de que ellos nos atendieran. Ahora entramos en la oficina de los investigadores como si estuviéramos en nuestra casa".

Y algo todavía más significativo, apuntó Paula, fue que los miembros de Voces Sin Eco habían ganado la batalla al lograr que las familias de las víctimas pudieran ver los cadáveres de sus hijas antes de que se practicara la autopsia.

No obstante, y pese a todos sus esfuerzos, Paula y su familia no andaban cerca de descubrir lo que le había sucedido a su amada Sagrario. Notablemente, Suly Ponce había ordenado que exhumaran el cadáver de Sagrario y le repitieran la prueba de ADN luego de que la primera había arrojado resultados negativos. Paula y su marido se quedaron devastados cuando abrieron el documento oficial que decía que el cadáver que ellos habían enterrado posiblemente no era el de Sagrario. Inmediatamente se ordenó una segunda prueba de ADN y, aunque parezca increíble, también arrojó resultados negativos, lo cual hizo que Guillermina González examinara con mayor cuidado el papel oficial. La muchacha descubrió que las autoridades habían exhumado el cadáver equivocado. Por error habían tomado el cadáver que yacía al lado de Sagrario por una aparente confusión con el número de la tumba.

En una entrevista con *Univision* a principios del 2001, Suly Ponce insistió en que su oficina conseguiría llegar al fondo de la situación y, poco después, el cadáver correcto fue exhumado para someterlo de nuevo a la prueba. Esos resultados sí fueron positivos, confirmando que, en efecto, era Sagrario González quien estaba enterrada en ese cementerio de la colina.

Pero las circunstancias que rodearon la muerte de Sagrario seguirían siendo un misterio. Uno de los pocos hechos que la familia sabía de seguro era que a Sagrario, como a tantas de las muchachas asesinadas, la habían matado poco después de que le cambiaran su horario en la fábrica. Esa similitud suscitó dudas respecto a si ciertos empleados de las maquiladoras de la ciudad estaban detrás de los crímenes.

La obrera Claudia Ivette González podría aún estar viva si sus empleadores en la Lear Corporation, la compañía de Michigan fabricante de interiores de autos que dirige una planta en Juárez, no la hubiera enviado de regreso a casa por llegar cuatro minutos tarde a trabajar en octubre del 2001. Cuando la gerencia rehusó dejarla entrar en la fábrica, la obrera de veinte años probablemente emprendió el regreso a su casa a pie. Como había perdido un día de salario, es de suponer que no querría gastar en autobús el dinero que tanto le costaba ganar.

Un mes después descubrieron su cadáver enterrado en un campo cerca de una concurrida intersección de Juárez. Cerca de ella yacían los cadáveres de otras siete muchachas.

CAPÍTULO NUEVE

Campos de muerte

Cuando empieza a aumentar la presión pública, se materializan los chivos expiatorios

OSCAR MAYNEZ,
CRIMINÓLOGO

EN NOVIEMBRE DEL 2001, las tensiones ya estaban elevadas en Ciudad Juárez cuando la policía descubrió los ocho cadáveres putrefactos que habían sido lanzados en un antiguo campo algodonero plagado de malezas en el corazón de la ciudad, no lejos del terreno en que habían encontrado el cuerpo de Lilia. El cementerio provisional estaba localizado a unas pocas yardas de la intersección de Paseo de la Victoria y Ejército Nacional, frente a las oficinas centrales de la Asociación de las Maquiladoras, el grupo que representa a muchas de las plantas estadounidenses de ensamblaje para exportación.

Los terribles descubrimientos se hicieron en el plazo de dos días. El 6 de noviembre, los funcionarios de la policía descubrieron tres cadáveres; y otros cinco al día siguiente de los cuales sólo había restos óseos.

Un obrero de la construcción tropezó con la primera víctima, una adolescente de pelo negro cuyo cuerpo habían lanzado a una zanja de un terreno baldío, situado entre dos vías muy concurridas. Los investigadores que registraron la zanja en busca de pruebas esa tarde, se quedaron pasmados cuando hallaron los restos de otras dos jovencitas a unos pocos pies del primer cadáver.

A la mañana siguiente, trajeron una rasadora para chequear el lugar y desenterraron otros cinco cadáveres.

Los hallazgos marcaban un giro en la corriente de violaciones y asesinatos que había plagado a Juárez desde 1993. Los asesinos ahora estaban lanzando los cuerpos en el centro de la concurrida ciudad y no en las desoladas áreas desérticas que rodeaban a Juárez. Parecía que los perpetradores ya no le temían a la policía.

Ciertamente, la colocación de los cadáveres parecía respaldar las teorías de que eran los policías mismos quienes cometían los asesinatos. La elección del lugar llevó a muchos a creer que el asesino estaba enviando un mensaje. La mayoría de las mujeres asesinadas eran obreras y sus cuerpos habían venido a yacer en un terreno que quedaba frente a las oficinas de la asociación de las maquilas que las empleaban.

La obrera de maquiladora Claudia Ivette González se encontraba entre las víctimas que la policía decía haber encontrado enterradas en el terreno arenoso. Los periódicos reportaron que era todavía oscuro cuando Claudia salió de su casa en las primeras horas de la mañana del 10 de octubre. Pero, por una mala jugada del destino, perdió el autobús que le habría permitido llegar a su trabajo a tiempo. Cuando Claudia llegó a la fábrica esa mañana, las puertas de la planta estaban cerradas. No hay información alguna de lo que Claudia hizo después, sólo que su cadáver estaba entre los que desenterraron en el solitario campo algodonero.

Andrea Puchalsky, directora de comunicaciones de Lear, declaró en *Salon.com*, la revista de noticias en la web: "Tenemos regulaciones con respecto a la tardanza, y ella había llegado tarde muchas veces... no llegó a tiempo para trabajar en su turno". Cuando le preguntaron si la compañía se ajustaba a esa misma política con los empleados en Estados Unidos, Puchalsky insistió en que no había ninguna norma escrita en ninguna de las instalaciones. También rehusó comentar si a González le habían cerrado la puerta o si la habían enviado de regreso debido a la tardanza.

Las autoridades mexicanas determinaron posteriormente que Claudia Ivette González fue asesinada de la misma manera que las otras siete muchachas enterradas cerca de ella. Y algo aún más sorprendente era la semejanza del *modus operandi* con el caso de Lilia García, cuyo cadáver mutilado se había encontrado en febrero de ese año.

Al día siguiente de que recobraran los ocho cadáveres, un grupo de manifestantes procedentes de varios organismos no gubernamentales se dirigieron a protestar a la fiscalía especial. Vestidos de negro, los manifestantes llevaban una gran cruz rosada que plantaron afuera del edificio del gobierno.

Deteniéndose por un momento, el grupo encendió velas en memoria de las últimas víctimas antes de dirigirse a la oficina de la nueva fiscal especial a cargo de la investigación de las mujeres asesinadas. Zulema Bolívar estaba en su despacho cuando los manifestantes llegaron y colgaron un cartel en su puerta que decía: "Cerrado por incompetencia".

Al oír el escándalo, Bolívar salió al pasillo para invitar a algunos de los manifestantes a conversar dentro. Pero el grupo rehusó nombrar representantes. Todos querían tener la oportunidad de confrontar a Bolívar.

La fiscal estuvo de acuerdo y encontró un salón adecuado para acomodar a la multitud. Bolívar escuchó sus preocupaciones y les expresó sus condolencias por sus pérdidas, pero no arrojó ninguna pista sobre el estado de la investigación. Los manifestantes salieron finalmente del edificio sabiendo tanto como cuando llegaron.

En los días que siguieron al hallazgo y remoción de los cadáveres del campo algodonero, las autoridades anunciaron que los exámenes forenses podían determinar que algunos de los asesinatos habían sido recientes. Se pudo precisar que un asesinato había ocurrido sólo en los últimos diez o quince días, en tanto que otros dos habían tenido lugar al menos seis meses antes. Los cadáveres fueron descubiertos a sólo tres metros uno de otro, y la policía creía que muchas de las mujeres habían sido asesinadas en el mismo lugar donde habían hallado sus cuerpos. A una de las víctimas la encontraron con las manos atadas a la espalda.

Debajo de un arbusto a la entrada del terreno encontraron un par de zapatos que pertenecía a una de las muchachas, lo cual indicaba que a la mujer la habían obligado a quitarse los zapatos antes de caminar hasta el lugar donde fue asesinada, o que voluntariamente se los había quitado para que no se le ensuciaran, creyendo que saldría viva para recogerlos y llevárselos puestos de regreso a su casa.

Las autoridades sostenían que entre los cadáveres exhumados en el terreno abandonado estaba el de una estudiante de diecinueve años llamada Guadalupe Luna de la Rosa. Al igual que la vecina asesinada de Ramona Morales, la niña de trece años Celia Guadalupe, esta muchacha también respondía al sobrenombre de "Lupita". Muchas mujeres en México se llaman Guadalupe en honor a la santa patrona del país, Nuestra Señora de Guadalupe.

Se había producido una conmoción cuando la muchacha desapareciera el año anterior. A diferencia de muchas de las víctimas, Guadalupe era una estudiante regular, que asistía al Instituto Tecnológico de Ciudad Juárez, hija de una familia de clase media natural de la ciudad fronteriza. La habían visto por última vez el 30 de septiembre del 2000. Salió esa mañana de su casa para tomar un autobús para ir a la ciudad, donde esperaba encontrarse con algunas amigas para una tarde de compras. Luego se suponía que fuera a la casa de una de las adolescentes para celebrar el cumpleaños de una amiga.

El anuncio de la desaparición de Lupita había movilizado a sus compañeros de escuela, a familiares y amigos. Se formaron grupos de búsqueda y, en el mayor acto de protesta que se hubiera dado hasta la fecha, una manifestación de dos mil personas recorrió las calles de Juárez exigiendo justicia a las autoridades. Los manifestantes distribuyeron volantes con una foto de la bellísima jovencita e incluso se valieron de un perro rastreador de cadáveres para ayudar en la búsqueda de su cuerpo.

No obstante, los esfuerzos de los manifestantes y de los voluntarios, aunque fueran en cifras tan masivas, arrojaron pocos resultados positivos. A los padres de la niña desaparecida, Epitasio y Celia Luna, les hicieron una llamada anónima amenazante. La persona que llamó exigió diez mil dólares de la familia Luna para evitar el secuestro de otra de las hijas.

Los activistas sostenían que este tipo de amenazas se había convertido en un recurso común usado por agentes de la autoridad para evitar indagaciones por parte de los miembros de la familia. Muchos de los parientes de las muchachas desaparecidas habían denunciado este tipo de advertencias, enmascaradas como palabras de consuelo, a plena luz del día, de parte de los agentes a los que habían acudido en busca de ayuda.

"No teníamos dinero, no teníamos enemigos", les dijo, desconsolada Celia Luna a los periódicos. "Nunca pensé que esto pudiera ocurrir a pleno día, un sábado".

Guadalupe "Lupita" Luna había vivido con su familia a sólo quince minutos de la procuraduría en un complejo de viviendas de concreto, donde las sábanas de prístina blancura ondeaban en los tendederos. Era un barrio de clase obrera con casas que tenían direcciones y agua corriente. Las viviendas, en su mayoría, se mantenían impecables. Las mujeres pasaban las mañanas afuera lavando ropa o limpiando las entradas de las casas. En los estrechos callejones que separaban las hileras de viviendas, grupos de niños jugaban con los perros del vecindario.

Lupita Luna había sido secuestrada, al parecer, a plena luz del día un sábado por la tarde camino a casa de una amiga.

Su comunidad era muy unida, de manera que tan pronto se corrió la voz de que la muchacha había desaparecido, todo el mundo en el barrio se unió a la búsqueda.

En una entrevista con *Univision*, la madre de Lupita recordaba que su hija había salido de la casa alrededor del mediodía. Sus amigas la esperaron hasta las dos de la tarde. Cuando no llegó, las chicas se imaginaron que Lupita había cambiado de parecer, de manera que se fueron de compras sin ella. Al regreso, llamaron a casa de Lupita para ver por qué ella no había ido. "Yo no sabía por qué", contaba Celia Luna.

Lupita debió tomar dos autobuses para llegar a su destino ese día: el que tomaba normalmente para ir a la escuela cada mañana, y otro para llegar hasta la casa de sus amigas. Según la policía, Lupita sí llegó a abordar el primer autobús. Pero no quebaba claro que hubiese hecho la conexión con el segundo.

Cuando a las ocho de la noche Lupita no había regresado a casa, su madre comenzó a recorrer los hospitales de la ciudad para ver si tal vez la muchacha había sufrido un accidente. "Recorrimos toda la ruta que ella habría seguido para llegar a casa de sus amigas. Fuimos a las tiendas por departamentos y luego fuimos a las estaciones de policía".

Los agentes le dijeron a la familia que no habían tenido reportes de ningún accidente o secuestro. Eran las 3:00 A.M. cuando Celia llamó al 060, la línea de emergencia de la policía. Intentó proporcionarles a los agentes una descripción de su hija, pero le dijeron que tenía que venir en persona al cuartel de la policía a presentar una denuncia. Cuando llegó a las oficinas de la procuraduría en el centro de la ciudad a la mañana siguiente, le dijeron que regresara el lunes a las 10:00 A.M., cuando la policía le asignaría dos agentes al caso de su hija. Celia hizo como le dijeron y regresó al día siguiente para hacer la denuncia. Resultaba increíble que con todos los asesinatos que habían ocurrido, siguieran exigiéndoles a las familias que esperaran para presentar una denuncia.

La desconsolada madre llevaba más de un año sin noticias de su hija mayor. Era una madre trabajadora y soltera, que mantenía a una hija de trece años y a una madre anciana, así como a su joven hijo. Sin embargo, se aferró a la esperanza de que la joven estudiante universitaria regresaría a casa en cualquier momento. Aunque el espacio era reducido, Celia no había movido ni una sola de las pertenencias de su hija del dormitorio que la joven desaparecida compartía con Rosaura, su hermana más pequeña. En la cómoda estaban las fotos enmarcadas de Lupita abrazando a su hermanito, en su primera comunión y posando con su traje de graduación de la escuela secundaria. Celia había decidido dejar todo como estaba cuando su hija mayor salió de la casa ese sábado, desde los animales de peluche que se alineaban sobre su escritorio hasta los cuadernos de la escuela con las tareas por las que había obtenido sus calificaciones de sobresaliente. Afiches de la Hanson, una banda de música pop americana y cubiertas de álbumes de famosos músicos mexicanos llenaban la habitación que se asemejaba a la de cualquier adolescente en Estados Unidos. Allí, había vivido, reído, estudiado y soñado sobre su futuro una jovencita. Ahora su familia se preguntaba si alguna vez regresaría.

Para mantener viva la historia de su hija, Celia había erigido una capilla en miniatura, con la foto de Lupita, en el jardín de la pequeña casa de dos dormitorios. Además de la foto había colocado una imagen de la Virgen de Guadalupe, a la que le rezaba todos los días con la esperanza de un milagro.

Cuando oyó por la radio la noticia de que estaban exhumando cadáveres en el campo algodonero un día de noviembre del 2001, llamó inmediatamente a la policía para saber si habían encontrado a su hija. Aunque al principio le dijeron que su hija no se encontraba entre las muertas, esa información luego cambió. Los restos de Lupita serían ciertamente identificados entre los que sacaron de aquel enorme campo abierto. Los agentes dijeron que lo que quedaba era poco más que los huesos secos. Pero Celia no estaba aún completamente convencida. La ropa que las autoridades le dijeron que habían encontrado con el cadáver no coincidía con la que su hija llevaba puesta el día en que desapareció.

Celia nunca pudo haberse imaginado que su hija mayor se convertiría en una de las víctimas de homicidio de la ciudad.

—Lupita era madura para su edad, pero a la vez, inocente—, le dijo la desconsolada madre a *Univision*. —Siempre estaba contenta y era muy cariñosa. No tenía malicia.

El 21 de noviembre, menos de tres semanas después del último hallazgo macabro, los investigadores anunciaron los arrestos de otros dos choferes de autobuses. Según las autoridades, Javier "Víctor" García Uribe y Gustavo González Meza, ambos de veintiocho años, habían confesado el secuestro, la violación y el asesinato de las ocho mujeres.

García se encontraba entre los que habían caído en la

redada del otoño de 1999 durante el arresto inicial de los choferes de autobuses de la ciudad, luego que los miembros del grupo Tolteca lo implicaran, al afirmar que García conocía a una de las muchachas que ellos habían "sacrificado". Luego había sido puesto en libertad por falta de pruebas, pero la policía lo mantuvo en el radar y lo había detenido tan pronto como fueron descubiertos los ocho cadáveres.

González, entre tanto, nunca había estado implicado en ninguno de los crímenes. Sólo posteriormente se daría a conocer que su nombre salió a relucir durante el interrogatorio que la policía le hizo a su compañero chofer Víctor García.

En un intento de vincular a los nuevos sospechosos con el grupo que ya se encontraba preso, Fernando Medina, portavoz de la oficina del procurador general del estado, les dijo a los miembros de la prensa que los choferes de autobuses tenían vínculos, efectivamente, con Los Toltecas, el primer grupo de conductores de autobuses arrestados en conexión con los homicidios.

El procurador general Rascón sostuvo que García y González habían "inhalado cocaína, fumado marihuana y bebido licor" antes de salir en busca de sus víctimas. Cuando encontraban a una mujer vulnerable, la metían a la fuerza en su furgoneta donde la violaban y la mataban, antes de lanzar su cuerpo en el algodonal, afirmó.

En aquel momento, los funcionarios habían positivamente identificado a todas las muchachas asesinadas como: Guadalupe Luna de la Rosa, de diecinueve años, estudiante; Verónica Martínez Hernández, de diecinueve años, obrera de una maquiladora y estudiante; Bárbara Araceli Martínez Ramos, de veintiuno, sirvienta; María de los Ángeles Acosta Ramírez, de diecinueve, obrera de una maquiladora y estudiante; María Juliana Reyes Solís, de diecisiete; Claudia Ivette González Banda, de veinte, obrera de maquiladora; Esmeralda Herrera Monreal, de quince, trabajadora doméstica y Laura Berenice Ramos Monárrez, de diecisiete, estudiante.

Los informes de prensa decían que la policía había hallado pistas en el caso que les llevó a García y a González, luego de que una testigo se presentara y afirmara que había visto a uno de los sospechosos lanzando un cuerpo en el campo de hierba. La testigo, una enfermera, al parecer le dijo a las autoridades que el hombre que ella vio lanzando el cadáver conducía esa noche una furgoneta azul.

No era sorprendente que los ruteros o choferes de buses, alegaran que la policía se había valido de violencia y torturas para extraerles una confesión falsa.

El día que la policía fue a buscar al chofer de autobús Víctor García Uribe, conocido como "El Cerillo", se celebraba una fiesta para Miriam, la esposa de García. Era el 9 de noviembre del 2001, el día después de su verdadero cumpleaños. Pero Víctor, su padre y su hermana habían reunido dinero para hacerle a Miriam una parrillada ese día en casa del padre. La familia disfrutó de "buena" carne asada para celebrar la ocasión.

Terminado el festejo, Miriam y su marido se montaron en el autobús que él usaba para transportar los obreros de maquila de ida y vuelta a sus fábricas y regresaron a su sencilla y pulcra casa. Llevaban una modesta existencia en un hogar con agua corriente, electricidad y dinero suficiente para comprar pañales para un bebé recién nacido.

Miriam había venido a Juárez quince años antes y consideraba la ciudad como suya.

Al estacionarse frente a su pequeña vivienda de dos dormitorios, el padre de Miriam salió de la casa de al lado y, deseoso de que le contaran sobre la parrillada, invitó a la familia a comer algo. Miriam se sonrió, explicándole que sería en otro momento. Estaban hartos de la parrillada y querían descansar por el resto de la tarde.

En una entrevista, Miriam recordaba cómo, llevando a su hijita en brazos, había comenzado a dirigirse hacia la casa detrás de su marido, cuando de repente él se volvió y le pidió que trajera los pañales y el cochecito que había dejado en el autobús.

En cuestión de segundos, contó Miriam, oyó unos ruidos extraños que salían del interior de su casa, como si estuvieran golpeando a alguien repetidamente. Desesperada, bajó del autobús, y se cayó en la calle con la bebé en los brazos. Mientras luchaba por levantarse, contaba, vio a través de la ventana a por lo menos una docena de hombres que estaban en la sala de su casa dándole una brutal golpiza a su marido. Él trataba de ponerse las manos en la cara para evadir los repetidos golpes.

Miriam dijo que los hombres se reían mientras golpeaban a Víctor, una y otra vez, y lo amenazaban con matarlo.

Sujetando a su bebita, Miriam se encaminó a la casa cuando de repente vio que la puerta de la entrada se abría de par en par y varios hombres pasaban por su lado mientras arrastraban a

Víctor. Recordaba que todos estaban vestidos de negro y llevaban máscaras, algunas de ellas como las que se usan el Día de las Brujas, con rasgos grotescos y exagerados y sangre ficticia; otros tenían pasamontañas cubriéndoles los rostros para ocultar su identidad.

Varios de ellos portaban armas largas mientras arrastraban a Víctor hasta un Chevy Suburban dorado que esperaba en la curva, detrás del cual había una docena de vehículos parecidos, relucientes como si acabaran de lavarlos y pulirlos. Ninguno de los vehículos tenía matrícula o ningún otro signo de identificación.

Cargando a la bebita, Miriam dijo que corrió detrás del grupo, exigiendo que soltaran a su marido enseguida. Incluso sujetó a uno de los hombres y le haló la máscara, lo suficiente como para verle la cara con marcas de acné. Fue entonces cuando uno de ellos, recordaba Miriam, le agarró un mechón de pelo y comenzó a halarla para separarla de Víctor. Ella sostuvo que la tiraron del vehículo, mientras intentaba subir junto con su marido, cayéndose al suelo con la niña aún en brazos.

Incapaz de detenerlos, corrió en busca de ayuda a casa de su padre. Él ya estaba parado en la acera cuando sonaron unos disparos. Según Miriam, los hombres le dispararon a su padre desde los vehículos.

Miriam sostuvo que varios vecinos habían presenciado el hecho y que, al igual que ella, creían que a su esposo lo habían secuestrado.

Sin saber qué hacer, Miriam comenzó a buscar a su marido por su propia cuenta, preguntando primero en la jefatura de la policía local para ver si lo habían llevado allí. Recordaba haber visto una insignia de la policía mientras forcejeaba con uno de los hombres; la tenía en la camisa, escondida debajo de una chaqueta negra. Pero los miembros de la policía municipal le dijeron que no tenían detenido a Víctor.

Miriam dijo que, cuando su visita a los hospitales de la localidad no arrojó ninguna pista, telefoneó a Sergio Dante Almaraz, el abogado criminalista a quien ella y Víctor habían contratado cuando su marido había sido arrestado temporalmente dieciocho meses antes con los otros choferes de autobuses. Aunque García había sido puesto en libertad por falta de pruebas, su nombre se sumó a la lista computarizada de agresores sexuales del fiscal del distrito. Desde entonces, lo llamaban para interrogarlo cada vez que aparecía el cadáver de una mujer en la ciudad.

Ahora parecía que de nuevo se fijaban en él, dijo posteriormente el abogado en una entrevista. Ciudad Juárez se encontraba en ese momento en las manos del PRI y bajo el control directo del gobernador. Las elecciones locales estaban a la vuelta de la esquina y parecía que las autoridades estaban ansiosas de hacer un arresto en el caso. Almaraz dijo que sólo gracias al aviso de un empleado del Departamento de Investigaciones llegó a saber donde se encontraba detenido su cliente.

Miriam dijo que estaba furiosa con las autoridades por desorientarla respecto al paradero de Víctor. Ella había ido a la procuraduría esos primeros días en busca de información y se la habían negado, aunque su marido estaba detenido en otra parte del mismo complejo. Las autoridades afirmaron más tarde que Miriam no había sido deliberadamente desinformada. La procuraduría es un edificio grande y los agentes de un área con frecuencia no saben lo que ocurre en otras partes de la jefatura.

La respuesta parecía absurda. Pero Miriam recordaba que era muy poco lo que ella podía hacer. Cuando por fin le permitieron ver a su marido el 12 de noviembre, lo encontró enfermo. No podía levantarse ni caminar. Estaba tirado en una cama de piedra ardiendo en fiebre.

Antes de que ella pudiera decir nada, Víctor García le contó las horas de tortura a las que lo habían sometido. Le dijo que la policía lo golpeó y lo quemó hasta que ya no pudo soportar el dolor y, junto con el otro chofer de autobús, había confesado los asesinatos de las ocho mujeres que habían encontrado en el campo algodonero.

Miriam dijo que ella supo después que a Víctor lo habían golpeado y le habían quemado el ano, los testículos, el estómago, las manos y la cara. No podía mover una de las manos por haberla tenido atada durante mucho tiempo.

"No pude resistir la tortura", es lo que supuestamente su marido le dijo ese día.

En una conferencia de prensa en la cárcel poco después de su arresto en noviembre, lo dos choferes hablaron de sus largos días de interrogatorios. Al igual que Sharif Sharif, el director de la cárcel les había permitido a estos hombres contar su propia historia ante la prensa. El Cereso era una instalación municipal; los miembros de la procuraduría general del estado no tenían ninguna jurisdicción sobre su personal.

Gustavo González, un panzudo de veintiocho años de pelo

negro, crespo y espeso con mejillas redondas y llenas, se veía nervioso, hundido en una silla detrás de la misma mesa de conferencia en que Sharif Sharif había hablado en el pasado. Cojeaba cuando entró al salón, como si hubiera sufrido una dolorosa lesión en una pierna. Debido a su robusta constitución, lo habían apodado La Foca.

Al enfrentarse a los reporteros, González sostuvo que la policía le había apuntado con pistolas a los miembros de su familia cuando habían ido a arrestarlo, una historia que sonaba muy parecida a la de Sergio Armendáriz, el presunto líder de Los Rebeldes.

Durante sus breves comentarios, González afirmó que lo habían llevado a una casa particular después de su arresto, donde lo habían golpeado y torturado, y donde lo amenazaron con matar a su madre y a su esposa si no confesaba en una grabadora el asesinato de las ocho mujeres. Dijo que la policía también lo había obligado a él y a García a firmar algunas fotos, al parecer de las ocho muchachas.

"Me dijeron que iban a matar a toda mi familia si no salía de mi casa con ellos", dijo González, con una voz apenas audible. "Me bajaron los pantalones y me mojaron mis partes y me dieron descargas eléctricas allí con un pincho".

"Me golpearon, me quemaron con cigarrillos y me dijeron que no iba a salir de allí y que tenían a mi papá y a mi mujer". González se levantó la camisa para mostrar las heridas, mientras los fotógrafos de la prensa tomaban fotos que aparecieron en las primeras páginas de los periódicos al día siguiente.

De repente, un torrente de lágrimas brotó de los ojos del hombre, acompañadas por sonoros e incontrolables sollozos.

Temblando mientras se enfrentaba a las cámaras, González dijo, “Mi esposa está embarazada, y dijeron ¡que le iban a sacar el bebé!”

Víctor García, un hombre aparentemente más fuerte y más resuelto, contó una historia semejante. Con voz quebrada, también sostuvo que había sido golpeado en repetidas ocasiones en la cara y en el cuerpo antes de que le bajaran los pantalones. Al igual que a González, la policía supuestamente le vertió agua en el pene y los testículos para luego aplicarle descargas eléctricas.

“Me sujetaban por los brazos y las piernas y me pinchaban, allí, en mis partes… y yo oía que me decían, ‘di la verdad’. Y preguntaba, ¿qué verdad? ¿Qué quieren saber? Y me dijeron que les contara de las mujeres que yo había matado. Yo no sabía nada de esas mujeres, pero ellos seguían haciéndolo, dándome las descargas eléctricas y golpeándome. Entonces paraban y me preguntaban otra vez”.

El doloroso recuerdo también le sacó las lágrimas a García. “Y finalmente no pude soportarlo. Quería que me dejaran en paz. Me estaban haciendo eso desde el viernes por la tarde cuando me llevaron, hasta el día siguiente, el sábado por la mañana”.

La presunta tortura había producido el efecto deseado. Los dos choferes de autobuses se habían convertido ahora en los más recientes chivos expiatorios de un brote de arrestos que para muchos en la ciudad fronteriza era la proverbial curita para la epidemia.

No obstante, esta vez los ciudadanos de Juárez estaban planteando interrogantes. Pocos creían que los dos choferes arrestados por los asesinatos de las ocho mujeres hubiesen cometido los crímenes. Hasta algunos miembros de las familias de las víctimas pidieron la libertad de los hombres. Ésta sería la primera vez en que las víctimas y los presuntos perpetradores estaban del mismo lado: frente a la policía.

Por lo menos, las familias se dieron cuenta de que varias de las víctimas habían desaparecido más de trece o catorce meses antes. No obstante, al cabo de dos días de que encontraran sus cadáveres, las autoridades habían arrestado a los posibles sospechosos con un montón de pruebas acumuladas en su contra.

Arturo Rascón, el procurador general del estado de Chihuahua, y el subprocurador José Manuel Ortega estaban en sus oficinas y supervisaron la investigación en el momento del arresto de los hombres. Cuando les preguntaron cómo sus agentes habían obtenido tales pruebas, dieron a conocer que sus investigadores habían estado vigilando secretamente a uno de los hombres durante algún tiempo.

En otras palabras, sostenían que la policía había estado vigilando a Javier "Víctor" García mientras él supuestamente seguía asesinando mujeres. La explicación era absurda. ¿Cómo las autoridades se habían quedado tranquilas y habían permitido que los crímenes continuaran? Eso carecía de sentido.

Ortega argumentó que García tuvo oportunidades de violar y asesinar aun mientras estaba sujeto a observación porque la policía sólo lo vigilaba a ratos, no durante las veinticuatro horas del día. La policía no tenía los recursos para llevar a cabo una vigilancia continua. Ortega añadió que temían que si

García sabía que estaba siendo vigilado, cambiaría su *modus operandi* y pararía los asesinatos.

La respuesta era asombrosa y, no obstante, los funcionarios parecían sentirse perfectamente cómodos con una declaración tan ridícula. Hasta sacaron a relucir una cinta de vídeo de las presuntas confesiones de los hombres mientras estaban en poder de la policía. Sin embargo, después cuando algunos de los reporteros quisieron ver el vídeo, las autoridades no pudieron encontrar la cinta. El vídeo salió al aire en la televisión local de Juárez. Mostraba a los dos hombres recitando los detalles de cada uno de los ocho secuestros, incluidos los nombres y apellidos de sus víctimas, el lugar exacto donde secuestraron a las mujeres y descripciones de la ropa que usaban, hasta el color de sus sostenes y ropa interior.

Muchos cuestionaron cómo los hombres, que estaban supuestamente endrogados y borrachos en el momento de los crímenes, podían recordar tales detalles con inequívoca precisión. Las autoridades respondieron con el argumento de que algunas personas se endrogan para estar más lúcidas.

Aun más problemático fue que el director de El Cereso renunciara apenas un mes después del arresto de los choferes. Su renuncia ocurrió luego de que supuestamente él firmara la publicación de un informe médico que documentaba lesiones específicas coincidentes con las torturas de la policía, que encontraron en los cuerpos de los hombres cuando llegaron en noviembre a la instalación carcelaria.

Cuando le preguntaron a Ortega sobre la renuncia del director, dijo que no estaba vinculado a la divulgación de los resultados médicos. Señaló que el director de la prisión no había llevado a cabo el examen de los supuestos asesinos, lo había hecho el médico de la prisión y que el médico seguía trabajando en el lugar.

Curiosamente, algunos informes de la prensa sostenían que el médico de la prisión había observado quemaduras y contusiones en el cuerpo de los hombres que coincidían con las marcas dejadas por una picana eléctrica de las que se usan para guiar el ganado: un resultado que fue desmentido con vehemencia por los funcionarios del estado.

En respuesta a las preguntas sobre las lesiones de los hombres, el procurador general González Rascón insistió en que se habían quemado ellos mismos para poder decir que habían sido torturados mientras estaban en manos de la policía. Cómo los choferes de autobuses habían podido conseguir fósforos o un encendedor para infligirse las quemaduras mientras estaban encerrados bajo llave era algo que carecía de sentido. González Rascón también sostuvo que las lesiones de una pierna de Gustavo González que habían sido fotografiadas eran el resultado de unas várices que se le habían inflamado severamente, no de las golpizas, como él pretendía.

En los días que siguieron al arresto de su esposo, Miriam García comenzó a recibir amenazas de muerte. La gente la llamaba a su casa y se burlaba de ella. Empezó a temer por su vida, y por la de su bebé y la del joven abogado Sergio Dante Almaraz, que había decidido representar a su marido gratuitamente.

Miriam García insistía en que su marido era inocente. Afirmaba que ella había trabajado junto con él en el autobús 77, recogiendo los boletos de los pasajeros que usaban la ruta 1-A. Su horario de trabajo normal era de lunes a sábado. El domingo era un día de descanso para la familia. Puesto que ella estaba constantemente a su lado, se preguntaba cómo y cuándo él habría tenido la oportunidad de cometer estos ocho asesinatos sin que ella lo supiera.

"Mi marido siempre ha sido muy serio en su trabajo, muy discreto", declaró en una entrevista poco después del arresto de García. "Con algunos hombres, usted sabe, algo los traiciona aunque sean discretos. Como mujer uno percibe esas cosas. Y mi esposo, desde el momento en que yo lo conocí, ha sido muy respetuoso, muy dulce. Una ternura andante".

CAPÍTULO DIEZ

Laberintos

La gente tiene miedo. La gente murmura ya... cuando tú metes el miedo, cuando tú divides, vencerás.

VICKY CARAVEO,
ACTIVISTA Y FUNDADORA DE LA ORGANIZACIÓN
MUJERES POR JUÁREZ

CUANDO SULY PONCE PRIETO ya no era la fiscal especial a cargo de la investigación de los homicidios de mujeres, aún seguía activa en la investigación que el estado llevaba a cabo sobre los asesinatos. Como coordinadora regional de la Zona Norte de la procuraduría general del estado, se encontraba ahora a la cabeza del sistema judicial de Chihuahua.

En noviembre del 2001, Ponce se encontró en un aprieto cuando miembros de su propio personal, entre ellos Oscar Maynez, jefe de los forenses del estado, le dijeron que los choferes de autobuses que ella había hecho arrestar podrían no ser responsables de la muerte de las ocho muchachas cuyos cadáveres encontraron en medio de la ciudad. Ella podía ignorar el asunto y esperar que los medios de prensa no lo mencionaran, o podía sostener su caso de que los choferes de autobuses eran, en verdad, los responsables de los crímenes.

Ponce optó por perseguir a los choferes de autobuses una vez más.

En noviembre, Ponce ofreció una conferencia de prensa para presentar ante los medios a una mujer de treinta y siete años que afirmaba que había sido violada por uno de los sospechosos en julio de 1996. Ponce identificó a la mujer como "Luz" y sostuvo que la testigo se había presentado después de reconocer a Víctor García en noticieros de la TV como el mismo hombre que la había violado cinco años antes.

La mujer era corpulenta y no se ajustaba al perfil de las muchachas asesinadas, sin embargo, se presentó ante la policía del estado de Chihuahua y miembros de la prensa y repitió llorosa cómo García la había metido a la fuerza en un auto, la había golpeado y la había violado a punta de pistola. Cuando le preguntaron respecto a su apariencia, afirmó que entonces era más delgada. Luz explicó que su auto se había roto y que estaba esperando al lado de la carretera por un taxi cuando García pasó, se detuvo como si intentara ayudarla y luego la haló dentro de su vehículo. Durante la agresión, ella se las arregló para librarse, salir del vehículo e ir a esconderse a gatas tras un auto cercano. Dijo que tenía los ojos ensangrentados y que apenas podía ver, pero que podía oír los pasos de García aproximándose, cuando las luces de un auto que se acercaba lo sobresaltaron y lo hicieron regresar a su propio vehículo.

Cuando le preguntaron por qué había esperado tanto tiempo para hacer su denuncia, la mujer explicó que García le había llevado su cartera y las llaves de su casa esa noche. Que sabía donde vivía y que temía represalias.

El horroroso relato de Luz resultó en la presentación de cargos adicionales contra García. Pero el caso finalmente fue desestimado cuando ella rehusó testificar en el juicio.

Univision supo después que la mujer no era realmente víctima de violación alguna. Más bien era la novia de un taxista que estaba en la cárcel y enfrentaba cargos y había sido detenido durante el mismo tiempo en que los dos choferes fueron arrestados. Fuentes cercanas a la investigación afirmaron que a Luz le habían prometido una sentencia más leve para su novio a cambio de que contara la historia de su falsa violación ante la prensa.

El notable criminólogo Oscar Maynez suscitó aun más dudas respecto a la culpabilidad de los hombres. Sostuvo que la orden de sembrar pruebas en su caso provenía de altos funcionarios del estado. La acusación era asombrosa y, no obstante, a muchos en Juárez no les tomó por sorpresa.

Maynez afirmó que luego de que una inspección de la furgoneta café de los choferes no hubiera arrojado ninguna prueba que los vinculara a los asesinatos, recibió instrucciones para que "sembrara" cabellos y fibras de las mujeres muertas en el vehículo con el fin de incriminarlos.

Maynez dijo que cuando él rehusó comenzó a recibir amenazas. Las amenazas fueron tan serias que incluso los enemigos de Maynez en la oficina del procurador general le advirtieron que tuviera cuidado.

Cierto día, dijo Suly Ponce lo invitó a almorzar, y durante la comida le afirmó la importancia de "proteger la institución".

Si bien Maynez interpretó el comentario como un mensaje críptico de una persona con una "mentalidad burocrática" que lo instaba a trabajar en equipo, no hay ninguna prueba que sostenga esta última opinión.

Maynez se oponía a la teoría de los funcionarios con respecto a la participación de los hombres en los crímenes. En repetidas ocasiones había advertido a las autoridades que la hipótesis que habían adoptado en este caso era falsa y no resistiría el escrutinio. Si proseguían por ese camino, ello se volvería en su contra, insistió. Las advertencias de Maynez fueron ignoradas y él pudo hacer poco más que mantenerse al margen mientras las autoridades avanzaban con su teoría de los asesinatos.

Maynez asociaba la prisa en resolver el caso con las próximas elecciones. "Esta investigación debía haberse llevado a cabo científicamente y no políticamente para sofocar la presión social", dijo durante una entrevista con *Univision*.

Pese a su frustración, Maynez estaba decidido a garantizar que las pruebas y los informes que él había compilado no fueran alterados. Decidió quedarse al frente del departamento de medicina forense y legal hasta que el caso de los choferes de autobuses fuera a los tribunales. Durante casi dos meses, mantuvo ansiosamente los expedientes en su poder y, por último, en enero del 2002, se los entregó a un juez.

Oscar Maynez no perdía de vista el caso contra Sharif Sharif y se sintió desalentado al enterarse de que habían negado las repetidas peticiones del convicto para que revisaran la prueba de ADN que el Estado había usado en su contra.

Maynez también estaba consciente de que Sharif se había

puesto en contacto con su abogada, Irene Blanco, después que lo trasladaran a la prisión de máxima seguridad en las afueras de la ciudad de Chihuahua, sosteniendo que los funcionarios estaban deliberadamente tratando de matarlo al obligarlo a tomar unas píldoras. Cuando rehusó aceptar la exigencia de sus carceleros de tragarse las drogas, dijo que lo habían sujetado y se las habían hecho tragar a la fuerza.

Maynez estaba preocupado por las denuncias de Sharif y temía que el egipcio pudiera terminar muerto. También lo perturbaba el hecho de que el expediente de Sharif no contenía más que un cargo de asesinato altamente dudoso. Ahora las autoridades buscaban achacarles los últimos asesinatos a los dos choferes de autobuses, hombres que no podían ser vinculados a los crímenes mediante las pruebas forenses. Resultaba claro para el criminólogo que, siempre que se producía una presión pública para encontrar a los asesinos de Juárez, la policía súbitamente señalaba a un sospechoso. En el caso de los crímenes del campo algodonero, parecía que García y González eran los chivos expiatorios elegidos.

Maynez estaba seguro de que, si le daban la oportunidad, él podía resolver el caso de los ocho asesinatos. Una investigación inicial había revelado que al menos tres de las muchachas habían sido muertas y mutiladas de la misma manera que la joven Lilia García, cuyo cadáver había aparecido a principios de ese mismo año en el terreno que estaba frente a la fábrica donde trabajaba. El sitio del asesinato de García quedaba a menos de cien yardas del terreno donde se habían encontrado los ocho cadáveres, y Maynez estaba convencido de que los casos estaban relacionados.

El 2 del enero del 2002, el controversial criminólogo presentó su renuncia bajo presión de sus superiores. Oscar Maynez, quien posteriormente reconocería que habría sido despedido de no haber renunciado, dijo que se sentía "asqueado y avergonzado" de lo que se desprendía de la investigación.

"Nos pidieron que ayudáramos a sembrar pruebas contra dos choferes de autobuses que fueron acusados de los asesinatos", les dijo luego a los miembros de los medios de prensa. "Un par de agentes de policía nos trajo artículos para que los pusiéramos en la furgoneta que decían había sido utilizada para secuestrar a las mujeres. Ya la habíamos registrado, así como otro vehículo perteneciente a los sospechosos, en busca de cosas tales como cabellos, tejidos y sangre humana, cualquier cosa que pudiera vincular a los dos sospechosos con las víctimas. Llegamos incluso a aplicar una prueba de fluorescencia, para rastros de sangre que pudieran haber limpiado. No hallamos nada; la furgoneta estaba limpia".

Si bien Maynez rehusó nombrar a los funcionarios implicados en el presunto encubrimiento, le aseguró al público que le había entregado toda la información a sus supervisores. Sin conocimiento de éstos, también le entregó una copia del perfil del ADN que se había practicado en el semen recogido del cadáver de Lilia García a un amigo de Juárez en caso de que algo le pasara al informe original.

Ortega, el subprocurador general del estado de Chihuahua, refutó públicamente las afirmaciones del ex jefe de peritos legales del estado. "Por lo que yo sé, nadie le pidió [a Maynez] que sembrara evidencia", declaró Ortega. "Los sospechosos confesaron los asesinatos y esa es una parte importante de la investigación".

En una entrevista posterior con Oscar Maynez, en febrero del 2002, él dio sus puntos de vista acerca del caso que ya se conocía como "los asesinatos del campo algodonero".

"Era como una escena de una película de horror, encontrar los cadáveres de ocho mujeres en un área relativamente pequeña", dijo Maynez refiriéndose a la escena del crimen. "Los cadáveres ya estaban en un estado muy avanzado de descomposición, lo que hace en extremo difícil determinar la causa de la muerte, porque en su mayor parte eran esqueletos".

Las fotografías y la filmación del terreno removido parecía más una macabra excavación antropológica que la escena de un homicidio. Maynez reconoció que la magnitud del descubrimiento lo había abrumado. "Ciudad Juárez es una ciudad muy violenta y los homicidios están a la orden del día, pero una situación como ésta... los cadáveres de ocho mujeres hallados en la misma área, no era lo que yo hubiera esperado".

Aún no hacía dos meses que Maynez había renunciado a su puesto cuando se sentó para su entrevista con *Univision*, y era obvio que estaba escogiendo cuidadosamente sus palabras. Sin embargo, no pudo ocultar su incredulidad cuando le pidieron que respondiera a una declaración oficial del gobierno en la que se llegaba a la conclusión de que las muertes de las ocho mujeres halladas en el campo algodonero no estaban relacionadas.

"Es una enorme coincidencia encontrar ocho cadáveres tan cerca unos de otros", dijo. "Es innegable que toda la escena parece muy organizada. Difícilmente no podrían estar relacionados estos ocho homicidios".

Si bien el estado de descomposición de algunos de los cadáveres había hecho casi imposible determinar la causa de la muerte, Maynez creía que las mujeres, en su mayoría, habían sido víctimas de un mismo asesino o asesinos. "Insisto en que sería demasiada coincidencia que ocho diferentes perpetradores, actuando por su cuenta, hubieran lanzado los cadáveres en la misma área, especialmente cuando presentaban el mismo patrón", concluyó.

El criminólogo dijo que no podía descontar la posibilidad de que traficantes de drogas o miembros de la fuerza policial del estado estuvieran implicados en los crímenes. Agregó que estaba bastante seguro de que los asesinatos habían sido cometidos por un grupo muy organizado de personas con recursos, y no por los dos pobres choferes que se encontraban presos. Maynez señaló una serie de diversos factores. En primer lugar, la localización del crimen en el corazón de Juárez sugería que los perpetradores tenían acceso a múltiples vehículos. Las autoridades habían sostenido que los dos choferes de autobuses habían usado una furgoneta abollada color café para trasladar los cadáveres al antiguo campo algodonero. Pero Maynez argüía que habría sido virtualmente imposible que alguien pasara inadvertido usando el mismo vehículo para trasladar los ocho cadáveres al mismo lugar a lo largo de un período de tiempo. Creía que debía haberse utilizado más de un auto y más de un camión para evitar que los vecinos entraran en sospechas.

Además, el criminólogo dijo que él era en extremo escéptico del relato de un testigo ocular, una enfermera de la localidad que afirmaba haber visto a uno de los sospechosos que entraba con un auto o un camión azul en el vasto terreno abierto y lanzaba un cadáver allí. La testigo, cuya historia parecía cambiar con el tiempo, finalmente se retractó de lo que le había dicho a las autoridades.

Pero el subprocurador general del estado de Chihuahua, Manuel Ortega, afirmó posteriormente que la mujer había visto "a una persona con una gran semejanza física" a Víctor García en el lugar del "evento" y "deshaciéndose de algo pesado... un cerdo, pensó la persona". Sin embargo, García seguía tras las rejas.

La testigo, además, había descrito el vehículo usado por este hombre como un sedán azul. La policía sostenía que los dos choferes de autobuses habían usado una furgoneta color café.

Algunos periodistas se preguntaban cómo los choferes de autobuses, que trabajaban largas horas y tenían esposas e hijos en casa, pudieron concebir y llevar a cabo un plan de asesinatos tan elaborado, que exigía extensa planificación y ejecución.

Nada de eso le resultaba sensato a Maynez. Decía que hasta que las autoridades estuvieran dispuestas a ordenar una investigación adecuada, los crímenes seguirían sin resolverse y los verdaderos culpables seguirían sueltos.

"Creo que partiendo de las irregularidades de este caso, el modo en que estos dos hombres fueron arrestados y la posibilidad de que hayan apelado a la tortura a fin de obtener sus confesiones, todo me lleva a pensar que la persona o personas que cometen estos homicidios no han sido detenidas todavía", le dijo Maynez a *Univision*.

El criminólogo hizo notar también que varios de los cadáveres hallados en el campo algodonero habían sido lanzados donde sólo estaban parcialmente escondidos por los arbustos y podían haber sido descubiertos por un transeúnte. Los otros habían sido deliberadamente enterrados debajo de algunos escombros, lo cual muestra que habían tomado algún cuidado en tratar de evitar que los descubrieran. En opinión de Maynez, era sólo un indicio más de dos *modus operandi* diferentes usados por los asesinos de Juárez que estaban siendo ignorados por las autoridades.

Maynez dijo que él creía, desde que habían encontrado los primeros cadáveres en 1993, que había por lo menos un asesino en serie suelto en Juárez; y contó que había notificado de esta sospecha a sus superiores y a otras personas. Pero argumentó que, por la razón que fuese, las autoridades rehusaron seguir ese curso de investigación.

"En 1993... comenzó a surgir un modelo muy obvio, no sólo alrededor de los homicidios, sino a través de los rastros torcidos o fraudulentos de las investigaciones fallidas, los despidos, la falta de evidencia física, las falsas acusaciones, las confesiones forzadas, las evasiones y ofuscaciones", advirtió él. "El problema es que cuando uno tiene una enfermedad tiene que diagnosticarla correctamente antes de que pueda aplicarle el tratamiento necesario, la medicina correcta".

"Muchos de estos asesinatos están relacionados", prosiguió. "Pero cuáles de ellos, no lo sé, porque nunca ha habido una investigación seria".

En el momento de la entrevista, Maynez claramente tenía su propia teoría respecto a quién había cometido los asesinatos. Pero dudaba de divulgarla.

"Los asesinos no podían ser los choferes de autobuses, que tienen una casita de dos dormitorios en una sección de clase media baja de Juárez y ni siquiera tienen un auto. Se trata de un grupo bien organizado con recursos y con una obvia jerarquía", dijo, sugiriendo que podría culparse a narcotraficantes, políticos e incluso a miembros del departamento de policía.

"El gobierno puede ser comprado", afirmó. "Tiene que ser gente con poder y dinero porque ven a estas pobres muchachas como desechables".

"Desafortunadamente, si en el caso de los choferes de autobuses se prueba que hubo ciertamente secuestro y tortura, estamos retrocediendo en nuestra ejecución de la justicia. Porque imagínense dudar de tu propia fuerza de policía, de tus propios agentes. Es terrible. ¿Quién te va a proteger?"

Era una sospecha que las mujeres de Juárez tenían desde hacía mucho tiempo. Pero a diferencia de las de Maynez, sus opiniones tenían poco peso y no tenían otra alternativa que seguir trabajando por un magro salario y confiar en el trasporte público para ir de un sitio a otro, a sabiendas, todo el tiempo, de que eran blanco del crimen.

Tres meses después de que los ocho cadáveres fueran extraídos del campo algodonero, la policía reabrió el terreno al público. Rápidamente, miembros de los grupos voluntarios de búsqueda de Juárez fueron a la propiedad para llevar a cabo su propia investigación. Armados con largas varas y otros primitivos instrumentos de búsqueda, los equipos de rastreadores llegaron temprano un día helado de febrero del 2002 y empezaron a trabajar.

Los voluntarios se dividieron en pequeños grupos y comenzaron a explorar el terreno cubierto de hierbas. Encontraron algunos artículos que creyeron podrían ser pruebas potenciales: pantaletas rotas, un vestido fino, varios pares de zapatos de mujer, mechones de cabello humano y un par de overoles color marrón claro. Los overoles habían pertenecido a Claudia Ivette González.

La madre de González, que se encontraba entre los que rastreaban el terreno ese día, se echó a llorar cuando le mostraron la prenda, que tenía manchas de hierba y de tierra.

Es de notar que la policía municipal había llevado a cabo su propio registro del lugar inmediatamente después de que descubrieron los cadáveres de las mujeres unos tres meses antes. De alguna manera habían pasado por alto ese vestido y otras pruebas que encontraron los voluntarios mal equipados.

Cuando a un investigador del estado le notificaron más tarde de los hallazgos del grupo, acusó a los voluntarios de contaminar "posible evidencia" tocándola sin guantes.

"Es increíble que las autoridades dejaran detrás tantas cosas en ese sitio, como ropa interior de mujeres, zapatos y mechones de cabello humano", dijo Víctor Muñoz, de la Coalición sobre la Violencia Contra las Mujeres y las Familias en la Frontera, en declaraciones a *El Paso Times*. Muñoz, residente de El Paso, se encontraba entre los voluntarios que tomaron parte en la búsqueda del 24 de febrero. "Ellos [la policía] no hicieron un buen trabajo".

No habría de pasar mucho tiempo antes de que la incompetencia de la policía volviera a estar en los titulares de la prensa.

CAPÍTULO ONCE

"Una vergüenza nacional"

El gobierno del estado está apoyando a los malos elementos criminales y, desafortunadamente, vamos a tener más mujeres desaparecidas y muertas en Ciudad Juárez.

Fragmentos de la última entrevista concedida a la prensa por Mario Escobedo, abogado asesinado que representaba al chofer de autobús acusado Gustavo González Meza

A fines del 2001, el presidente Vicente Fox anunció su propósito de que las autoridades federales intervinieran en la investigación que llevaban a cabo funcionarios estatales en Ciudad Juárez. Catalogando los asesinatos como "una vergüenza nacional", Fox prometió ayuda federal para resolver los constantes homicidios de muchachas de la ciudad.

Pese a los esfuerzos de Ponce y los demás de convencer a los vecinos de que las autoridades habían encerrado a los responsables, los asesinatos siguieron apareciendo en los periódicos de Juárez. Tal vez por eso, los funcionarios de la localidad optaron por no criticar al presidente panista por intentar quitarle el control del asunto al gobernador del estado, Patricio Martínez García, que era miembro del opositor PRI.

En diciembre, Fox ordenó a la Procuraduría General de la nación que iniciara su propia investigación de los asesinatos, instruyendo que setenta y dos de los expedientes de la ciudad fuesen transferidos a la dependencia federal para el 7 de enero del 2002.

Sin embargo, y según informes de la prensa, sólo diez de esos expedientes habían sido transferidos en la fecha establecida por el presidente. Los funcionarios del estado prometieron que el resto de los documentos estaría en camino dentro de pocos días.

Poco después del traslado de los expedientes, Suly Ponce Prieto, cediendo a la presión del público, presentó su renuncia como coordinadora regional del estado, pero fue rápidamente trasladada a un nuevo puesto como ministra del interior. El superior de Ponce, el procurador general de Chihuahua Arturo González Rascón, también dejó su puesto en enero de ese año en medio de continuas críticas del modo en que se habían manejado las investigaciones bajo su dirección. *El Diario de Juárez* reportó que González Rascón llevaba algún tiempo queriendo renunciar, pero que se había visto obligado a quedarse por cuenta del gobernador Martínez, quien, se dijo, había rehusado aceptar la renuncia del procurador general. Al igual que Ponce, a González Rascón también le dieron una promoción como Jefe del Consejo de Estado para Seguridad Pública; y Martínez nombró a Jesús Solís Silva para el cargo de procurador general.

Maurilio Fuentes Estrada, uno de los primeros empresarios de la localidad y presidente de Canacintra, agrupación comercial extendida por todo el estado, manifestó su indignación por esas promociones con que Martínez premiaba a funcionarios del gobierno que habían tenido un desempeño deficiente.

A pesar de los cambios habidos en la oficina del gobernador, los funcionarios seguían respaldando el caso contra los choferes de autobuses acusados de asesinar a las ocho mujeres que encontraron en el campo algodonero. Javier "Víctor" García y Gustavo González se encontraban ahora incomunicados en una penitenciaria estatal que se encontraba a unas doscientas millas de distancia de sus familias y abogados.

Al cabo de unos días de la toma de posesión del nuevo gobernador, los choferes fueron trasladados de El Cereso a la penitenciaría de la distante ciudad de Chihuahua, la capital del estado. Se cree que algunos miembros de la policía estatal habían orquestado el traslado que también coincidió con la renuncia de Oscar Maynez, jefe de los servicios forenses.

Sergio Dante Almaraz, el abogado de Víctor García, uno de los choferes, estaba enfurecido por el traslado de su cliente, que tildó de ilegal. En una entrevista en febrero del 2002, Almaraz expuso su preocupación de que el traslado afectaría negativamente su capacidad de preparar una sólida defensa a favor de su cliente— y se remitió a la Constitución mexicana que estipula que un proceso debe tener lugar donde el presunto delito fue cometido, porque es donde se encuentran los testigos y donde se han hallado las pruebas. La penitenciaría estatal se encontraba a cinco horas en auto de Ciudad Juárez a través de un terreno accidentado.

Almaraz ya le había pedido al tribunal que devolvieran el

caso a Ciudad Juárez, pero tenía poca fe en que le concedieran su petición.

"Las muestras de cabello encontradas en los vehículos no se corresponden con ninguna de las víctimas, la prueba de fluorescencia no encontró ninguna huella de sangre, y no hay absolutamente ninguna evidencia para probar que se cometió crimen alguno", dijo el abogado. "Eso ha exasperado a la fiscalía del distrito y, como resultado, la policía estatal ordenó llevarse a la fuerza, abrupta e ilegítimamente, a los dos detenidos a la cárcel de Chihuahua".

Había otro problema con el caso del Estado contra los choferes de autobuses: las pruebas que el Departamento de Transporte Público les hiciera no arrojaron ninguna evidencia para sugerir que habían usado marihuana o cocaína, descalificando así la hipótesis del Estado de que los choferes eran adictos, ingerían estupefacientes, se excitaban y salían a torturar y a matar muchachas.

Luego de esto, el secretario de transporte del estado fue suspendido. Algunos observadores sugirieron que el despido puede haber estado vinculado con los resultados negativos de las pruebas. Se preguntaban si, al igual que a Oscar Maynez, al secretario le habían pedido que falsificara los resultados y había rehusado. Cuando le preguntaron a Manuel Ortega, el subprocurador, fue incapaz de explicar por qué habían despedido al funcionario estatal. "Esa decisión no dependió de mí. Recayó directamente en otra persona, al igual que el despido del director de la penitenciaría", dijo en una entrevista con *Univision* en febrero de ese año.

Ortega también desestimó la afirmación del abogado de

que los choferes de autobuses habían sido trasladados a la penitenciaría estatal en un deliberado esfuerzo para impedir que les prepararan una sólida defensa, al poner 230 millas entre el abogado y su defendido, limitando así el tiempo que Almaraz podría pasar con su cliente. El subprocurador insistió en que, no importa dónde los hombres estuvieran encarcelados, en Juárez o en la ciudad de Chihuahua, recibirían un justo juicio por los cargos de los ocho homicidios.

Las autoridades sostenían que el traslado de los choferes de autobuses se debía a razones de seguridad. Ortega argumentó que su destacado relieve los convertía en blancos potenciales de agresión por parte de los reclusos de El Cereso, cuyo personal estaba ya sobrecargado por las condiciones de hacinamiento de esa cárcel. La instalación estatal podía ofrecerles a los hombres una mejor protección, añadió.

Los abogados defensores de los choferes no aceptaron el argumento respecto a la seguridad de los hombres. Sergio Dante Almaraz y Mario Escobedo Jr., el abogado del chofer Gustavo González Meza, habían acordado conseguir que la jurisdicción del proceso retornara a Juárez.

Desde el momento en que aceptaron representar a los sospechosos, ambos abogados habían recibido repetidas amenazas de muerte. Aunque con temores, ambos hombres estaban decididos a seguir adelante. En el tribunal habían presentado oficialmente más de cuarenta pruebas testimoniales, entre ellas las declaraciones del director de El Cereso, en las que se documentaban la tortura a que habían sido sometidos los reos, fotos de las heridas que presentaban los cuerpos de ambos hombres y las declaraciones de testigos que habían visto a los hombres en otros lugares a la hora en que supuestamente se habían cometido los crímenes. Ninguno de los abogados quería hablar con los medios de prensa sobre las pruebas que ellos habíar presentado. Sin embargo, Almaraz dijo que confiaba en que ellos habían proporcionado suficiente material para demostrar que sus clientes habían sido víctimas de un complot para incriminarlos por los ocho asesinatos.

Poco después de que se presentaran las pruebas de la defensa, un juez dictaminó que no podían presentarse más pruebas. Algunos observadores se preguntaron si el tribunal se estaba sintiendo incómodo con las pruebas que había presentado la defensa. Tal vez el juez creía que la defensa iba bien encaminada para lograr el éxito del caso.

Mario Escobedo Jr. era un hombre valiente. A principios de febrero del 2002, hizo público su intento de presentar una denuncia criminal contra los oficiales de la policía estatal por los presuntos cargos de secuestro y tortura de su cliente, Gustavo González Meza. El abogado había aceptado lo que percibía como un riesgo calculado al optar por enfrentarse directamente a la policía estatal. Su decisión terminaría por resultar fatal.

El 5 de febrero, Escobedo habló por teléfono con su colega Sergio Dante Almaraz. Durante la conversación, le confió que una persona anónima le había estado haciendo llamadas amenazantes a su teléfono celular y a la línea de su oficina. Escobedo le dijo que no reconocía la voz, pero sospechaba que era alguien de la policía del estado. Los agentes le habían estado insistiendo que abandonara la acusación criminal, pero ese día él había dicho claramente que se proponía seguir adelante de todas maneras.

Esa noche, el joven abogado, padre de dos hijas de siete y diez años, se dirigía a su casa desde el trabajo cuando notó que era seguido por un vehículo deportivo. Preocupado, Escobedo llamó inmediatamente a su padre por su teléfono celular pidiéndole ayuda.

—Papá, me vienen siguiendo —le dijo el abogado a Mario César Escobedo Sr. quien, como abogado que había estado ayudando a su hijo en la defensa de González, revelaría posteriormente que él también había sido objeto de amenazas de muerte.

En efecto, el padre y el hijo habían estado considerando la idea de abandonar completamente este caso tan sonado. Las amenazas aumentaban y se estaba haciendo evidente que eran en serio. Mientras que Escobedo padre estaba a favor de ceder, su hijo se había mantenido indeciso. Convencido de la inocencia de su cliente, al joven Escobedo lo atormentaba la idea de dejar que se consumara una injusticia. No obstante, debía tener en cuenta a su familia.

—Es una coincidencia —le aseguró Escobedo Sr. a su hijo durante la llamada telefónica de esa noche—. No te preocupes.

—¡No, papá, no cuelgues! ¡Me están siguiendo! ¡Papá, me están siguiendo!

Presa del pánico, el señor Escobedo mantuvo el teléfono celular junto al oído mientras corría hacia su camioneta.

—Ya voy. Estaré allí contigo —le aseguró a su hijo—. Descríbeme los vehículos.

—Es un Grand Cherokee, papá, cubierto de lodo ¡Apúrate!

—Voy de camino, hijo. Mantén la calma. ¡Manténte sereno!

—Papá, apúrate, están sacando sus armas.

En ese momento, Mario Escobedo Sr. escuchó los disparos, un chirrido de gomas y un choque.

—Hijo, respóndeme. ¡Respóndeme! —gritaba por el teléfono. No hubo respuesta.

En una entrevista con *Univision*, el viejo Escobedo recordaba cómo lloraba mientras corría hacia el hospital local, sólo para enterarse de que su hijo estaba muerto.

"Aún no sabía entonces que los verdugos de mi hijo eran los agentes y el comandante de la policía judicial del estado", dijo. "Creía que era un grupo de ladrones, de asesinos que ya nos habían amenazado de muerte por emprender la defensa de Gustavo González Meza".

A la mañana siguiente, Escobedo supo que en verdad su hijo había sido muerto a tiros por miembros de la policía estatal. Ellos sostenían que había sido un caso de error de identidad y que nunca habían intentado hacerle al abogado ningún daño. Los funcionarios explicaron que los agentes creyeron que estaban persiguiendo a un presunto narcotraficante que respondía al sobrenombre de "El Venado".

Un funcionario de la policía estatal dijo a *El Diario de Juárez*, un periódico local de la ciudad, que sus agentes habían abierto fuego contra Escobedo luego de que éste rehusó detenerse. Luego añadió que el abogado comenzó a disparar contra los agentes cuando éstos se acercaron al vehículo. Las fotos de la escena del crimen mostraban que la furgoneta Chevy de Escobedo tenía por lo menos diez impactos de bala. Más tarde se dijo que los agentes que le dispararon al abogado esa noche estaban al parecer bajo la dirección del comandante que había supervisado la detención de los dos choferes de autobuses que se encontraban presos.

El subprocurador de Chihuahua, Manuel Ortega, insistió en que Escobedo Jr. tenía la culpa y que era el abogado quien le había disparado a los agentes cuando le dijeron que saliera del vehículo.

"En lugar de hacer lo que le dijeron, el chofer sacó un arma de fuego, que su padre anteriormente le había dado y disparó contra los agentes de la policía", dijo Ortega en una entrevista con *Univision*. "Él dispara, los agentes de la policía disparan a su vez... después de eso él se escapa y dispara de nuevo, y los agentes de la policía le devuelven el fuego".

El padre del abogado muerto señaló de inmediato que los agentes conducían un vehículo sin identificación oficial, y que tampoco se identificaron como la policía estatal, y estaban persiguiendo a su hijo a las diez de la noche. Además, el Jeep en que estaban no era un vehículo oficial de la policía estatal sino un vehículo particular registrado a nombre de Roberto Alejandro Castro Valles, uno de los comandantes del departamento.

Castro fue exonerado posteriormente de cualquier fechoría por un juez y según informes de la prensa, dejó la policía judicial del estado para ocupar un puesto en el gobierno federal como agente de seguridad del ministerio anticorrupción[3] en Ciudad México. "Hay muchas incongruencias en esta historia", dijo Escobedo padre. "Los agentes iban detrás del vehículo de un abogado en una persecución de alta velocidad, y el abogado, al mismo tiempo, también le estaba hablando a su padre por su celular. Ahora, ¿cómo es posible que alguien pueda *estar conduciendo* a toda velocidad, *hablando* por su celular, y *disparando* con un arma al mismo tiempo? ¿Con qué manos? ¿Con qué mano dispara? ¿En qué momento?"

En una entrevista con *Univision*, Ortega mostró cómo él creía que el abogado asesinado se las había arreglado para conducir su vehículo con una mano en el volante y mantener el teléfono celular contra la cara con el hombro mientras les disparaba a los agentes con la mano libre. No obstante, su explicación y la simultánea demostración ante las cámaras resultaron muy poco convincentes.

Unas fotografías tomadas por el periódico local *El Norte* sugerían que los miembros del departamento de la policía estatal pudieron haber alterado las pruebas después del accidente a fin de substanciar que habían disparado en defensa propia.

No había agujeros de bala en el Jeep Grand Cherokee sin identificación que conducían los agentes cuando el fotógrafo de *El Norte* tomó varias fotos del vehículo en la escena del crimen. Pero cuando el mismo fotógrafo tomó otras fotos del Jeep mientras estaba estacionado frente a la procuraduría general, había un agujero de bala en la defensa delantera y lodo

3. Comisión Intersecretarial para la Transparencia y el Combate de la Corrupción (CITCC)

fresco en las gomas. *El Norte* sostuvo que alguien del departamento de la policía del estado había llevado el Jeep a otro sitio y le había hecho un disparo a la defensa para que pareciera que Escobedo Jr. le había disparado a la policía.

"El vehículo tenía lodo fresco en las gomas y un impacto, un orificio provocado por un arma de fuego en el lado izquierdo de la defensa delantera", dijo Escobedo Sr. al tiempo de mostrar las dos series de fotos a *Univision.* "Para entonces el lodo ya se había secado, excepto por el lado donde estaba el agujero. Había, incluso, un goteo de agua en ese lado del faro delantero".

Al día siguiente, la Procuraduría General del Estado de Chihuahua emitió un comunicado de prensa en el que decía que la causa de la muerte de Escobedo era una lesión cerebral sufrida como resultado de un accidente automovilístico que ocurrió cuando el abogado huía de los agentes de la policía estatal. Sin embargo, otro periódico de la ciudad, *El Diario de Juárez*, reportó un resultado diferente. Citando el informe oficial de la autopsia, el periódico describió la muerte del abogado como resultado de "una herida de bala en la cabeza".

Hubo además otras incongruencias en el incidente. En los días que siguieron a la muerte del abogado, las autoridades sostuvieron que una prueba de radiosonato de sodio practicada en el lugar corroboraba que Escobedo había disparado un arma de fuego. Los resultados de esa prueba parecían respaldar la opinión de la policía de que el abogado les había disparado a los agentes esa noche. Pero en una entrevista con *Univision* que tuvo lugar en ese mismo mes de febrero, Escobedo padre enseñó documentos oficiales del estado que mostraban que la prueba de radiosonato de sodio había dado resultados negativos, es decir, que no había residuos de pólvora, lo cual significaba que su hijo no había disparado un arma esa noche.

El afligido padre dijo que también había localizado a un testigo que estaba dispuesto a declarar que uno de los agentes de la policía que tomó parte en la persecución a alta velocidad había salido del Grand Cherokee esa noche y le había disparado a su hijo mientras estaba sentado en la furgoneta —después que ya ésta había chocado.

Para confirmar el relato del testigo, el abogado había contratado a un experto en reconstrucción de accidentes para que inspeccionara la furgoneta de su hijo. El experto y varios otros abogados examinaron el vehículo el 19 de febrero y, según los informes de la prensa, el equipo llegó a la conclusión de que varios de los disparos habían alcanzado áreas de la furgoneta de Escobedo que sólo habían quedado expuestas después que había chocado esa noche. El resultado sugería que la policía había hecho varios disparos adicionales al vehículo después que éste chocó.

Dos semanas antes de la muerte del abogado, el equipo legal de padre e hijo se había sentado en el bufete que ambos compartían, en un momento de descanso. Con los pies puestos sobre su escritorio, el joven Escobedo le había preguntado a su padre: "Compa, ¿qué crees de la defensa de La Foca?" refiriéndose a su cliente, el chofer Gustavo González Meza, que respondía a ese apodo.

Recordando la conversación, Escobedo padre contó que le había dicho a su hijo, "*Mijo*, para decirte la verdad, yo no quiero seguir con el caso. Tengo el presentimiento de que algo malo nos va a pasar".

Pero el hijo quería seguir adelante. "No tenga miedo, jefe", le dijo a su padre. "Pero le voy a decir una cosa. Si usted no quiere, yo lo voy a seguir".

Docenas de activistas comunitarios y otras personas asistieron a la conferencia de prensa que convocó Escobedo Sr. después de la muerte de su hijo para denunciar las afirmaciones de la policía acerca de los acontecimientos en torno a la balacera. Algunos miembros de la comunidad gritaban "¡Asesinos! ¡Asesinos!" y "¡Justicia! ¡Justicia!" Otros llevaban gigantescas pancartas que decían: "No hay justicia en Ciudad Juárez".

A muchos de los vecinos de la ciudad les resultaba difícil creer que agentes del estado hubieran tiroteado y dado muerte a un abogado en un caso de error de identidad. Además, el joven abogado no era ningún extraño para estos hombres. De hecho, él visitaba con bastante regularidad la procuraduría y el tribunal y conocía a muchos de los agentes por su nombre. Era difícil creer que pudieran haberlo confundido con un delincuente. ¿Había sido el abogado deliberadamente silenciado por la policía? Algunas de las personas que asistieron a la conferencia de prensa de Escobedo sabían de otros en el caso, que se decía también habían sido silenciados.

De hecho, miembros del equipo de *Univision* afirman que fueron seguidos mientras estuvieron en Juárez y sostienen haber recibido llamadas telefónicas sospechosas. Una noche tarde, en una de las habitaciones de su hotel en esa ciudad, recibieron una llamada de alguien que no se identificó. El que llamaba no habló, pero jadeaba en el receptor. Luego de verificar con el personal de la recepción, supieron que el hotel tenía la costumbre de no dejar pasar llamadas directas del exterior después de las 11:00 P.M., lo cual era un indicio de que el que llamaba esa noche tarde lo estaba haciendo desde dentro del hotel. Aun más alarmante era que esta persona hubiera obtenido información sobre las habitaciones del equipo en el hotel, y hubiera podido incluso, haber espiado el contenido de las entrevistas que le habían hecho al abogado Dante Almaraz y a Miriam García ese mismo día.

En medio de las exigencias de que se hiciera una investigación completa de la muerte del abogado, las autoridades anunciaron la suspensión de varios de los agentes de la policía judicial implicados en la persecución, no obstante, con sueldo. Pero no se presentarían cargos contra ninguno de los policías que participaron. Un juez dictaminaría en junio del 2002 que los agentes habían matado al abogado en "defensa propia".

La muerte de Escobedo había alarmado a su colega, Sergio Dante Almaraz, el abogado defensor del chofer de autobús Víctor García. La decisión de Dante Almaraz de seguir con el caso le creó una crisis dentro de su familia; sus dos hijos, ambos abogados, cuestionaron la decisión de su padre de situarse deliberadamente en una situación de peligro.

"Mis hijos me pidieron que reflexionara sobre lo que estaba haciendo", dijo Dante Almaraz en una entrevista con *Univision* ese mismo mes de febrero. "Me dicen: 'Papá, estás arriesgando tu vida, y por estar contigo, estás arriesgando nuestras vidas también'. Eso me hace reflexionar pero luego mi sentido de la ética y mi dignidad personal me hacen reaccionar debidamente. Pienso para mis adentros, '¿para qué demonios estudié derecho? Quería remediar la injusticia, quería luchar con todas mis fuerzas contra la injusticia. Es entonces cuando me mantengo firme y sigo adelante.

"Reconozco que México es un gran violador de los derechos humanos", prosiguió el abogado. "En México no hemos tenido éxito en establecer alguna especie de criterios que protejan la dignidad de las personas que están detenidas por las autoridades. No hemos establecido una serie de reglas para proteger los derechos humanos de los detenidos.

"Hasta los delincuentes tienen derecho a un juicio justo. Y la justicia dicta que debe haber una orden de arresto emitida por un juez competente y que debe avisárseles a las familias de los que se arrestan e informáseles de su paradero. De otro modo, es el equivalente a un secuestro. ¿No es cierto?

"No basta atrapar a un par de tipos y sacarlos a la fuerza de sus casas, golpearlos durante cinco o seis horas, quemarles sus genitales con una picana eléctrica y hacerles confesar hasta los asesinatos de [el héroe de la revolución mexicana Emiliano] Zapata o Pancho Villa. ¡Tienes que tener pruebas!", exigió el abogado. "¡Tienes que tener evidencias!".

Parecía que cualquiera que intentara llegar al fondo de los crímenes era amenazado, despedido, obligado a renunciar o muerto.

El abogado asesinado no fue el único en ser confrontado por las autoridades. La popular locutora de un programa radial también fue despedida en febrero del 2002, el mismo mes en que murió Escobedo. La locutora, Samira Izaguirre, de Radio Cañón, resultó más afortunada, sobrevivió.

El incidente ocurrió después que Izaguirre y varios miembros de su emisora enojaron a algunos funcionarios con sus críticas públicas de la investigación de los asesinatos en el campo algodonero. La locutora les había proporcionado un foro abierto a los familiares de los choferes de autobuses acusados de los asesinatos, así como a otras mujeres de la comunidad para que hablaran en contra de los arrestos.

Casi inmediatamente después de que se transmitió el programa, comenzaron a aparecer anuncios en los periódicos locales sugiriendo que Izaguirre era dueña de un bar y cliente fija de los clubes de bailarines nudistas; un anuncio la relacionaba románticamente con uno de los choferes presos. Siguiendo la noticia, algunos medios de prensa tanto en Ciudad Juárez como en El Paso publicaron artículos en los que acusaban al gobierno de poner los anuncios, citando como prueba recibos de pago que habían sido firmados por un empleado del gobierno.

No pasó mucho tiempo antes de que la locutora radial pasara a formar parte de la lista de las personas que recibían amenazas de muerte en llamadas telefónicas anónimas. En una entrevista, Izaguirre dijo que la situación se hizo tan aterradora que se vio obligada a reubicarse al otro lado de la frontera, en El Paso. Aunque atemorizada, también se sentía furiosa por lo que describía como "el peor caso de acoso policial contra periodistas que jamás haya habido en Ciudad Juárez". La locutora sostenía que funcionarios locales y estatales habían presionado a los anunciantes para que boicotearan el programa. Subsecuentemente, y con el pretexto de un descenso en los ingresos, la estación de radio lo canceló.

"La presión fue tal que lograron sacarnos", dijo ella en una entrevista con *Univision* esa primavera. "Sentí tal impotencia; no sólo mi libertad de expresión había sido cercenada y finalmente silenciada, sino que a nivel nacional proclamamos que México tiene una auténtica falta de libertad de expresión, y como resultado de permitir que la gente se exprese, ahora estoy sin empleo.

"Mi familia temía por mi vida", prosiguió Izaguirre. "Y yo misma temía también, por mi vida y por mi seguridad personal. Mira lo que le sucedió al abogado defensor Escobedo. Lo mató la policía estatal, y después que lo mataron, hicieron la declaración: 'Sí, lo matamos, pero lo matamos ¡porque estaba disfrazado como un asesino!' "

Además de ir a una huelga de hambre, Samira Izaguirre contribuyó de manera decisiva a la organización de una vigilia con velas que tuvo lugar a principios de diciembre en memoria de las ocho víctimas descubiertas en el campo algodonero. Cuando todavía tenía su programa radial, *Calibre 800*, hizo una petición de 10.000 velas para el evento. Es digno de mencionar que a su petición respondieron con casi el triple de ese número: 27.000 velas iluminaron aquel terreno estéril como una alfombra de luces. Ocho grandes cruces rosadas se levantaron esa noche con los nombres de las ocho muchachas cuyos cadáveres se encontraron allí.

Los dolientes se mantuvieron de pie en silencio mientras las madres de las jóvenes muertas colocaban ramos de flores plásticas al pie de las cruces, que tenían inscripciones en letras negras. Con gran cuidado, una familia había trazado la forma de un cuerpo humano con los arreglos florales para recordar a su hija muerta.

"Fue una manera de mostrar a las madres y a las familias de las víctimas que la comunidad siente su pérdida", dijo Izaguirre refiriéndose a la vigilia. "Fue una manera de decirles: 'Estamos con ustedes' ".

El evento, que atrajo enorme atención de la prensa local y nacional, culminó con un desfile de los manifestantes, Izaguirre entre ellos, llevando una enorme cruz de acero desde el campo algodonero hasta el edificio donde se encuentran las oficinas de la procuraduría general del estado y la policía estatal. Allí los dolientes plantaron el símbolo gigantesco para que todos lo vieran, un mensaje conmovedor para que los funcionarios del estado no se olvidaran de las víctimas.

Una vez en El Paso, Izaguirre se unió a los manifestantes y a algunos legisladores de Texas en una protesta binacional, que tuvo lugar el 9 de marzo del 2002, para exigir justicia por las mujeres asesinadas en la ciudad hermana de Juárez.

La gente se sorprendió esa tarde cuando un funcionario federal de Ciudad de México, el subprocurador general Jorge Campos Murillo, apareció ante los reporteros y denunció que algunos de los asesinatos eran obra de una agrupación llamada Juniors, hijos de familias mexicanas ricas cuya influencia y poder eran tales que las autoridades se estaban haciendo de la vista gorda respecto a su culpabilidad en los crímenes.

La acusación de Campos era asombrosa. Pero al igual que muchas otras pistas en el caso, no llevó a ninguna parte. En una movida temeraria, Campos se puso en contacto con funcionarios del consulado mexicano en El Paso para solicitar ayuda del FBI. Poco después, lo transfirieron a otro departamento.

Luego del traslado, Campos rehusó responder a preguntas de la prensa.

Campos no fue el único funcionario federal en hacer acusaciones. Otros oficiales de los cuerpos policíacos federales dijeron que seis personas, todos ellos prominentes hombres de la región Juárez-El Paso y de la ciudad fronteriza de Tijuana, habían planeado secuestros de mujeres mexicanas, a quienes habían obligado a participar en orgías y a quienes luego habían asesinado, según un artículo que apareciera publicado en *El Paso Times*. El periódico sostenía que los sospechosos eran hombres que cruzaban regularmente la frontera, participaban en grandes empresas, estaban asociados con los carteles de la droga y tenían nexos con políticos en el gobierno del presidente Vicente Fox.

En respuesta a las acusaciones, una portavoz de la procuraduría general federal, Gabriela López, declaró a los periódicos: "Estos casos no caen bajo la jurisdicción [federal]... la procuraduría general del estado de Chihuahua se ocupa de los casos".

En el 2002, algunos funcionarios del estado de Chihuahua reconocieron que estaban investigando a "un sospechoso de gran notoriedad" a quien no identificarían porque la información era parte de "una investigación pendiente".

En septiembre de ese año, miembros de la comunidad empresarial de Juárez se insubordinaron por la erección de una gigantesca cruz de madera, para llamar la atención sobre los asesinatos no resueltos, que se había colocado en la zona del centro, en el lado mexicano de la frontera, justo sobre el puente de Santa Fe. En una carta dirigida al comandante Jesús Delgado del departamento de la policía de Juárez, miembros de la Asociación de Dueños de Negocios y Profesionales de la Avenida Juárez, una importante calle comercial, expresaban su descontento con el mensaje que transmitía el enorme símbolo, al que llamaban "una imagen horrible para el turismo".

En tanto algunos funcionarios respondían a esta queja, los residentes de la ciudad se enteraron que habían encontrado otros dos cadáveres. Los primeros informes afirmaban que una de las víctimas, Erica Pérez, una mujer de veintiséis años y madre de dos hijos, cuyo cuerpo semidesnudo fue descubierto en un terreno baldío el 23 de septiembre, había sido violada y estrangulada. Algunos familiares de la joven obrera desempleada dijeron que Pérez había desaparecido el día en que había salido en busca de empleo.

La segunda víctima, sostenían los funcionarios, era una mujer no identificada cuyos restos óseos se encontraron detrás de una planta maquiladora ese mismo día.

En un giro insólito, el entonces procurador general Jesús José Solís Silva revisó rápidamente la información dada a conocer sobre las circunstancias de la muerte de Pérez, insistiendo en que la muchacha había muerto de una sobredosis de drogas, no por estrangulación como se había dicho al principio. Un investigador especial cuestionó el nuevo resultado. Sin embargo, permitió que los funcionarios quitaran el nombre de Pérez de la lista oficial de asesinatos.

Posteriormente, los legisladores estatales se vieron duramente criticados por "minimizar" el índice de asesinatos en Ciudad Juárez al omitir la causa de muerte de los informes oficiales y fabricar información para cerrar los casos. Además, por primera vez en la historia de la ciudad, las familias de las víctimas y las familias de los supuestos asesinos se unían para exigir una investigación oficial del manejo de la investigación de los asesinatos del campo algodonero. Ninguna de las partes creía que los choferes eran autores de los asesinatos y ambas se pronunciaban contra las autoridades.

En el otoño del 2002, hasta la activista Esther Chávez estaba dando muestras de creciente fatiga. Para entonces, ella había cambiado su objetivo y ya no dirigía manifestaciones de protesta ni luchaba tan agresivamente por las mujeres muertas de Juárez. En lugar de eso, se esforzaba porque Casa Amiga, su centro para mujeres pobres y maltratadas, se mantuviera abierto y a flote. Al igual que muchas organizaciones sin fines de lucro, a Casa Amiga se le estaban terminando los fondos del gobierno y se enfrentaba con la posibilidad de tener que cerrar sus puertas. A fines del 2001, la financiación del centro se suspendió luego que el alcalde de Juárez, Gustavo Elizondo, del PAN, perdió el control de la ciudad. Las elecciones locales terminaron por anularse y los funcionarios del estado nombraron a un alcalde interino del PRI. Chávez estaba preocupada preguntándose si Casa Amiga podría sobrevivir tan sólo de donaciones.

En febrero del 2002, dos políticos locales convinieron en aplazar cualquier decisión de contribuir al financiamiento del centro de crisis, y una subsecuente revisión de dos organismos locales determinó que Casa Amiga recibía demasiado dinero de la municipalidad.

Si bien un concejal del PAN habló a favor de Chávez y de

la importancia de su trabajo para las mujeres de la ciudad, otros expresaron el deseo de reducir el apoyo económico que le brindaban.

No obstante, Chávez permaneció activa, siguió recogiendo y registrando datos sobre las muchachas asesinadas y abogando porque se le hiciera justicia a las familias. Su batalla más reciente era por una propuesta ley estatal en Chihuahua, que reduciría la sentencia por violación de cuatro años, un año, si un hombre podía probar que una mujer lo había provocado.

La propuesta de ley, argumentaba Chávez, —muestra la raíz del problema detrás de los asesinatos de Ciudad Juárez: —que en una sociedad donde los hombres no pueden ser acusados de violar a sus esposas y donde el abuso doméstico rara vez se juzga, las autoridades simplemente no toman la violencia doméstica contra las mujeres con suficiente seriedad.

Varios políticos de Juárez reanudaron sus llamados para que el procurador general de Chihuahua, Jesús José Solís Silva, renunciara a su cargo luego que intentara minimizar la relevancia de los crímenes contra las mujeres en esa localidad. Él insistía en que los activistas locales y otros que habían venido a México procedentes de Estados Unidos para abogar a favor de las víctimas y sus familias "estaban exagerando desproporcionadamente los crímenes".

El clima político empeoró aun más cuando las autoridades anunciaron que los resultados del ADN en los ocho cadáveres encontrados en el campo algodonero en noviembre del año anterior no coincidían con el de siete de las presuntas víctimas. Los resultados suscitaban nuevos interrogantes acerca de las mujeres que habían tirado o enterrado en el terreno cubierto de hierba. La revelación estremeció a la ciudad y suscitó interrogantes respecto al caso contra los dos choferes de autobuses que mantenían presos por los asesinatos.

Según los resultados de las pruebas, dadas a conocer por la procuraduría general a fines de octubre, sólo el ADN de la familia de Verónica Martínez Hernández coincidía con el ADN de uno de los cadáveres que hallaron en el terreno abandonado.

Además de provocar la incertidumbre de los familiares de las otras siete mujeres, que ya habían sepultado los cadáveres que les habían entregado las autoridades, los resultados negativos de las pruebas contradecían también el caso del Estado contra Gustavo González Meza y Víctor García Uribe, quienes supuestamente habían nombrado a las mujeres durante sus confesiones. Los nuevos acontecimientos venían a respaldar la afirmación de los hombres de que habían sido torturados para que reconocieran su culpabilidad en los crímenes.

Resultaba aun más perturbador que las autoridades estuvieran ahora pidiéndoles a los miembros de dos familias, los de Esmeralda Herrera Monreal y los de Claudia Ivette González, "datos" adicionales para llevar a cabo más estudios forenses a la luz de los resultados "inconclusos" en ambos casos. En una entrevista con un periódico local de Juárez, Mayela González, hermana de Claudia Ivette, dijo que si bien la familia estaba "molesta" por los sucesos recientes, aún creía que el cadáver que les habían entregado era, en efecto, el de Claudia Ivette. Mayela hizo notar que el trabajo dental y otras características físicas, incluyendo el color del pelo, las presillas de la cola de caballo y una curvatura en el hueso de uno de los dedos de la mano, les llevaron a creer que el cadáver que habían enterrado en noviembre pasado era, ciertamente, el de su hermana.

Pero otros se quedaron con dudas y solicitaron de las autoridades federales que llegaran al fondo de lo que muchos veían como el resultado de encubrimientos y conspiraciones en la ciudad fronteriza.

Los funcionarios no ofrecieron ninguna explicación por la debacle del ADN ni por continuar manteniendo en prisión a los dos hombres que supuestamente habían confesado el asesinato de unas mujeres cuyos cadáveres ni siquiera estaban entre los que se habían hallado en la escena del crimen. Lo que resultaba claro era que la advertencia que Oscar Maynez hiciera al principio ahora venía a cumplirse: el caso contra los choferes de autobuses no se sostenía. No obstante, las autoridades seguían respaldando esa teoría fallida.

CAPÍTULO DOCE

Impera la impunidad

Yo reconozco que México es un gran país violador de los derechos humanos

SERGIO DANTE ALMARAZ,
ABOGADO DEL CHOFER DE AUTOBÚS VÍCTOR GARCÍA

DOS HECHOS SIGNIFICATIVOS en la historia de estos casos ocurrieron en febrero del 2003 cuando la abogada de Sharif Sharif apeló su sentencia en el caso de Elizabeth Castro, y cuando a uno de los choferes de autobuses, Gustavo González Mesa, vinculado con los ocho cadáveres del campo algodonero, lo encontraron muerto en su celda de la prisión.

Irene Blanco, la abogada de Sharif Sharif, había obtenido el derecho a apelar citando problemas con la evidencia presentada en el fallo condenatorio del tribunal ordinario. Pero la apelación del egipcio concluyó con un fallo en su contra y el asesino convicto fue devuelto a la cárcel. "¡Soy inocente!", había gritado Sharif cuando el juez ratificó la sentencia. "Tengo miedo. No sé qué va a ser de mí". Sharif Sharif, no obstante, sí ganó una pequeña victoria cuando el juez que presidía el tribunal de apelaciones convino en rebajarle diez años de su sentencia, reduciéndola de treinta a veinte años por un solo cargo de asesinato. Tanto la defensa como la fiscalía prometieron apelar el dictamen del juez. Además, los fiscales sugirieron que aún quedaban pendientes cargos adicionales por asesinato contra Sharif.

Mientras tanto, a González lo encontraron muerto en su celda de la prisión de máxima seguridad de la Ciudad de Chihuahua el 8 de febrero, dejando atrás una mujer, tres hijos pequeños y una bebita que había nacido después de su arresto. Si bien las autoridades declararon oficialmente que la causa de su muerte había sido una "coagulación vascular diseminada" o un ataque cardíaco como resultado de un coágulo de sangre que se le presentó luego de una operación de hernia, algunos órganos noticiosos catalogaron su muerte de "sospechosa".

El abogado Dante Almaraz y algunos miembros de la familia González, entre ellos su viuda de veinte y tres años, Blanca Guadalupe López de González, plantearon algunos interrogantes, como por ejemplo, quién había ordenado la cirugía a la que lo habían sometido. Los familiares sostenían que no le habían avisado a nadie antes de la operación, ni que ellos habían autorizado que González fuera trasladado de la prisión al hospital donde supuestamente tuvo lugar la operación. Además, parecía raro que al chofer de autobús lo hubieran dejado solo en su celda luego de una cirugía mayor, aunque en una entrevista con *Univision*, Blanca González dijo que había hablado con su marido después de la cirugía y que le había dicho, "Me operaron. Ya salí. Estoy bien".

Blanca prometió mover "mar y tierra" para conseguir que

le practicaran una segunda autopsia al cadáver de su marido y así exonerar su nombre. "Esto es cruel", dijo en declaraciones al periódico *El Norte*. "No creemos en la versión oficial de los hechos. Fue suficiente que se lo llevaran secuestrado de su casa, que lo encarcelaran arbitrariamente y que lo siguieran torturando hasta lesionarlo para que luego las autoridades decidieran acabar con su vida". Sin embargo, las autoridades aún seguían respaldando el certificado oficial del médico forense que dictaminó que la muerte se había producido por causas naturales.

En una entrevista, después de la muerte de González, conocido como La Foca, Sergio Dante Almaraz, el abogado que representaba al chofer de autobús sobreviviente, afirmó que los funcionarios del estado "están eliminándonos uno a uno" y se refirió a la sospechosa muerte a tiros de su colega, el criminalista Mario Escobedo Jr., a manos de agentes de la policía estatal en febrero de ese año.

Un administrador con íntimo conocimiento de los resultados de la autopsia reveló que las autoridades habían cambiado tres veces la causa "oficial" de la muerte que aparecía en el certificado de defunción del reo antes de convenir en una definición. El funcionario también afirmó que las autoridades estuvieron buscando a alguien en el departamento que estuviera dispuesto a firmar el documento; hubo un momento en que parecía que el certificado de defunción se iba a expedir sin una firma oficial.

Miriam García, la esposa del chofer de autobús Víctor García, el presunto cómplice del muerto, insistía a todas estas en que la muerte de González no era un accidente. García afirmaba que dos agentes de la policía estatal habían irrumpido en su casa varios días antes de la muerte de González y la habían amenazado de muerte. Agregó que los hombres le dijeron que la estaban siguiendo y que la matarían si asistía a una manifestación programada para ese viernes en la que Eve Ensler, la autora de *Los monólogos de la vagina*, iba a hablarles a los asistentes acerca de la violencia contra las mujeres de la ciudad. Durante la visita de esos hombres, sostuvo García, le advirtieron que la matarían, así como a su marido encarcelado y también a Gustavo González, si se atrevía a presentarse en la manifestación.

No era la primera vez que los miembros de la familia del chofer de autobús eran blanco de amenazas. Desde que la policía detuvo a los dos choferes, los miembros de ambas familias afirmaban que habían sido acosados y amenazados. Miriam decía que el día en que el abogado Mario Escobedo Jr. fue muerto a tiros por agentes de la policía estatal, había recibido una llamada amenazante de alguien que le aseguró que ella también moriría si continuaba hablando.

Amnistía Internacional confirmó que había recibido varias denuncias de que personas desconocidas estaban vigilando las viviendas de los familiares de los presos, aun después de que la Comisión Interamericana de Derechos Humanos (IACHR, sigla en inglés), organización con sede en Washington, D.C., y el brazo de la Organización de Estados Americanos en lo que a derechos humanos respecta, expidiera medidas de protección en el 2002 a favor de Miriam García y Blanca Guadalupe López (las esposas de los choferes de autobuses) y del abogado Sergio Dante Almaraz. Además, la comisión también había expedido "medidas de precaución... a favor de Esther Chávez, defensora de los derechos humanos que había estado profundamente comprometida en la búsqueda de justicia para estos crímenes, y quien había recibido una serie de amenazas en evidente conexión con ese trabajo". Luego de la muerte de Gustavo González en su celda el 8 de febrero del 2003, "en circunstancias que siguen sujetas a investigación", la IACHR extendió la protección para incluir a Víctor García, que aún seguía encarcelado en la prisión estatal.

La IACHR había recibido una solicitud formal a fines del 2001 firmada por cientos de organizaciones e individuos que le pedían a la comisión que un relator especial visitara México para examinar la situación. Señalando que más de doscientas mujeres habían sido asesinadas en el estado de Chihuahua desde 1993, los firmantes sugerían que la ineficacia por parte de los organismos encargados de aplicar la ley eran responsables de los continuos asesinatos.

La visita de tres días comenzó en Ciudad Juárez el 11 de febrero, continuó con reuniones en Ciudad de México el día 12 y concluyó con una conferencia de prensa el 13 de febrero del 2002. Durante su visita, la relatora especial, Dra. Marta Altolaguirre, se reunió con cerca de dos docenas de prominentes autoridades federales y se entrevistó con funcionarios del estado de Chihuahua y de Ciudad Juárez, que presentaron información sobre las muertes de 268 mujeres y niñas desde 1993.

Entre las personas entrevistadas se encontraba Suly Ponce, coordinadora en ese momento de la Zona Norte, y Zulema Bolívar, fiscal especial para la investigación de los asesinatos de mujeres. También se solicitó la información y el testimonio de los familiares de las víctimas y de representantes de organizaciones no gubernamentales de derechos humanos y de otros representantes tanto en el plano local como nacional. La activista pionera Esther Chávez estuvo entre los entrevistados.

En su informe de 24 páginas, la Dra. Altolaguirre hacía notar que las tasas de homicidios de mujeres habían "experimentado un ascenso inusitado en Ciudad Juárez en 1993" y que [ese índice] se mantenía elevado desde esa época. Sugería también que la tasa de homicidios de mujeres en comparación con la de hombres "era significativamente más alta que en otras ciudades de situación semejante" y que las "brutales circunstancias" de los asesinatos y el "posible carácter de homicidios en serie" habían concentrado la atención en la situación actual.

El informe hacía notar que, a partir de la información proporcionada por las personas entrevistadas, la raíz de la violencia estaba "integralmente relacionada a una situación más amplia de violencia con una orientación de género que incluía desapariciones, otros delitos sexuales y violencia doméstica".

Entre las deficiencias advertidas estaba la imposibilidad de las víctimas o de sus familias de obtener "acceso inmediato a protección y garantías judiciales efectivas" y un común denominador en la mayoría de los casos era la "discriminación histórica debido al género".

La falta de una respuesta efectiva se deriva y se nutre de la percepción de que la violencia contra las mujeres, y más claramente la violencia doméstica, no es un delito grave", escribió la Dra. Altolaguirre. "La carencia de una respuesta oficial efectiva es parte integrante de la discriminación".

La Dra. Altolaguirre sugería que "la carencia de información básica" de parte de las autoridades ha conducido a "una profunda falta de confianza" de los familiares de muchachas desaparecidas o asesinadas, así como de toda la comunidad.

"Los miembros de la familia en estos y otros casos reportaron haber recibido información incompatible y confusa de las autoridades, y haber sido tratados irrespetuosa o agresivamente cuando procuraban informarse sobre el curso de las investigaciones".

El informe citaba un caso en el que a un miembro de una familia presuntamente le habían negado la posibilidad de ver los restos [de su ser querido] "por su propia protección" y otros casos en que los restos "aún no se los habían entregado a las presuntas familias".

Además, notaba que ciertas familias "expresaron serias dudas respecto a si habían encontrado realmente el cadáver de su ser querido o si podrían mantener la esperanza de que la persona reportada como desaparecida seguía con vida".

En el caso de los homicidios del campo algodonero, el informe explicaba que si bien habían ordenado practicar las pruebas de ADN, habían pasado meses sin "ninguna respuesta". "El 2 de octubre del 2002, las autoridades de la PGJE [la procuraduría del estado] le informaron a la comisión que los resultados de estas pruebas no se habían recibido todavía".

Mientras las autoridades resaltaban la detención de los choferes de autobuses Gustavo González Meza y Javier "Víctor" García Uribe en conexión con estos crímenes como una prueba de su "pronta respuesta", el informe señalaba que "numerosos individuos, entre ellos algunos funcionarios estatales mexicanos" habían expresado sus inquietudes respecto a las denuncias de "que estos detenidos habían sido torturados para extraerles confesiones".

De hecho, la Dra. Altolaguirre había recibido "dos juegos diferentes de certificados médicos" durante su visita para documentar las lesiones de los sospechosos cuando ya estaban detenidos.

"El primero, enviado por la PGJE fue preparado por el Departamento de Medicina Legal el 11 de noviembre del 2001, a las 02:40 y 02:45 horas, respectivamente, decía el informe. "El certificado relativo a González no indica ningún signo de violencia externa, mientras que el que se refiere a García indica la existencia de pequeñas zonas de equimosis [contusiones] en el brazo izquierdo que sanarían en menos de 15 días.

"La otra serie de certificados, preparada por la unidad médica del centro de detención a las 21:00 horas del 11 de noviembre del 2001, daba fe en el caso de González de "múltiples quemaduras en los genitales y zonas de equimosis en el área del tórax y edema.

"En el caso de García, se refiere "a múltiples quemaduras de primer grado en los genitales y... marcas en el brazo derecho".

Pese a las acusaciones públicas de tortura y a las denuncias ante funcionarios del estado de que las confesiones se habían obtenido bajo coerción, "la judicatura rechazó los reclamos respecto a la coerción como carentes de fundamento", decía el informe.

Además señalaba que la información obtenida durante la

visita sugería que "sólo un pequeño número de expedientes (menos de 10) fueron transferidos del fiscal a cargo de las personas desaparecidas al fiscal encargado de los homicidios" y que había ocurrido "un retraso de parte de las autoridades en iniciar las investigaciones...".

"Por un lado... a los familiares que acudieron a la policía a dar parte que una persona podría estar desaparecida, les decían que regresaran en 48 horas, con la explicación de que la mujer o joven desaparecida podía haberse ido con un novio y que regresaría pronto. Por otro lado, aun después de tener un informe de una persona desaparecida, la respuesta de las autoridades no era ni rápida ni extensa".

Las autoridades reconocieron que, en el pasado, la policía tendía a exigir que pasara un lapso de tiempo antes de aceptar el parte de una persona desaparecida, pero pretendieron que "esto se había remediado mediante cambios en la política".

Sin embargo, la Dra. Altolaguirre encontró que "si bien había habido algunos importantes avances, la respuesta del Estado mexicano a los homicidios y a otras formas de violencia contra las mujeres ha sido, y sigue siendo, seriamente deficiente".

Notablemente, aun después de la visita de la relatora especial de la IAHRC y de la publicación de su informe extremadamente crítico, semejantes acusaciones de brutalidad policíaca y tortura siguieron surgiendo de la capital del estado.

En 1999, las autoridades de la ciudad de Chihuahua comenzaron a notar la aparición de cadáveres de muchachas asesinadas en la capital del estado, exactamente igual que en Ciudad Juárez. Las cifras fueron aun más elevadas en marzo del 2003. Un caso en particular estaba atrayendo la atención internacional, primero porque la víctima, de dieciséis años, era hija de una poderosa familia de Chihuahua, y también porque las autoridades habían arrestado por el asesinato a una norteamericana y a su esposo de origen mexicano. La pareja denunciaba que había sufrido torturas de manos de los agentes de la policía que los obligaron a firmar confesiones por el asesinato de la adolescente, Viviana Rayas. Sus relatos de la tortura mientras estaban bajo detención policial eran semejantes a los de los choferes de autobuses Gustavo González y Víctor García.

Si bien la historia de lo que le sucedió a Viviana Rayas es larga y complicada, su caso alcanzó notoriedad internacional después de que se supo que la policía, al parecer, había recurrido a tácticas cuestionables al "practicar" un arresto. Según las autoridades, la adolescente desapareció el 16 de marzo. La vieron por última vez en un parque de la ciudad, donde su padre la había dejado para que fuera a hacer su tarea escolar con algunos de sus compañeros de clase.

Eran cerca de las cuatro cuando la hija de José Rayas, un poderoso líder sindical, se bajó del auto de su padre dando por sentado que habrían de reunirse de nuevo en casa por la noche. La adolescente, delgada, de pelo largo y ojos pardos, estuvo casi hora y media estudiando con sus compañeros antes de despedirse de ellos cerca de la parada de autobuses, de donde Viviana haría su viaje de regreso a casa.

Eran pasadas las 8:00 P.M. cuando sus padres llegaron a la casa esa noche y encontraron que su hija no se encontraba.

Frenético, José Rayas cogió el teléfono y movilizó a toda

su agrupación sindical para buscar a su hija. Durante meses, la policía siguió todas las pistas que el poderoso líder sindical les sugería. Aunque parecía que los agentes investigaban poco por su propia iniciativa, siguieron inspeccionando diligentemente las incontables pistas que les suministraba Rayas, las cuales no llevaron a parte alguna.

Viviana Rayas era la octava muchacha que desaparecía en la ciudad de Chihuahua desde diciembre del 2002. La primera víctima, Paloma Angélica Escobar Ledesma, había aparecido muerta un mes después de desaparecida. Habían lanzado su cadáver violado y torturado cerca de la carretera principal que conduce a Ciudad Juárez.

La noticia de la desaparición de Rayas dio lugar a que miembros de Amnistía Internacional exigieran una investigación inmediata, con plena cooperación de las autoridades estatales y federales. Sin embargo, sólo después de que el padre de la niña amenazara con paralizar el sistema de transporte de la ciudad mediante una huelga, surgió una pista en el caso.

El ultimátum se anunció el 26 de mayo, cuando José Rayas condujo a un grupo de manifestantes hasta la casa particular del entonces procurador general Jesús Solís Silva. Con megáfono en mano, voceó su demanda directamente en la ventana del político: "O encuentran a mi hija y los responsables de lo que le haya pasado son arrestados, o me ocuparé de que todos los obreros viales del estado paren de trabajar, incluidos los que cobran los peajes".

Como es lógico, dos días después el caso se activó. El jefe de despacho de la procuraduría general telefoneó a Rayas el 28 de mayo para avisarle que habían encontrado un cadáver a unos cinco kilómetros de una carretera del desierto. Se dijo que dos mujeres que se dirigían a un sitio de peregrinación habían visto el cadáver en estado de descomposición y corrieron a llamar a la policía.

A la noche siguiente, la policía detuvo a la norteamericana Cynthia Kiecker y a su esposo mexicano, Ulises Perzábal. El arresto de la pareja y el subsecuente interrogatorio se produjeron después de que un soplón llamó al padre de la víctima desde un teléfono público y lo instó a que investigara a los propietarios de una joyería local: Kiecker y Perzábal. El que llamaba afirmó que la pareja era extraña, con tatuajes y pelo largo, y que en su establecimiento, que permanecía abierto hasta tarde en la noche, ocurrían cosas raras. Una de las alegaciones era que al hombre le gustaba fotografiar a muchachas que frecuentaban su tienda, una acusación que nunca se ha comprobado. Otra era que la pareja celebraba fiestas donde abundaban el sexo y las drogas.

Rayas pasó la información a las autoridades, y la pareja fue inmediatamente detenida para ser interrogada y trasladada a la antigua academia de policía en la ciudad de Chihuahua, donde luego afirmaron que habían sido torturados por miembros de la policía estatal durante dos días seguidos, antes de que firmaran confesiones falsas. Poco después, el 31 de mayo, la pareja fue presentada ante la prensa como la culpable del asesinato de Viviana Rayas.

En un testimonio que parecía reproducir los de Gustavo González y Víctor García, los choferes de autobuses de Ciudad Juárez, la pareja dijo que los agentes los patearon, los golpearon y los quemaron con picanas eléctricas. Cynthia Kiecker contó luego que le habían empapado la blusa de agua y luego le habían aplicado choques eléctricos en la espalda y en las piernas. “En un momento”, dijo ella, “me estiraron sobre una camilla y amenazaron con violarme si no firmaba una confesión”.

Sus documentos firmados contaban un relato increíble y dramático del asesinato de la muchacha: los cuales, señalarían los críticos, diferían entre sí en puntos significativos.

Según sus declaraciones de culpabilidad, fue Ulises, el marido de Cynthia, quien primero había hecho amistad con Viviana. Los celos de la esposa por el afecto de su marido hacia la muchacha serían los que finalmente conducirían a su muerte.

En la noche del 16 de marzo, según sus testimonios, Viviana debía venir a la tienda para participar en un ritual azteca. Ulises había preparado un té especial de peyote para que la muchacha lo bebiera. Pero cuando Viviana se sintió mal producto del brebaje, Ulises se asustó. Su preocupación por la adolescente incitó los celos de Cynthia y ésta, en un ataque de ira, atacó a la muchacha, primero con un bate de béisbol y luego con una cabilla de acero, según aparece en las confesiones.

Cynthia luego dirigió la ira contra su esposo, quien confesó que venía sintiéndose emocionalmente agobiado por los ataques de cólera de su mujer. En medio de este ajetreo, dijo Ulises, él mismo le pegó a Viviana un golpe tan fuerte en la cabeza que cayó al suelo muerta.

Si bien la autopsia no hacía mención de ningún trauma craneal, las confesiones se referían a un golpe violento en la cabeza como la causa de la muerte. La pareja escribió en sus presuntas confesiones que, al darse cuenta de que Viviana estaba muerta, decidieron ocultar el crimen y trasladaron el cadáver al desierto, donde lo escondieron debajo de una plancha de metal de las que se usan para los techos. El escalofriante relato fue respaldado por declaraciones de varios presuntos testigos del asesinato de la muchacha, todos ellos amigos de la pareja quienes dijeron haber sido detenidos por la policía y también torturados para que firmaran sus confesiones.

Las autoridades celebraron una conferencia de prensa en la prisión del estado, justo a las afueras de la ciudad de Chihuahua para anunciar los arrestos de Cynthia y Ulises. La pareja había sido trasladada allí para la ocasión. Las autoridades calificaron a la pareja de "narcosatánicos" y afirmaron que el asesinato fue cometido como parte de un ritual diabólico bajo la influencia de drogas ilícitas.

Cynthia le dijo más tarde a un reportero que al principio se sintió aliviada de estar en la prisión, en un lugar donde los judiciales (miembros de la policía del estado) ya no podían alcanzarla. Pero su alivio rápidamente se convirtió en pavor cuando se dio cuenta de que la acusaban de asesinato, un delito estatal en México por el cual podría pasar hasta treinta años en la cárcel.

La historia de la pareja se destacó en las noticias nacionales y llamó la atención de un residente de Juárez que de inmediato se puso en contacto con el consulado de Estados Unidos para avisarles del arresto de uno de sus ciudadanos. En respuesta a la llamada, un representante del consulado fue a ver a Cynthia a la prisión y le permitió usar el teléfono celular para hablar con su madre. A diferencia de Estados Unidos, a los dos detenidos no les habían permitido que hicieran una sola llamada telefónica. No resultaba claro si les habrían permitido alertar a los miembros de su familia de su situación.

Muchos observadores se mostraron escépticos de los resultados de la investigación y de la culpabilidad de la pareja acusada de los crímenes. Después de un tiempo, hasta José Rayas, el padre de la víctima, comenzó a cuestionar la participación de los sospechosos en el asesinato de Viviana. En mayo de ese mismo año, otra familia de la ciudad de Chihuahua había acusado públicamente a la policía de conducta impropia en la investigación del asesinato de Neyra Cervantes. La muchacha de dieciocho años había desparecido de una escuela de computación. Sus restos, que habían sido aserrados en tres pedazos, fueron hallados en una fosa poco profunda el 14 de julio, a pocas yardas de la academia de la policía estatal.

La madre de Neyra, Patricia, se había empeñado en lograr que la policía la ayudara a localizar a su hija desaparecida. Pero cuando sus esfuerzos resultaron fallidos, se dirigió a un miembro de su familia en Chiapas para que la ayudara en la búsqueda de la joven desaparecida.

Preocupado al saber que había problemas con su prima, David Meza viajó doscientas millas hasta la ciudad de Chihuahua para ayudar a su tía, confrontando audazmente a la policía por su falta de ayuda. Su franqueza lo condujo a la cárcel, acusado del asesinato de su prima. Los informes de prensa reportaron que la policía estatal arrestó a Meza basándose en su "extraño" comportamiento y le negaron la asistencia de un abogado. Luego lo torturaron durante más de seis horas hasta que finalmente confesó la muerte de la estudiante de computación, aunque ni siquiera estaba en la ciudad en el momento en que su prima había desaparecido. Meza sostuvo que más de una docena de agentes participaron en la tortura: le ordenaron que se desvistiera, luego lo envolvieron como a una momia con vendas de doce pulgadas de ancho, dejándole apenas espacio para respirar, antes de empaparlo en agua y propinarle choques eléctricos con una picana. También lo habían pateado, le habían vertido agua picante por la nariz y le habían puesto una bolsa plástica en la cabeza hasta que casi lo ahogan. Las denuncias eran horribles y se parecían mucho a las que se habían hecho contra los agentes de la policía estatal en Ciudad Juárez.

Al igual que los choferes de autobuses de Juárez, Meza sostuvo que los agentes de la policía le habían dictado sus confesiones y luego lo habían obligado a firmarlas. Meza insistió en que la policía primero discutió, en su presencia, los posibles argumentos antes de plasmar uno de ellos en la confesión: que Meza estaba sexualmente excitado y que le pagó a dos hombres setecientos dólares a cada uno para que secuestraran a su prima y se la trajeran a una casa en las afueras de la capital [del estado], donde él se reunió con los hombres, compró un arma y les pidió prestado un auto. De allí supuestamente usó el vehiculo para llevar a la adolescente al desierto, donde la agredió sexualmente y luego la ejecutó de un disparo en la cabeza.

Algunos funcionarios reconocieron luego que no tenían ninguna prueba que vinculara a Meza con el crimen. Fueron incapaces de localizar a los dos hombres que se decía que él había contratado para secuestrar a su prima y tampoco encontraron el arma que supuestamente había usado para matarla. El cadáver de Neyra estaba demasiado descompuesto para determinar si había sido víctima de una agresión sexual. No obstante, Meza fue acusado del homicidio.

En un sorprendente giro de los acontecimientos, Cynthia Kiecker y Ulises Perzábal fueron liberados finalmente en diciembre del 2004, luego que un juez encontrara a la pareja inocente del asesinato de Viviana Rayas. Su liberación se produjo después que algunos políticos norteamericanos de Minnesota, el estado natal de Kiecker, ejercieran una intensa presión.

En una movida inusitada y controvertida, el presidente Fox visitó incluso Minnesota en junio de ese año, y le prometió al entonces senador federal Norm Coleman y a la madre de Cynthia, Carol Kiecker, que la muchacha pronto sería liberada.

Sin embargo, en septiembre Fox se vio obligado a anunciar que había sido mal interpretado, luego de que los funcionarios del estado ignoraran su demanda de que Kiecker fuera puesta en libertad. Estos afirmaron que Fox había malentendido sus intenciones. Según miembros del consulado mexicano, las autoridades le habían dicho al presidente que se desestimarían los cargos contra los agentes de policía acusados de torturar a la pareja, no los cargos de asesinato contra Kiecker y su esposo. Incluso después de que los padres de Viviana Rayas criticaran públicamente la investigación y pidieran la liberación de la pareja, las autoridades seguían insistiendo en su culpabilidad.

Minutos después de que un juez del estado de Chihuahua pronunciara el veredicto de "inocentes" en los casos contra Kiecker y Perzábal, funcionarios del consulado de EE.UU. subieron a la pareja y a los miembros de sus familias a un auto blindado y los escoltaron hasta El Paso. Alrededor del vehículo, y para ofrecer protección adicional, había una comitiva de agentes de la autoridad, tanto de la policía federal mexicana como del FBI.

Los fiscales del estado de Chihuahua presentaron luego una apelación en la que mantenían la culpabilidad de la pareja. Los activistas temían que la apelación pendiente sirviera para garantizar que las autoridades no llevarían a cabo otras investigaciones en el caso.

Mientras tanto, en el nordeste de Ciudad Juárez se descubrieron otros seis cadáveres en una fosa común al pie del cerro de Cristo Negro. De nuevo, el hallazgo despertó el temor entre los vecinos de que los crímenes pudieran tener un motivo satánico.

Unos adolescentes habían descubierto tres de los cadáveres en octubre del 2002, debajo de una gigantesca cruz negra que marcaba la propiedad de una compañía de arena y gravilla, mientras buscaban objetos reciclables para vender. Luego, el 17 de febrero del 2003, familiares de varias muchachas desaparecidas encontraron otros tres cadáveres en el mismo lugar después de que una tormenta de arena pusiera al descubierto algunos cabellos. Los medios noticiosos dijeron que los cadáveres del segundo grupo habían sido colocados a unos diez pies de distancia entre sí. Les habían atado las muñecas con cuerdas y les habían subido la ropa por encima de la cintura. Se reportó que varios objetos asociados a un culto satánico habían sido grabados en la colina, entre ellos una estrella en medio de un círculo y dibujos que mostraban al diablo. Algunos en la ciudad creyeron que estos indicios habían sido dejados deliberadamente para despistar a los investigadores de los verdaderos asesinos.

Las autoridades posteriormente identificaron a las mujeres muertas como Juana Sandoval Reyna, Violeta Mabel Alvídrez Barrios, Esmeralda Juárez Alarcón, Teresa López, Gloria Rivas Martínez y una mujer no identificada que se creía era Mayra Yesenia Nájera Larragoitia. Se especuló que las víctimas habían sido secuestradas de la zona del centro de la ciudad, aunque en distintas fechas.

No tardaron en comenzar a circular otras teorías en la ciudad. Una de ellas asociaba algunos de los asesinatos a varias escuelas de computación nacionales con sucursales en Ciudad Juárez y en la ciudad de Chihuahua. Al menos siete de las muchachas asesinadas, entre ellas la obrera de maquila Elizabeth Castro, a quien supuestamente había asesinado el científico egipcio que se encontraba preso, y Violeta Alvídrez, cuyo cuerpo descompuesto habían encontrado al pie del cerro del Cristo Negro en febrero de ese año, eran estudiantes de una escuela de computación del centro.

Se especuló también que las escuelas de computación estaban vinculadas de alguna manera a varias zapaterías del centro de la ciudad. Un artículo periodístico señalaba que un número de escuelas de computación estaba localizado en la vecindad de concurridas tiendas de zapatos, tales como Tres Hermanos, la boutique donde Silvia Morales trabajaba antes de desaparecer y donde habían visto a Elizabeth Castro inmediatamente antes de su asesinato.

Otra de las primeras víctimas, Olga Alicia Pérez, también había estado trabajando un turno en una tienda de zapatos del centro, el día en que desapareció.

Un portavoz del procurador general del estado rehusó

hacer comentarios sobre los casos o los posibles vínculos con las escuelas de computación. Algunos funcionarios estatales también guardaron silencio respecto al descubrimiento de otro cadáver junto al Eje Vial Juan Gabriel, que los médicos forenses identificaron como Verónica Martínez. A la familia de esta muchacha desaparecida le habían dicho que su hija estaba entre los cadáveres que encontraron en el campo algodonero abandonado. Los asesinatos se habían vinculado a los choferes de autobuses Víctor García y Gustavo González. En efecto, los funcionarios del estado le habían asegurado a la familia que las pruebas de ADN practicadas en uno de los cadáveres hallados en el campo algodonero lo confirmaba como el de su hija.

Posteriormente se diría en un artículo de *El Diario de Juárez* que las autoridades estaban implicadas en un encubrimiento para evitar que se les complicara el caso contra el chofer Víctor García. Esa afirmación se vería respaldada por un equipo de científicos forenses argentinos que viajó a Juárez a principio del 2005 a petición de las autoridades federales. Entre los hallazgos del equipo estaba que los resultados de las pruebas de ADN practicadas en el cadáver que se suponía fuera el de Verónica Martínez no se correspondían con los restos encontrados en el campo algodonero.

En el informe *Muertes intolerables*, publicado en agosto del 2003, Amnistía Internacional responsabilizó a los funcionarios de la policía estatal por su manejo de las investigaciones en los asesinatos que habían estado ocurriendo en el estado de Chihuahua desde 1993. El informe criticaba a las autoridades mexicanas por frecuentemente ignorar los asesinatos que ocurrían en Ciudad Juárez y por la fabricación de confesiones de chivos expiatorios bajo tortura.

La organización señalaba que los móviles de los crímenes en la ciudad fronteriza oscilaban entre la violencia doméstica, ejecuciones posiblemente vinculadas a las drogas, balaceras de pandillas y agresiones sexuales. Pero el informe destacaba que cierto número de las muertes seguía un patrón en el cual había mujeres jóvenes que desaparecían y que más tarde aparecían violadas y asesinadas. Patricio Martínez, el gobernador del estado de Chihuahua, prácticamente ignoró a Irene Khan, la secretaria general de la organización internacional y a sus acompañantes cuando viajaron a Juárez desde Ciudad de México a principios de ese año para ver lo que se estaba haciendo para frenar esa oleada de asesinatos que ya duraba un decenio.

En efecto, su administración había sido acusada de restarle importancia a los femicidios de la ciudad, y hasta se había llegado a decir que algunas organizaciones no gubernamentales habían inflado el número de asesinatos para crear una conmoción y así conseguir fondos. En una declaración pública ese año, Martínez dijo a los reporteros que su oficina había estado investigando las muertes y había llegado a la conclusión de que no había pruebas de que hubiera un asesino en serie suelto en Ciudad Juárez.

Su punto de vista era compartido por muchos de los políticos de la ciudad e incluso por muchos de sus vecinos. Al preguntarles, los ciudadanos de la localidad seguían acusando a las víctimas de provocar las agresiones. Tanto hombres como mujeres en las calles decían que las muchachas eran las culpables, por andar solas después de oscurecer y por vestirse provocativamente. Parecía que la campaña del gobierno por socavar la reputación de las víctimas había sido en extremo efectiva en influir a la opinión pública, sobre todo cuando muchas de las mujeres habían sido secuestradas en pleno día e iban vestidas de pantalones deportivos o de vaqueros y zapatos tenis cuando se las llevaron.

No obstante, ése era el tipo de actitud que le había ganado a los funcionarios del estado una pésima calificación en el informe de Amnistía Internacional. El extenso documento criticaba a los primeros investigadores por mostrar "abierta discriminación hacia las mujeres y sus familias en sus declaraciones públicas". "En más de una ocasión las mujeres mismas fueron culpadas de sus propios secuestros o asesinatos por la manera en que se vestían o porque trabajaban en bares por la noche", agregaba el informe.

También encontraba que la creación, en 1998, de la Fiscalía Especial para la Investigación de los Asesinatos de Mujeres "no había estado a la altura de las expectativas sobre un cambio radical en las acciones de las autoridades estatales para erradicar tales crímenes".

El informe señalaba que la institución había tenido siete directores diferentes y, sin embargo, "no ha habido ninguna mejora importante en la coordinación y sistematización de las investigaciones para poner fin a los secuestros y a los asesinatos".

Arturo González Rascón fue criticado en el informe por sus comentarios públicos sobre las víctimas. En febrero de

1999, el ex fiscal del estado… aún sostenía que "las mujeres con una vida nocturna, que salen muy tarde y se ponen en contacto con bebedores corren peligro".

Y citaban a Rascón diciendo: "Es difícil salir a la calle cuando está lloviendo y no mojarse".

El informe denunciaba también que "el no haber logrado, una y otra vez, tener a las familias al tanto de los hechos" ha causado "una profunda desconfianza en el aparato judicial y en los políticos".

"Impera la impunidad", era el subtítulo de los resultados a que llegaba la organización respecto a la forma en que las autoridades estatales de Chihuahua habían manejado la investigación. "En lo que a las autoridades del estado respecta, la mayoría de los asesinatos, incluyendo casos de violencia doméstica u otros tipos de violencia, han sido 'resueltos'. Sin embargo, aunque según sus cifras, 79 personas han sido condenadas, en la gran mayoría de los casos no se ha hecho justicia. La impunidad es más evidente en el caso de los llamados 'asesinatos en serie' que han sido reconocidos como tales por el Estado, pero en los cuales ha habido solamente una condena por el secuestro y asesinato de una mujer joven y dieciocho detenidos a la espera del resultado del proceso judicial, en algunos casos durante varios años".

La organización se refería, entre otros, a Sharif Sharif, que había sido catalogado como el asesino en serie de Juárez, pero que había sido acusado y condenado tan sólo por un crimen, y a los seis miembros de la pandilla Los Rebeldes, que llevaban siete años presos a la espera de que su caso tuviera alguna solución.

Además, la calidad de las investigaciones y la supuesta incapacidad de ofrecer adecuadas garantías procesales creó dudas acerca de la integridad de los procedimientos criminales presentados contra varios de los arrestados en relación con estos crímenes. Mientras tanto, año tras año, los crímenes continuaron.

El descubrimiento del cadáver de Viviana Rayas en mayo del 2003 en la ciudad de Chihuahua y las acusaciones de que las personas arrestadas en conexión con el caso fueron torturadas, demuestra una vez más que los secuestros y los asesinatos en cuestión distan de estar resueltos.

El hecho de que las autoridades estatales no hayan podido esclarecer o erradicar estos crímenes ha conducido a muchas especulaciones respecto a quién podría estar detrás de los asesinatos. Se habla de la participación de narcotraficantes, del crimen organizado, de personas que viven en Estados Unidos, y también se rumora que los responsables están siendo protegidos. Hay teorías también de que los móviles se relacionan con el satanismo, el tráfico ilegal de películas pornográficas y el supuesto tráfico de órganos. Sin embargo, en este momento, puesto que las investigaciones no han podido confirmar ninguna de ellas, tales hipótesis sólo ayudan a acrecentar el miedo entre la sociedad chihuahuense.

Finalmente, el informe culpa a las autoridades federales de permanecer "abiertamente" al margen de las investigaciones basándose en que "a diferencia del crimen organizado, los asesinatos de mujeres en el estado de Chihuahua no caen dentro de su jurisdicción, por no ser delitos federales.

"AMNISTÍA INTERNACIONAL CREE QUE, A FIN DE PREVENIR, CASTIGAR Y FRENAR EL SECUESTRO Y EL ASESINATO DE LAS MUJERES EN CIUDAD JUÁREZ... ASÍ COMO LOS ABUSOS DE AUTORIDAD QUE HAN OBSTRUIDO LAS INVESTIGACIONES ANTERIORES, ES ESENCIAL QUE SE CREEN MECANISMOS PARA GARANTIZAR LA ADECUADA COORDINACIÓN ENTRE TODAS LAS AUTORIDADES E INSTANCIAS, MUNICIPALES, ESTATALES Y FEDERALES".

El informe reconoció que se había logrado algún progreso durante el gobierno del nuevo presidente del país, Vicente Fox, y citó la creación, en febrero del 2003, de la Comisión para la Prevención y Eliminación de la Violencia Contra las Mujeres en Ciudad Juárez. En una conferencia de prensa celebrada a principios del año, el presidente Fox anunció la formación de la nueva comisión federal, que consistiría en ocho miembros de la procuraduría y dos ciudadanos de la localidad nombrados por el presidente.

Fox nombró a María Guadalupe Morfín Otero, abogada especializada en derechos humanos y ex directora de la Comisión de Derechos Humanos del Estado de Jalisco, para presidir la nueva comisión, la cual, dijo Fox, supervisaría las investigaciones de la policía estatal y "esclarecería lo sucedido a lo largo de los últimos diez años y trabajaría de manera que esta dolorosa experiencia no se repitiera".

Guadalupe Morfín inmediatamente anunció su intención de poner en vigor un "Plan de cuarenta puntos" del gobierno federal, aunque los particulares de ese plan nunca fueron completamente detallados. No obstante, su entusiasmo trajo una renovada esperanza a las familias de las muchachas asesinadas y desaparecidas de Juárez. Morfín tenía una buena hoja de servicios como defensora de los derechos humanos, aunque algunos críticos temían que fuera sobre todo leal al PAN.

La otra persona nombrada por el presidente al puesto recién creado de fiscal federal especial para revisar las investigaciones en los asesinatos de Juárez fue María López Urbina, ex jefa del Departamento de Justicia de Coahuila. En un comunicado de prensa, López Urbina prometió investigar los casos "donde haya pruebas de ineficiencia, negligencia o tolerancia por parte de los funcionarios públicos de manera que no haya más impunidad para los que han descuidado el cumplimiento de su deber". Ella sostuvo que su primera tarea sería establecer un banco de ADN para almacenar pruebas. La idea era la misma que había sugerido el criminólogo Oscar Maynez años antes. Los investigadores de la ciudad fronteriza se habían opuesto, al principio, al uso de la prueba de ADN en sus investigaciones, aduciendo carencia de fondos.

Pero el entusiasmo que acompañó a los nuevos nombramientos no tardó en olvidarse al tiempo que la policía anunciaba, en enero del 2004, el arresto de trece agentes de la policía estatal bajo sospechas de tráfico de drogas y asesinato. La pasmosa declaración se hizo el jueves 29 de enero, seis días después de que las autoridades desenterraran los cadáveres de doce personas en el traspatio de una casa de Juárez que estaba vinculada a un miembro del departamento de la policía estatal.

La casa, situada en Parsioneros 3633, cerca de la importante intersección de Avenida Tecnológico y Bulevar Teófilo Borunda, estaba ocupada por un hombre llamado Alejandro García quien, una vez arrestado por la policía, confesó supuestamente el haber tomado parte en los asesinatos por órdenes de miembros de la policía estatal y del cartel de la droga de Vicente Carrillo Fuentes. Bajo la dirección de Vicente, que había sucedido a su hermano Amado, el Cartel de Juárez aún se consideraba la organización ilícita más poderosa de México en lo que respecta al tráfico de marihuana y cocaína.

Algunas autoridades supieron que García no era el dueño de la casa sino que se la alquilaba a una persona desconocida. La policía creía que la residencia, a la que luego apodaron "la casa de la muerte", pertenecía realmente a Humberto Santillán Tabares, subordinado de Humberto Portillo, un traficante prófugo encausado por tráfico de drogas. Se practicó un registro de la casa después de que las autoridades arrestaran a Santillán en El Paso, Texas, a principios de ese mes. Los oficiales de las agencias policiales sospechaban que los miembros de la banda de Santillán utilizaban la residencia de Juárez como un refugio.

Un registro inicial de la casa por parte de las autoridades arrojó cuatro cadáveres. Y se encontraron otros ocho durante subsecuentes registros del traspatio de la vivienda. Las autoridades informaron que todos los cadáveres mostraban señales de torturas, y una autopsia posterior determinó que al menos tres de los hombres habían muerto por estrangulación. Los funcionarios dijeron que a un cuarto hombre lo ahogaron con una cinta adhesiva con la que le taparon la nariz y la boca. Otros habían sido asfixiados con bolsas plásticas.

Los trece agentes fueron arrestados el miércoles 27 de enero, cuando se presentaron en la jefatura para el turno de la noche. Otros cuatro, entre ellos el comandante del departamento, Miguel Ángel Loya, no se presentaron a trabajar esa noche y se emitieron órdenes de captura en su contra. Otros cinco comandantes fueron despedidos posteriormente en relación con la tortura y asesinato de los doce hombres cuyos cadáveres fueron desenterrados en la propiedad ubicada en Juárez. Los informes noticiosos sostenían que los agentes pertenecían a una banda de narcotraficantes llamada La Línea, un grupo tan temido que se contaba que estaba prohibido mencionar su nombre en alta voz.

Un artículo del *Dallas Morning News* citaba a un ex narcotraficante que decía ser miembro de una banda que contaba entre sus miembros a agentes de los departamentos de la policía de Juárez, tanto estatal como municipal. El informante, que rehusó revelar su identidad, sostenía que algunas de las violaciones y asesinatos que ocurrían en Ciudad Juárez eran para festejar alguna exitosa operación de contrabando de drogas a través de la frontera de EE.UU.

—A veces, cuando uno cruza un embarque de drogas para Estados Unidos, tiene la adrenalina tan alta que quiere salir a celebrar matando mujeres— decía el periódico citando al hombre no identificado.

Era un horrible reconocimiento, que sería corroborado por otro ex narcotraficante durante una entrevista con la documentalista Lourdes Portillo para su película *Señorita extraviada*. Ese hombre sostuvo también que a algunos de los miembros de la banda les gustaba usar como trofeos en cadenas alrededor del cuello los pezones de sus víctimas.

En los días que siguieron a los arrestos, *El Diaro de Juárez* publicó que varios de los cadáveres exhumados del traspatio de la casa de Juárez habían sido enterrados a tres o cuatro pies de profundidad. También se informó que se había encontrado yeso en algunos de los cuerpos, que habían sido impregnados de cal viva para ocultar el hedor de la carne podrida.

Se emitieron órdenes de registro de otras seis casas en la ciudad fronteriza y una investigación completa de todos los agentes de policía asignados al turno de la noche. No se sabe qué evidencias se encontraron, si es que alguna, durante la ejecución de esos registros adicionales.

No obstante, los arrestos de los trece agentes de la policía estatal sacaron a relucir de nuevo lo que muchas personas en la ciudad habían creído por mucho tiempo, que miembros de la policía estaban de algún modo vinculados a los continuos asesinatos. Los agentes arrestados fueron trasladados de inmediato a Ciudad de México, donde fueron interrogados por agentes federales sobre su presunta participación en los asesinatos de los doce hombres aún sin identificar.

El creciente escándalo policial condujo finalmente a la renuncia del procurador general del estado de Chihuahua, Jesús José Solís Silva, en marzo de ese año. Solís Silva había estado menos de un año en ese puesto, el más alto de las agencias de autoridad. Su renuncia se produjo en medio de comentarios de que funcionarios de su oficina tenían nexos con el narcotráfico.

También se presentaron denuncias de corrupción contra el ex comandante de la policía estatal Francisco Minjares y Antonio Navarrete, que habían presidido las investigaciones de Sharif Sharif y Los Rebeldes. Según agentes antinarcóticos de EE.UU. en El Paso, Minjares era uno de los agentes de policía más corruptos, y le había ofrecido protección a los narcotraficantes. Minjares fue muerto a tiros en la ciudad de Chihuahua a principios del 2003 en lo que las autoridades llamaron un "asesinato típico de la mafia".

Los abogados de Sharif Sharif alegaron que Navarrete le había puesto una pistola en la cabeza a un testigo mientras filmaban su testimonio en contra de Sharif. Si bien esta acusación nunca se corroboró, y no existen pruebas de que realmente ocurriera, un informe de prensa describió cómo un juez había tirado la cinta después de que los abogados pudieron mostrarle que había sido editada.

Navarrete, quien nunca fue acusado de ningún delito, negó su participación en el caso, diciéndole a un reportero que las acusaciones "no eran ciertas".

Irónicamente, la repercusión del escándalo de la policía estatal ocurrió casi simultáneamente con lo que muchos vieron como una prometedora estadística criminal de fin de año. Según datos de la Procuraduría General del estado de Chihuahua, Ciudad Juárez había tenido un descenso de un 27 por ciento en los casos de asesinato del 2002 al 2003, una reducción de más de cincuenta homicidios en comparación con el año anterior.

Sin embargo, en lugar de recibir felicitaciones por la mejora en las estadísticas criminales, a los agentes de la policía se les ordenó que se sometieran a exámenes obligatorios de drogas, con la advertencia de las autoridades federales que aquellos a quienes les encontraran resultados positivos serían despedidos inmediatamente.

A principios de febrero del 2004, *El Diario de Juárez* reportó que las pruebas [de consumo de drogas] habían dado resultados positivos en el caso de dos agentes y que éstos habían sido expulsados de inmediato del departamento. Uno de los agentes, contaba el periódico, era parte de la Fiscalía Especial para la Investigación de los Asesinatos de Mujeres, una acusación que de nuevo aumentaba la probabilidad de que la policía hubiera desempeñado algún papel en algunos de los homicidios.

Una noticia, en febrero del 2004, de que otro oficial de la policía estatal había sido arrestado por "intentar" crear una red de prostitución de muchachas adolescentes, añadió más leña al fuego. Dos muchachas se habían presentado para hacer una acusación criminal en la que alegaban que un importante agente de la autoridad en Juárez, identificado posteriormente como Héctor Lastra, presionaba, al parecer, a jovencitas menores de edad, empleadas en restaurantes de servicio rápido, para que tuvieran relaciones sexuales con empresarios ricos.

Algunos informes de prensa sostenían que Lastra, quien fue identificado como un jefe de la policía estatal en Juárez, supuestamente les proporcionaba a sus clientes un catálogo de fotografías de las muchachas, todas menores de edad. Según la fiscalía, el presunto álbum de fotos contenía retratos de cinco jovencitas menores de edad; todas ellas, se dijo, tomadas por Lastra.

Curiosamente, Ramona Morales, la madre de una de las muchachas asesinadas, había hablado de un hombre a quien habían visto en su barrio dando vueltas en un auto y tomando fotos de unas muchachas. Y la familia de Sagrario González había informado que gente de la fábrica le había tomado fotos a su hija sólo días antes que desapareciera. También digno de notar es el hecho de que en casi todos los hogares de las víctimas, adornaban las paredes fotografías profesionales de las muchachas muertas. Los retratos, tomados para conmemorar sus quince años, se destacaban de manera prominente en marcos trabajados, y mostraban a las adolescentes en sus vaporosos trajes quinceañeros de encajes. Las fotos, que tuvieron el propósito de captar un momento feliz, servían ahora como reliquias para las familias de las jóvenes asesinadas.

¿Podían los fotógrafos locales estar implicados de algún modo en los asesinatos? ¿Acaso también les facilitaban sus negativos a estos asesinos depravados? Cualquier cosa parecía posible en esta desaforada ciudad fronteriza.

Menos de un mes después del arresto de Lastra, por supuestamente haber iniciado la red de prostitución de menores de edad, éste fue liberado bajo fianza. Lastra negó vehementemente las acusaciones y obtuvo su libertad basándose en al argumento de que "él sólo había secuestrado a dos muchachas, pero nunca les hizo nada", según le dijo a la cadena de televisión CNN la abogada de la Comisión Mexicana para la Defensa y Promoción de los Derechos Humanos, Adriana Carmona.

En un artículo que apareció en el *Albion Monitor* en enero del 2005, el periodista independiente Kent Paterson reportó espeluznantes acusaciones contra el ex oficial de la policía estatal. Según Paterson, reportero que llevaba algún tiempo informando sobre los asesinatos de Juárez, el abogado que representaba a las dos muchachas que presentaron cargos criminales contra Lastra, alegaban que el oficial de la policía había estado llevando menores de Ciudad Juárez a las oficinas centrales del PRI en la ciudad de Chihuahua. El artículo afirmaba que la abogada Lucha Castro había hecho la denuncia en una reunión de la comisión de femicidios de la Cámara de Diputados de México que tuvo lugar en diciembre del 2004.

Las acusaciones nunca han sido corroboradas.

Las acusaciones hacían recordar las misteriosas circunstancias en que había desaparecido tiempo atrás la muchacha de veintiún años Olga Alicia Pérez. Según cuenta su madre, Irma se había esfumado después de asistir a un evento político en las oficinas locales del PAN en el verano de 1996. Sus restos descompuestos aparecieron después en Lote Bravo.

CAPÍTULO TRECE

A la espera de justicia

Hasta que no haya una investigación seria, cualquier hipótesis es válida

OSCAR MAYNEZ,
CRIMINÓLOGO

ESTRELLAS FAMOSAS DE HOLLYWOOD llegaron a Ciudad Juárez el Día de San Valentín del 2004 para unirse a manifestantes locales en sus demandas de justicia. Las actrices Jane Fonda, Sally Field, Salma Hayek y Christine Lahti, junto con la dramaturga Eve Ensler, autora de *Los monólogos de la vagina*, y las congresistas norteamericanas Hilda Solís y Janice Schakowsky, representantes por California e Illinois respectivamente, se unieron a miles de participantes que coreaban sus protestas mientras desfilaban a través del puente internacional que conecta a Ciudad Juárez con El Paso.

La marcha fue organizada por una coalición de organizaciones mexicanas. Entre ellas estaban Casa Amiga, de Esther Chávez, y el Centro de Talleres y Estudios Laborales. También estaban presentes representantes de Amnistía Internacional y de la Fundación Día V. Desde 1998, el Día V, el día de San Valentín, ha sido un evento mundial celebrado en países en conflicto, como Afganistán y Croacia, para llamar la atención sobre la violencia contra las mujeres.

Los manifestantes incluían también a dos figuras claves en la investigación, Guadalupe Morfín y María López Urbina.

El hecho de que las dos fiscales federales se encontraran entre los que protestaban ese día, no sólo como representantes del gobierno, sino también como mujeres que condenaban públicamente la violencia hacia la mujer, era un acto novedoso y valiente. La participación de ambas en el evento parecía marcar un giro radical en la relación entre los funcionarios del gobierno y las mujeres que representaban.

En los meses precedentes hubo críticas abiertas sobre la llegada de extranjeras tales como Fonda y otras personalidades procedentes de Estados Unidos y otros países para sacar a la luz en la arena internacional la situación de las mujeres de la ciudad. Dos funcionarios estatales denunciaron que tanto los activistas locales como las manifestantes extranjeras, estaban inflando desproporcionadamente los asesinatos de Ciudad Juárez.

Al mes siguiente, esos mismos funcionarios intentaron darle un tono positivo al descubrimiento de otra mujer asesinada, cuyos restos, que mostraban huellas de tortura y agresión sexual, fueron descubiertos el 10 de marzo, tirados en medio de la basura en las afueras de la ciudad.

Poco después que identificaran el cadáver de Rebeca Contreras, Guadalupe Morfín, presidenta de la nueva comisión de Vicente Fox, destacó la investigación policial conjunta en el asesinato de Contreras como significativa, porque constituía la primera vez que las autoridades habían preservado adecuadamente la escena del crimen. "A diferencia de los casos anteriores, las autoridades locales, con la presencia de autoridades federales, tuvieron cuidado desde el primer momento de preservar la escena [del crimen] y manipular cuidadosamente la evidencia", dijo Morfín a un reportero de *CourtTv.com*, la página web que dirige la popular cadena de cable, durante una entrevista telefónica en abril de ese año.

En mayo de ese mismo año, las autoridades vincularon a un par de narcotraficantes, que supuestamente pertenecían al Cartel de Juárez, con la muerte de Contreras, y los acusaron de la violación, tortura y asesinato de la muchacha. Aunque optimista respecto al adelanto en la investigación, Morfín y otros promotores hicieron notar que los orígenes del problema, el creciente tráfico de drogas y los corruptos policías de Ciudad Juárez, aún tenían que ser confrontados antes de que las autoridades pudieran llevar adelante de manera adecuada la investigación de los asesinatos.

"Hay graves defectos institucionales en la división de poderes en nuestro estado", dijo Morfín esa primavera. "El gobierno del estado de Chihuahua carece de un sistema de controles y contrapesos. Necesitamos una mejor coordinación de las autoridades federales y fortalecer los canales de cooperación con la sociedad civil y la autoridad local".

En abril del 2004, Naciones Unidas dio a conocer un informe severísimo, en el que calificó la investigación estatal de los crímenes como "manchada por la corrupción". De particular preocupación para la comisión eran el ritmo de la investigación, que fue criticado como "lento", y la fabricación de pruebas en un buen número de los homicidios.

El comité de Naciones Unidas criticó también a los funcionarios de Chihuahua por su manejo inadecuado de las indagaciones y sugirió que el gobierno mexicano firmara un protocolo con Estados Unidos para llevar a cabo una investigación conjunta de los asesinatos.

No obstante, los asesinatos de mujeres continuaron en el estado de Chihuahua en medio de acusaciones de corrupción política y policial. A finales de año, las autoridades reportaron veinticuatro asesinatos en Ciudad Juárez y otros ocho en la ciudad de Chihuahua. De los veinticuatro que habían ocurrido en la ciudad fronteriza, ocho al menos se ajustaban al perfil anterior, según los activistas locales.

Aun más alarmante resultaba que el número de asesinatos en Ciudad Juárez en el 2004 había aumentado en un 58 por ciento en relación con el año anterior. Si bien muchos en la ciudad tenían la esperanza de que la nueva fiscal federal comenzara una investigación por su propia cuenta, un año después su récord no era mejor que el del estado.

Como parte de su papel como fiscal federal especial se esperaba que López Urbina presentara informes periódicos sobre sus resultados. Durante su investigación, ella identificó a más de 125 agentes o ex agentes de la policía estatal que, denunció, eran culpables de tortura, abuso de autoridad y negligencia en la investigación de los asesinatos de mujeres.

López Urbina solicitó que las autoridades en el estado de Chihuahua tomaran inmediata acción disciplinaria contra los policías que aparecían en la lista que ella les presentó a los funcionarios del estado. Inmediatamente después, la enviaron de regreso a Ciudad de México y Mireille Roccatti, ex presidenta de la Comisión Nacional de Derechos Humanos de México, fue a reemplazarla a Ciudad Juárez. Roccatti llegó a Juárez el 30 de mayo pero, después de sólo cuatro meses en el cargo, presentó su renuncia, asumiendo un nuevo puesto como miembro del gabinete de un funcionario público recién electo. Sin embargo, Roccatti prometió que su trabajo en el manejo de las indagaciones sobre los asesinatos estarían terminadas para fin de año. Nunca quedó claro si ella intentaba concluir el trabajo o entregarlo a otros funcionarios federales para que lo terminaran. Nadie fue enviado para reemplazarla. Por el contrario, la oficina se cerró y se creó otra comisión.

Durante el año que duró su desempeño, López Urbina publicó tres informes separados que abarcaban la revisión de 205 de los expedientes de homicidios cometidos en la ciudad, en los que se incluyen 233 asesinatos de mujeres. Es importante notar que, como fiscal federal especial, López Urbina no tenía autoridad para comenzar una investigación, sólo para revisar casos y hacer recomendaciones. Ella encontró una variedad de móviles detrás de los crímenes, enfatizando que, de los 233 homicidios que había revisado, había pruebas de que 84 de las víctimas habían sido violadas antes de morir. En esos casos, se asumía que los crímenes tenían una "motivación sexual".

López Urbina señalaba que de los 205 expedientes que había recibido, 101 no habían trascendido la etapa investigativa. De esos casos, se encontró que 61 no tenían una motivación sexual.

Los restantes 104 habían ido a juicio, entre ellos cinco en el sistema de justicia juvenil.

El informe citaba que "inactividad y negligencia notorias" habían llevado a "la pérdida de pruebas y a la protección inadecuada de escenas de crímenes".

En su primer informe sobre el progreso de la indagación, López Urbina citaba lo que llamó los fallos más "flagrantes" en 29 casos que aún se encontraban en etapas de investigación. Ninguno de los expedientes mostraba que los investigadores hubieran buscado fibras u otras pistas forenses sobre los perpetradores; los fiscales no habían compilado las declaraciones de los testigos principales, tales como los que habían descubierto los cadáveres y, en algunos casos, los procedimientos llevados a cabo por los investigadores habían sido fechados antes de que los asesinatos que estaban investigando hubieran incluso ocurrido.

Un informe posterior se refería a las pruebas forenses como "plagadas de graves problemas de validez y confiabilidad".

"Como resultado de estas graves deficiencias", concluía el informe final de López Urbina, "algunas de las investigaciones sobre los homicidios serán prácticamente imposibles de resolver".

Ella sostenía que había encontrado pruebas para pensar que 130 funcionarios de la justicia de Chihuahua habían cometido actos de "omisión, negligencia, malversación o abuso" en su manejo de las investigaciones, e instaba a las autoridades del estado a "prevenir la impunidad de los que habían actuado negligentemente o fueron remisos en el cumplimiento de sus deberes". También hacía notar que en cierto número de casos, sería casi imposible "capturar a los homicidas, dada la falta de pruebas y el manejo inadecuado de las investigaciones y de las escenas de los crímenes".

Sorprendentemente, López Urbina no encontró ninguna evidencia de "irregularidades o felonía" en el manejo de los 104 casos que fueron a juicio, un resultado que ha suscitado algunas interrogantes acerca de su investigación.

A partir de los resultados, suspendieron a unos veinte funcionarios estatales, pero los que perdieron sus empleos fueron principalmente empleados de bajo a mediano nivel. Brillaban por su ausencia los nombres de varios funcionarios de alto rango que habían dirigido las investigaciones.

Sin embargo, López Urbina sí nombró a una ex fiscal especial del estado para los homicidios de mujeres. Zulema Bolívar, quien había prestado servicios en Ciudad Juárez desde julio del 2001 hasta marzo del 2002, fue citada por "negligencia".

Bolívar, quien ahora era la directora auxiliar de la cárcel municipal de Juárez, respondió en noviembre del 2004, denunciando que sus superiores, el procurador general del estado Arturo González y el ex subprocurador José Manuel Ortega, eran los que habían dirigido la investigación en el 2001, que ella había llevado a cabo en el caso altamente controvertido del campo algodonero. Al testificar en una investigación federal, Bolívar alegó que, en un momento, los dos hombres la habían sacado de la investigación.

Era opinión generalizada que la policía había "incriminado fraudulentamente" a los dos choferes de autobuses, Víctor García y Gustavo González Meza.

Si bien las denuncias de Bolívar ponían de relieve acciones

más serias que la negligencia de parte de Arturo González y de Ortega, quien era ahora el director legal de la procuraduría general del estado, ninguno de los dos hombres fue citado en el informe de López Urbina.

Algunos miembros de la prensa exigieron saber si las denuncias de Bolívar serían investigadas. En respuesta, Patricia González, procuradora general al tiempo de imprimirse este libro, dio a conocer que trabas legales le impedían emprender cualquier acción. En primer lugar, ella no podía iniciar una investigación a menos que Bolívar conviniera en respaldar su denuncia con un testimonio a nivel estatal. Hasta ahora, eso no ha ocurrido.

Más de doce de las personas nombradas por López Urbina en sus informes presentaron subsecuentemente cargos por difamación contra la fiscal especial. El resultado de esas demandas se desconocía en el momento en que este libro fue a la imprenta.

A mediados del 2005, la Oficina de Washington sobre América Latina (WOLA, sigla en inglés), una agrupación de derechos humanos y sin fines de lucro con sede en la capital de EE.UU., criticó el informe de López Urbina, sugiriendo que los datos que había usado para identificar las presuntas violaciones de los agentes de la autoridad eran "deficientes" y en algunos casos hasta habían sido falsificados. La agencia destacaba el caso de Erica Pérez, cuya muerte fue inicialmente considerada un homicidio, pero que después se determinó que había sido causada por una sobredosis de drogas.

Y si bien la fiscal federal especial había sido el blanco de muchas críticas, había hecho algunas contribuciones positivas durante su breve tiempo en Ciudad Juárez. Fundó un banco de

ADN y un registro de víctimas que ahora contiene los restos de más de cien mujeres. Un programa de alerta ámbar también se puso en vigor meses después de su partida.

Entre tanto, Guadalupe Morfín, la presidenta de la nueva comisión federal del presidente Fox para examinar las investigaciones de asesinato en Ciudad Juárez, había obtenido una pequeña victoria a principios del 2004. Consiguió que llevaran de vuelta al presunto asesino Víctor García (el chofer de autobús acusado de los ocho asesinatos del campo algodonero) de la prisión de la ciudad de Chihuahua a la cárcel de El Cereso en Juárez. Pero sus subsiguientes esfuerzos a favor de García resultaron infructuosos.

Morfín presentó una solicitud ante el tribunal para recurrir al Protocolo de Estambul. Adoptado por primera vez por las Naciones Unidas en 1999, este protocolo bosquejaba las normas internacionales para la evaluación de personas que alegan haber sido víctimas de tortura o maltratos por parte de la policía, los militares u otros agentes de la autoridad. Morfín concertó entrevistas con funcionarios federales para verificar las denuncias del chofer de autobús de que había sido torturado por miembros de la policía estatal.

Pero la solicitud para recurrir al Protocolo de Estambul en el caso de García, y luego una segunda petición en la cual se pedía que se desestimaran los cargos del chofer de autobús por "falta de evidencia física", fueron ignorados por el juez Javier Pineda Arbola, del Séptimo Tribunal Penal en el estado de Chihuahua. En cambio, el 13 de octubre del 2004, sólo diez días después de que tomara posesión un nuevo gobernador, el juez Pineda desestimó las solicitudes de Morfín para una revisión del caso. Declaró culpable a García de los ocho asesinatos y lo sentenció a cincuenta años de cárcel por sus crímenes. Quienes no se presentaron ese día fueron Gustavo González Meza, el presunto cómplice de García, que había muerto en la cárcel en circunstancias misteriosas el año anterior y el abogado de González Meza, Mario Escobedo Jr., que había sido asesinado a tiros "por equivocación" por miembros de la policía del estado sólo unos días antes de que presentara una denuncia criminal contra ese cuerpo.

Ni siquiera el presidente Fox tuvo éxito en sus llamados por la excarcelación de García. Poco después de que el juez sentenciara al chofer de autobús por los asesinatos, el presidente mexicano expresó su opinión al respecto, e insistió en que la evidencia contra García no parecía ser suficiente para condenarlo por los homicidios. Pareciera que ni el presidente Fox podía hacer algo por detener el corrupto sistema de justicia en el estado de Chihuahua.

Curiosamente, el juez Pineda, según informes de la prensa, estaba casado con Patricia González, que para entonces acababa de tomar posesión como procuradora general del estado de Chihuahua. El creciente descontento entre los chihuahuenses dio lugar a otro cambio en el poder político en octubre de ese año, cuando los votantes eligieron a José Reyes Baeza del PRI como el nuevo gobernador del estado. Los familiares de las víctimas y los defensores de los derechos humanos de nuevo tuvieron esperanzas de que su victoria conduciría a un cambio en el manejo de las investigaciones de los asesinatos. Una vez en el puesto, Baeza nombró a Patricia González, ex jueza, para servir en su gobierno como procuradora general del estado.

Si bien al principio las activistas por los derechos de las mujeres se sintieron satisfechas de que hubiesen nombrado a una mujer para el poderoso puesto como cabeza de los agentes de autoridad, había alguna preocupación de que Patricia González no pudiera pensar independientemente, sino más bien como "parte del sistema". Temían que ella sería sólo alguien que habría sido llamada a supervisar ciertos asuntos. El tiempo resultaría ser su mejor, o su peor, aliado.

A fines de agosto del 2004, funcionarios federales anunciaron un programa asistencial para las familias de las mujeres asesinadas en Ciudad Juárez. Las autoridades seleccionaron a treinta madres de un grupo de cuarenta y siete familias cuyos casos "se ajustan al perfil de violación y asesinatos en serie" para entregarles casas al mes siguiente. Las residencias estarían en una remota zona desértica en las afueras de la ciudad. A las diecisiete familias restantes se les dijo que recibirían viviendas a finales del 2004.

El 6 de enero del 2005, el juez Pineda ratificó el veredicto de culpabilidad contra seis miembros de Los Rebeldes. Los hombres llevaban ocho años en prisión en espera de un juicio cuando les hicieron entrega del dictamen que los condenaba. Era una clara violación del sistema de justicia mexicano que a estos hombres los hubieran dejado en la cárcel por tanto tiempo sin una condena. Un informe del Departamento de Estado de Estados Unidos en que revisaba el cumplimiento de los derechos humanos en México en el 2005 encontraba flagrantes violaciones de la Constitución mexicana en lo que a los derechos legales de los detenidos se refiere.

Conforme a la ley mexicana, un fiscal puede detener a una

persona hasta cuarenta y ocho horas (noventa y seis en el caso del crimen organizado) antes de presentar al sospechoso a un juez y anunciar cargos. "La ley establece que las autoridades deben sentenciar a una persona acusada dentro de los cuatro meses de detención si el presunto delito conlleva una sentencia de menos de dos años de prisión, o en el curso de un año si el delito acarrea una sentencia mayor. En la práctica, las autoridades judiciales y policiales suelen ignorar estos límites de tiempo", denunciaba el informe.

El informe señalaba también que la ley mexicana "prohíbe el arresto y la detención de forma arbitraria, así como el favorecer una detención ilegal"; sin embargo, la policía habitualmente ignoraba esas cláusulas.

"Los jueces seguían admitiendo declaraciones obtenidas a la fuerza, mediante la tortura, para utilizarlas como evidencia contra el acusado, una práctica de la que particularmente se abusa porque las confesiones eran evidencia primaria en casi todas las condenas criminales. Miembros de las organizaciones no gubernamentales declararon que los jueces con frecuencia le dan mayor valor probatorio a la primera declaración de un acusado, brindándole así a los fiscales un incentivo para obtener una primera confesión incriminatoria y dificultándoles a los acusados el retractarse de tales declaraciones".

En un momento, los seis miembros de Los Rebeldes habían estado implicados en diecisiete de los homicidios de la ciudad, pero poco a poco, esos cargos se fueron reduciendo para incluir tan sólo seis homicidios. A los miembros de la banda les impusieron sentencias que iban desde veinticuatro a cuarenta años de prisión por los crímenes. Se dijo que entre los casos por los cuales estos hombres fueron condenados estaba el asesinato de Olga Alicia Pérez, la muchacha que fue vista por última vez en la fiesta política del PAN. La policía primero le atribuyó su asesinato a Sharif Sharif, pero luego argumentaron que los miembros de la pandilla callejera eran los responsables de su muerte.

Que tomara tantos años llegar a condenar a estos hombres de los cargos que se les imputaban levantó sospechas entre los miembros de las agrupaciones de la ciudad que defendían los derechos de las mujeres. "Si estaban seguros de que esos hombres cometieron los crímenes, ¿por qué se tardaron ocho años en hallarlos culpables?", preguntó Esther Chávez. "Lo que me preocupa es que el gobierno pueda estar intentando decir que los casos han sido resueltos cuando todavía hay muchas lagunas en las investigaciones".

Irónicamente, el mismo día en que los miembros de la banda fueron sentenciados, otro juez, Héctor Javier Talamantes, del Cuarto Tribunal Criminal de Chihuahua, impuso un veredicto de culpabilidad a los cuatro miembros de Los Toltecas, que también enfrentaban seis cargos de asesinato. Al igual que Los Rebeldes, estos hombres habían estado en la cárcel durante cinco años antes de ser juzgados por esos cargos.

A Manuel Guardado, el presunto líder de Los Toltecas, le impusieron la severísima sentencia de 113 años por los crímenes. A cada uno de los otros tres lo sentenciaron a cuarenta años por su participación en los asesinatos.

Y sin embargo, los asesinatos continuaron. El número de homicidios contra mujeres aumentó de dieciocho en el 2004 a treinta y uno en el 2005, según la comisión federal especial para la prevención de la violencia contra las mujeres en Juárez. Se determinó que ocho de esos asesinatos tenían una motivación sexual.

A petición de la comisionada Morfín, un equipo de científicos forenses argentinos vino a Juárez en enero del 2005 para ayudar a identificar los restos de lo que se creía eran más de veinte personas que compartían una fosa común en el cementerio de la ciudad. El equipo había adquirido reconocimiento a mediados de los años ochenta por aplicar técnicas avanzadas de ADN para reconocer las identidades de las víctimas de la dictadura militar argentina durante la cual, presuntamente, se cometieron violaciones a los derechos humanos y crímenes de guerra. Los científicos forenses también habían ayudado a funcionarios de EE.UU. a identificar a víctimas del atentado al *World Trade Center*, en Nueva York, ocurrido el 11 de septiembre del 2001. Se decidió que los científicos trabajarían a la par con expertos forenses del estado, pero se mantendrían independientes de la procuraduría general del estado de Chihuahua para garantizar que estuvieran al margen de presiones políticas.

Sin embargo, cuando el equipo le presentó sus resultados a Patricia González, la procuradora general del estado, ella rehusó revisar los documentos. Informes de la prensa revelaron que la oficina de González había dicho que el informe no era pertinente para la investigación estatal.

En agosto, el equipo llegó a la conclusión de que muchos de los cadáveres que habían examinado habían sido identificados erróneamente, entre ellos algunas de las víctimas descubiertas en el campo algodonero. El equipo forense determinó que Guadalupe Luna de la Rosa, Verónica Hernández y Bárbara Martínez no se encontraban entre los cuerpos que exhumaron del terreno abandonado, lo cual provocó una conmoción emocional entre las familias de las muchachas, que creían haber enterrado a sus hijas asesinadas. No obstante, persistían los interrogantes: ¿quiénes eran estas muchachas y qué se haría para rectificar las incompetentes investigaciones?

Es probable que muchos de los primeros casos de identificación equivocada nunca lleguen a resolverse, ya que se ha documentado, por parte de funcionarios federales en México como por organizaciones extranjeras independientes, que los funcionarios [locales o estatales] habían perdido, manejado con torpeza, quemado o intencionalmente destruido gran parte de la evidencia recogida en esos casos.

El *Dallas Morning News* reportó un ejemplo de las evidentes negligencias que habían estado ocurriendo desde que extrajeron los primeros cadáveres del desierto en 1993. Al parecer, cuando un investigador no pudo tolerar el olor pútrido que emanaba de la ropa empapada en sangre de una niña de diez años víctima de un asesinato, que se guardaba en el depósito donde él trabajaba, ordenó que lavaran las prendas y luego las desodorizaran con un líquido suavizador. La acción del agente, fuese por ignorancia o intencional, destruyó una posible pista que pudiera haber ayudado a las autoridades a resolver el crimen.

A los miembros de la Comisión Nacional de Derechos Humanos de México durante una investigación que llevaron a cabo por esa misma época les contaron un suceso igualmente asombroso. En el invierno del 2003, unos desamparados habían hallado albergue en uno de los depósitos donde se almacenaba un buen número de expedientes de casos estatales. Al parecer los hombres utilizaron los documentos para hacer una fogata para calentarse. Incluso, hubo rumores de que algunos de los expedientes fueron vendidos a presuntos criminales que intentaban limpiar sus nombres, según un informe del *Dallas Morning News*.

El 9 de marzo del 2005, el séptimo juez de Ciudad Juárez instruyó de cargos a la ex fiscal especial Suly Ponce por "abuso de autoridad y negligencia" durante la investigación de 47 casos. Ese mismo año, un juez del primer tribunal encontró a Ponce culpable de los cargos y ordenó su encarcelamiento. Pero el juez penal Juan Carlos Carrasco, que dictaminó absolver a Ponce de todos los cargos, sobreseyó rápidamente su sentencia.

Algunos informes de prensa dijeron que, además de Ponce, otros 150 funcionarios estatales citados por negligencia por la ex fiscal federal María López Urbina fueron posteriormente exonerados.

El chofer de autobús Víctor García obtuvo finalmente su libertad en el verano del 2005. El 14 de julio, el juez Rodolfo Acosta revocó la sentencia de García por las ocho muertes del campo algodonero, dictaminando que la declaración de un testigo esencial en el caso era "indigna de confianza".

Con bombos y platillos, Víctor García salió de la prisión estatal de Chihuahua apenas veinte minutos después de emitido el dictamen. Si bien la victoria era dulce, se veía empequeñecida por el hecho de que el juez rehusó pronunciarse sobre las afirmaciones de García de que él y su supuesto cómplice, Gustavo González Meza, habían sido torturados para obligarlos a hacer una confesión falsa de su complicidad en los asesinatos. Peor aun, durante su estadía de más de tres años en prisión, García perdió su negocio, sus ahorros, y su esposa se fue con otro hombre, según un relato que apareció en el *New York Times.* "Imagínese", le dijo a un reportero. "Dondequiera que ella iba, la gente la miraba como si estuviera casada con un terrible criminal, cuando los verdaderos criminales estaban afuera. Y todavía lo están".

En una conmovedora declaración, García más tarde le pidio perdón a su asesinado amigo, Gustavo González, por haberlo nombrado falsamente bajo condiciones de extrema tortura. Un informe de prensa sostuvo que la razón por la que García había implicado a González era porque, el día antes de que él fuera detenido por la policía estatal, había estado de pasajero en un autobús que conducía González.

Increíblemente, no resulta claro aún si la fiscalía apelará el veredicto absolutorio en el caso de García. Declaraciones del gobernador Reyes Baeza indicaron que a García aún se le considera sospechoso, en parte porque la solicitud del gobierno federal al Protocolo de Estambul no ha encontrado pruebas de que él fue torturado.

El año 2006 trajo más acontecimientos importantes a partir de enero cuando ocurrió lo que sólo puede describirse como un ataque al estilo de la mafia contra el abogado criminalista Sergio Dante Almaraz. Dante Almaraz era el ex abogado defensor del chofer de autobús Víctor García, quien se encontraba por el momento en libertad. Según informes de prensa, en la tarde del 25 de enero, Dante Almaraz iba acompañado por un amigo y conduciendo un Chevy Suburban por el centro de Juárez cuando un grupo de hombres no identificados disparó sobre el vehículo del abogado desde un Ford Expedition de color oscuro con placas de Nuevo México. El acompañante de Almaraz sobrevivió al ataque, pero el abogado fue alcanzado por una bala y falleció esa tarde. La policía determinó que la bala procedía o de un fusil AK-47 o de un arma de nueve milímetros, pero no hizo ningún arresto en el caso.

Días antes de su muerte, Almaraz, presidente de la filial del estado de Chihuahua del Partido Convergencia por la Democracia, o Convergencia, se había visto implicado en una airada disputa, que recibió mucha publicidad, con el fiscal del distrito de Juárez sobre supuestos vínculos con vehículos robados. Días antes de su asesinato, Almaraz anunció que si algo le llegaba a pasar, los agentes de la fiscalía serían los responsables. Otros especularon que el asesinato del abogado podía estar vinculado con su representación de Víctor García. En los días que siguieron al atentado, se dijo que tres cámaras situadas en las intersecciones vecinas para supervisar el tránsito no habían captado nada del incidente. Dos se reportaron como inoperables y una tercera estaba enfocada en la dirección contraria cuando se produjo el tiroteo.

El asesinato de Almaraz provocó que el hermano del abogado convocara a un boicot turístico contra la ciudad fronteriza. Posteriormente reconoció que él y otros parientes estaban demasiado asustados para cruzar la frontera desde su casa en El Paso para asistir al funeral de Dante.

Menos de seis meses después, el 1ro de junio, llegó la noticia de que Sharif Sharif había muerto en un hospital del estado en Chihuahua luego de haber cumplido once años, de los treinta que le habían impuesto, en la prisión Aquiles Serdán de Chihuahua por el asesinato de Elizabeth Castro. Según las autoridades, había sido trasladado al hospital unos días antes por "problemas digestivos".

A solicitud de la Fiscalía General de Nuevo México, Ross Reichard, investigador auxiliar de la Oficina del Investigador Médico del estado de Nuevo México, voló inmediatamente a la ciudad de Chihuahua para practicar una autopsia.

El Dr. Reichard llegó a la conclusión, a partir de su examen, que Sharif había muerto de causas naturales provocadas por una cirrosis hepática y hepatitis C, la cual puede causar cirrosis. En un informe oficial, el patólogo forense de EE.UU. determinó que "una hemorragia gastrointestinal del tracto digestivo superior" había causado la muerte de Sharif. También señaló que Sharif padecía de insuficiencia cardíaca.

El Dr. Reichard dijo a las autoridades que no había encontrado ningún indicio de maltrato o de lesiones traumáticas agudas en el cadáver. "No hay ninguna evidencia... de ninguna jugada sucia en el momento de su muerte", le dijo a los periodistas locales.

Irene Blanco, la ex abogada de Sharif, y en la actualidad congresista federal por el PAN, una vez oyó al egipcio quejarse con representantes de la Comisión Nacional de Derechos Humanos de que el personal de la prisión lo estaba "obligando a ingerir" medicamentos desconocidos; sin embargo, no se le practicaron pruebas toxicológicas después de su muerte.

Blanco había hecho lo posible por sacar sus denuncias a la

luz, pero luego de que su hijo fuera víctima de un ataque que casi resulta fatal, se mudó de la zona para un sitio que no dio a conocer. No obstante, ella siguió hablando en nombre de Sharif, aunque, en el momento de su muerte, un nuevo abogado había asumido la causa del egipcio.

En una entrevista con los medios locales de Juárez, Blanco recordó que en una conversación con Sharif aproximadamente un mes antes de su muerte, él se quejó de problemas en una rodilla. Algunos informes de la prensa describieron al egipcio como alguien que padecía de depresión debido a su imposibilidad de probar su inocencia. Ulises Perzábal, el mexicano que junto con su mujer Cynthia Kiecker, de Minnesota, fuera arrestado por el asesinato de Viviana Rayas en el 2003, le contó a un periodista mexicano de sus encuentros con Sharif en la enfermería de la prisión durante sus dieciocho meses de encarcelación en el penal Aquiles Serdán. Perzábal describió a Sharif como "rebelde, aislado e incrédulo" y se acordaba de varias ocasiones en que el personal de la prisión le había administrado medicamentos a su compañero recluso. "Él no podía creer lo que le estaba pasando", recordaba Perzábal. "Creo que eso lo mató poco a poco".

Sharif fue sepultado en una parcela del Panteón Municipal No. 1 de la ciudad de Chihuahua. Su tumba fue identificada en caso de que hubiera parientes que quisieran reclamar su cadáver y repatriarlo a Egipto para que lo enterrasen allá definitivamente. Hasta la fecha, nadie se ha presentado a reclamarlo.

En un momento, Sharif había sido catalogado como la persona más temida de Juárez, sin embargo su fallecimiento no atrajo más que una breve mención en los noticieros de la noche y unas pocas líneas en los periódicos locales. El director de la cárcel Aquiles Serdán le dijo a la estación local de televisión que Sharif había pasado sus últimos años enseñando inglés y árabe a otros reclusos.

"La noticia me golpeó", dijo Esther Chávez Cano refiriéndose a la muerte de Sharif. "Estaba conduciendo cuando escuché la noticia y me dije, ¿ha muerto un hombre inocente o un culpable?' La incertidumbre durará por siempre".

Irma García, la madre de Elizabeth Castro, la presunta víctima de Sharif, le dijo a un periódico local que ella aún confiaba en que las autoridades habían detenido al 'verdadero culpable del asesinato de su hija'.

Sin embargo, Ramona Morales expresó incertidumbre respecto a la culpabilidad de Sharif. Ramona dijo que cuando ella leyó por primera vez acerca del fallecimiento de Sharif en *El Diario de Juárez*, sintió una especie de alivio al saber que el hombre que la policía le había dicho que era responsable del asesinato de su hija hubiera muerto al fin. Ahora Silvia podía descansar en paz, pensó.

A los sesenta y siete años, Ramona administraba un pequeño negocio en su casa. Desde la muerte de Silvia, Ramona había estado inconsolable, ni aun las visitas de sus nietos habían logrado levantarle el ánimo. Preocupados por su madre, los hijos de Ramona sacaron los muebles de la pequeña sala de la casa y montaron una tiendita con mostradores de vidrio para que su madre se entretuviera vendiendo artículos para fiestas. Ramona también vendía refrescos fríos y helados gracias a una pequeña nevera; así como juguetes plásticos y otras chucherías para los niños del barrio. El negocio la ayudaba a pasar los días sin Silvia: Ramona todavía lloraba cuando hablaba del asesinato de su hija.

En una entrevista en junio del 2006, Ramona dijo que, días después de la muerte de Sharif fue al tribunal en Juárez para saber más acerca de la participación del egipcio en los crímenes. Ella no había oído nada acerca de la investigación desde que la policía le informara, en 1995, del papel de Sharif en el asesinato. Pero con su muerte, creyó que tenía legalmente el derecho a una copia del expediente del homicidio de su hija. Ese día, el secretario del juzgado del Quinto Circuito le dijo algo increíble. "No, Sharif no tuvo nada que ver con el caso de su hija".

Ramona se quedó desconcertada. "Dicen que una víctima no puede estar en paz hasta que el asesino muera o pague por el crimen", explicó. "Creía que mi hija finalmente descansaría en paz con la muerte de Sharif. Pero ahora me entero de que él no fue el asesino".

Que Ramona no hubiera tenido idea de que Sharif Sharif no había sido implicado en el asesinato de su hija era nada menos que inconcebible. Aun más inconcebible era saber que las autoridades del estado le habían hecho creer a los familiares de las muchachas asesinadas, así como a la comunidad de Juárez en general, que Sharif Sharif había sido responsable de muchos de los crímenes contra las mujeres de la ciudad, cuando en efecto sólo lo habían encontrado culpable de un solo asesinato. Ella nunca recibió información al respecto.

Impulsada nuevamente a entrar en acción, Ramona Morales se puso al habla con varias otras personas que también se suponía que sus hijas habían muerto a manos del químico egipcio. Ella se había mantenido en estrecho contacto con Irma Pérez, la madre de Olga Alicia, y con varias otras familias de muchachas asesinadas. En el curso de su llamada telefónica con Irma, ambas mujeres decidieron que intentarían conseguir una entrevista con el nuevo gobernador, José Reyes Baeza, que venía a Juárez ese mes. Habían oído decir que él era más humano que el anterior gobernador del estado y que sentía más compasión hacia el caso de las mujeres asesinadas.

Irma se había mudado, pero seguía cocinando hamburguesas para ganarse la vida.

De repente Ramona se encontró sintiendo pena por Sharif. Desde el comienzo, ella nunca creyó realmente que él había sido el responsable del asesinato de Silvia. Su sospecha se había ido acrecentando con el paso del tiempo y la aparición de chivos expiatorios. Parecía que, al igual que Silvia, Sharif también había sido víctima del corrupto sistema de justicia del estado.

Al final, Ramona y las otras madres nunca llegaron a reunirse con Baeza cuando él visitó la ciudad. Querían cerciorarse de que sus hijas no habían muerto en vano y que de algo valdrían sus muertes. El término de diez años para la prescripción de estos delitos estaba a punto de cumplirse en muchos de los casos, y las madres de las muchachas asesinadas querían pedir una prórroga a la luz de los recientes hallazgos del gobierno de que la corrupción y la negligencia habían afectado las investigaciones.

En una entrevista telefónica en el otoño del 2006, Ramona explicó que la enfermedad le había impedido insistir en el encuentro con el gobernador. Tenía alta el azúcar en la sangre y venía padeciendo de agudos dolores en las piernas. Durante la llamada, Ramona dijo, además, que hacía tiempo que no sabía de las otras familias. La familia de su vecina Lupita, la niña de trece años asesinada, se había mudado a Veracruz poco después del asesinato, jurando nunca más regresar a Juárez.

Jesús González, el padre de Sagrario, la obrera asesinada, había muerto sólo dos meses antes. Su hija mayor, Guillermina, tenía dos hijos y vivía con su esposo.

Ramona dijo que no había oído decir nada recientemente de Vicky Caraveo. "Supongo que se fue", dijo con tono de desilusión en la voz.

Mientras tanto, el caso de Sagrario González, seguía abierto y sin ninguna intervención policial hasta el 2005. A instancias de miembros de la familia, las autoridades finalmente arrestaron a un hombre de la localidad, José Luis Hernández Flores, y lo acusaron del asesinato de la obrera de diecisiete años. A la familia le llevó siete años convencer a la policía de que su vecino de Lomas de Poleo era responsable por el asesinato de la joven obrera de maquila.

La familia había empezado a sospechar de Hernández después de que él sugiriera que buscaran los restos de Sagrario en el Valle de Juárez, en el lugar exacto donde su cadáver fue encontrado después. Guillermina González sostuvo que la familia había dado parte a la policía de esta misteriosa coincidencia, pero los agentes habían desechado la pista y no habían hecho nada.

Durante años, el padre de Sagrario recorrió el vecindario en busca de Hernández, hasta un día de febrero del 2005 en que Jesús González divisó al hombre delgado de pelo negro en una tienda de la localidad comprando cerveza. González se escondió hasta que el hombre regresó a su casa, y llamó inmediatamente a la policía. Una vez detenido, dijeron los agentes, Hernández confesó el asesinato de Sagrario y nombró a otros dos hombres que habían participado en el hecho. No está claro si la policía interrogó a los otros dos sospechosos. Hay gente de la comunidad que cuestiona la confesión de Hernández y su culpabilidad en el delito.

Lo último que se supo es que Guillermina González y sus hermanos trabajan juntos en la tienda de víveres de la familia. Paula y Jesús construyeron y abrieron la pequeña bodega en su propiedad en Lomas de Poleo para garantizar que el resto de sus hijas no tuvieran que salir de casa para ganarse la vida.

Desde que comenzara la investigación, Oscar Maynez, el ex jefe forense del estado de Chihuahua, había instado a los funcionarios a que contemplaran la posibilidad de que un asesino en serie andaba suelto en la ciudad. Con posteridad sostuvo que un "grupo organizado y con recursos" se escondía detrás de los homicidios.

Algunos de los recientes hallazgos del gobierno sugirieron que las sospechas de Maynez eran acertadas. Los informes apuntaban hacia una combinación de policías corruptos y narcotraficantes locales como colaboradores de un cierto número de homicidios. Sin embargo, no se produjeron arrestos.

Desde que renunciara a la procuraduría, al negarse a sembrar pruebas falsas en enero del 2002, Maynez había encontrado trabajo con otra agencia estatal. Pero se mantuvo siguiendo de cerca la investigación en proceso sobre las mujeres asesinadas en la ciudad. Maynez sostenía que la respuesta a muchos de los casos sin resolver estaba en el abandonado campo algodonero donde habían exhumado los ocho cadáveres en noviembre del 2001. Los dos choferes de autobuses habían sido exonerados de los ocho asesinatos y, no obstante, nunca se había abierto una investigación para encontrar a los responsables de esos crímenes.

Aunque las autoridades lo llamaban un caso frio, Maynez insistía en que había un cierto número de pistas a investigar que nunca se habían explorado. Para empezar, parecía existir evidencia de ADN que podría vincular a un sospechoso con los asesinatos. Y Maynez estaba seguro de que la misma gente que había matado a Lilia García varios meses antes había cometido los ocho asesinatos. En ese caso, se había recogido el ADN, pero no había resultado nada de la muestra forense, aunque Maynez había enviado una copia del perfil de ADN a la madre de García para que la familia la guardara como prueba.

Robert Ressler, el ex experto del FBI en perfiles psicológicos delictivos, había propuesto la teoría de que varios asesinos en serie estaban entrando en México procedentes de Estados Unidos para cometer los asesinatos.

El 15 de agosto del 2006, su teoría también resultaría creíble. Ese día, agentes norteamericanos de Inmigración y Aduanas arrestaron en Denver, Colorado, a Edgar Álvarez Cruz por violaciones a las leyes de inmigración, y luego anunciaron que Cruz era miembro de una banda de matones que deliberadamente había violado y asesinado por lo menos a diez mujeres en Ciudad Juárez entre 1993 y el 2003.

La pista de este caso se había presentado varios meses

antes, el 24 de marzo. En esa fecha, un hombre llamado José Francisco Granados de la Paz, pariente político de Álvarez Cruz, fue interrogado por un guardia de Texas, mientras estaba preso en Sierra Blanca por un delito migratorio, sobre sus posibles vínculos con los crímenes de Juárez.

Los fiscales dijeron que durante el interrogatorio Granados reconoció su participación en los asesinatos de varias mujeres en Ciudad Juárez e incriminó a Álvarez Cruz en esas muertes. Entre los asesinatos por los que estaban investigando a estos sujetos, estaban las ocho mujeres que habían encontrado en el campo algodonero en noviembre del 2001.

Granados sostuvo que él y Álvarez eran responsables de esos homicidios. También asumió la responsabilidad por el asesinato de al menos dos mujeres que el dúo supuestamente cometió en el asiento trasero del Renault rojo de Álvarez. Granados le dijo a los oficiales de la fuerza pública que los dos habían envuelto uno de los cadáveres en plástico negro antes de deshacerse de él. Durante su presunta confesión, Granados llegó incluso a proporcionar a las autoridades un mapa de los sitios donde dijo que habían lanzado o enterrado los cadáveres.

Según los oficiales de las agencias policiales, Granados afirmó que a partir de 1993, cuando tenía quince años y Álvarez Cruz diecisiete, los dos amigos andaban en auto por la ciudad, a veces acompañados de un tercer hombre, Alejandro "Cala" Delgado Valle, secuestrando mujeres, violándolas y matándolas en el asiento trasero del auto de Álvarez, y lanzando los restos por toda la ciudad.

De su participación en los asesinatos, Granados culpaba a Álvarez, quien, según él, lo intoxicaba con drogas o píldoras y luego lo amenazaba para que tomara parte en los crímenes. "Nunca me dijeron, 'vamos a matar mujeres'. No decían eso. Decían, 'vamos a beber, a enloquecernos' ", al parecer le había dicho Granados a los investigadores en una confesión grabada en marzo de ese año.

El sargento Brooks Long de Texas le dijo a los reporteros que no tenía razones para dudar de los testimonios de Granados durante los cincuenta minutos de su interrogatorio, aunque no había podido lograr que éste diera fechas específicas de cuándo habían ocurrido esos crímenes. Tampoco pudo proporcionar descripciones físicas de las supuestas víctimas cuando Long lo interrogó.

En un momento, cuando el sargento le pidió que describiera a una de las víctimas que él supuestamente había tirado en el desierto de Lomas de Poleo en 1993, simplemente dijo que, "estaba caliente", según la confesión grabada. Granados también describió el apuñalamiento de una víctima: "justo aquí en el corazón. Pun, pun".

Los familiares de Granados contaron el cuadro de un hombre que consumía drogas, hablaba con el diablo, se rompía botellas de cerveza en la cabeza y que una vez hasta quemó la casa de su madre. Se supo también que había andado desnudo por la calle, según dijeron algunos miembros de su familia.

Cuando le preguntaron por qué había hecho las confesiones ahora, después de todos estos años, Granados se refirió a su fe. Dijo que, como cristiano, quería la absolución de sus crímenes.

Los agentes federales de EE.UU. actuaban a partir de información extraída de la entrevista con Granados cuando arrestaron a Álvarez Cruz y lo acusaron del asesinato de la adolescente de diecisiete años Mayra Juliana Reyes Solís, cuyo cadáver fue descubierto en el campo algodonero en el 2001. Las autoridades habían vinculado a Álvarez Cruz con el asesinato de Reyes Solís, en parte porque el cadáver de la muchacha estaba envuelto en un plástico negro cuando lo encontraron en noviembre de ese año, un detalle proporcionado por la supuesta confesión de Granados. Álvarez fue trasladado inmediatamente a una instalación federal norteamericana en El Paso a la espera de una solicitud de extradición a México.

Alentada por las noticias, Patricia González, procuradora general de Chihuahua, viajó a El Paso en agosto para reunirse con agentes de inmigración y aduanas de EE.UU., alguaciles federales y el personal del consulado mexicano para discutir sobre la presunta conexión de los hombres con algunos de los crímenes. Las autoridades buscaban vincular a Álvarez con catorce de los asesinatos.

Funcionarios de la policía de Denver confirmaron que desde 2002, Álvarez había sido arrestado tres veces en la capital de Colorado por delitos menores. Según la policía, el primer arresto tuvo lugar el 15 de enero del 2002, por destrucción de propiedad privada, alteración del orden público y amenaza. Fue arrestado por segunda vez en octubre de ese año por "amenaza de agredir a una persona o a su propiedad" y "alteración del orden por teléfono", y de nuevo en abril del 2006 por "destrucción de propiedad privada". Las autoridades dijeron que tenían detenido al tercer hombre, Alejandro Delgado —quien, según Granados, había acompañado a los sujetos en su parranda sangrienta en Juárez— como un testigo "protegido".

Pero ya había incongruencias en el relato de Granados sobre los crímenes. Mientras que el mexicano de veintiocho años había descrito los asesinatos como muertes por apuñalamiento, el criminólogo Oscar Maynez hacia notar que la mayoría de las muertes habían sido por estrangulación. En efecto, dijo que una autopsia de todos los cadáveres exhumados del campo algodonero reveló que las mujeres habían muerto por estrangulación. Maynez insistió en que, si bien muchos de los cadáveres eran simplemente restos óseos cuando los encontraron, no había ningún indicio revelador que indicara que se había usado un cuchillo en los crímenes. Además, él y los otros expertos forenses estaban convencidos de que las muchachas habían sido estranguladas.

En una entrevista con un periódico de EE.UU., Maynez comparó la confesión de Granados a la de John Mark Karr, que en el verano del 2006 afirmó haber matado a la reina de belleza infantil JonBenét Ramsey. Maynez destacó que, durante la confesión, Granados había reconocido haber seguido de cerca por la televisión los casos de asesinatos de Juárez.

Maynez insistió también en que los tres hombres, actuando por su cuenta, no pudieron haber llevado a cabo tal número de asesinatos y luego haberse deshecho de los cadáveres sin haber sido detectados.

Hasta la ex concubina de Álvarez, Beatrice Sánchez, que era residente en EE.UU., le dijo a un reportero que ella y Álvarez habían comprado el Renault rojo que él supuestamente había usado para llevar a cabo los asesinatos en 1993 y que lo había vendido enseguida, al año siguiente, para pagar gastos médicos de su hijo discapacitado. Sánchez añadió que cuando el nuevo propietario del auto se vio implicado en un accidente, Álvarez volvió a comprar el auto, a la espera de repararlo y volverlo a usar. Pero nunca realizó ese sueño. Las piezas del auto resultaron ser demasiado caras y el Renault se mantuvo sobre bloques hasta que la pareja finalmente lo vendió como chatarra en 1998. Un abogado de Álvarez afirmó estar en posesión de un recibo que documentaba la venta que ciertamente había tenido lugar ese año.

Además, los registros de empleo de Álvarez de Allphase Concrete, la compañía constructora de Denver donde había trabajado desde mediados de julio del 2001 hasta noviembre del mismo año, y de nuevo desde abril del 2002 hasta abril del 2004, indicaban que el presunto asesino ni siquiera había estado en México en las fechas de los asesinatos, salvo en cinco de ellos, según el *Denver Post.*

Si bien los residentes de la ciudad fronteriza expresaron una cierta fe en la última serie de arrestos, en parte porque se habían llevado a cabo con ayuda de los agentes policiales de EE.UU., las incongruencias que empezaron a surgir resultaban preocupantes y muchos temían que Álvarez y Granados se unirían pronto a la creciente lista de chivos expiatorios que habían sido acusados de los homicidios en serie.

"No puedo creer que sean sólo tres personas", declaró Esther Chávez a *El Paso Times* en respuesta a la noticia del arresto de los hombres en Estados Unidos. "Creo que se necesitaría una red mucho más poderosa para llevar a cabo esos asesinatos".

Antonio Garza, el embajador de Estados Unidos en México se mostró más optimista. En una declaración por escrito a finales de agosto del 2006, llamó a los arrestos "un adelanto importante" en la investigación de los crímenes.

Oscar Maynez, sin embargo, reaccionó con cautela.

En una entrevista en el 2006, Maynez adoptó una postura prudente. Al tiempo que veía como positivas las declaraciones del embajador de EE.UU. respecto a la culpabilidad de los hombres, advertía que miembros de las familias de los sospechosos insistían en que los tres no estaban implicados.

En noviembre del 2006, el caso contra los hombres ya se estaba debilitando.

"No queremos chivos expiatorios. No queremos tortura... ni mentiras", dijo Josefina González, la madre de Claudia Ivette, que había muerto después de que no la dejaran entrar en la fábrica cuando se presentó tres minutos tarde a su turno de trabajo. "Lo que queremos es la verdad".

Era un sentimiento compartido por todas las familias de las asesinadas hijas de Juárez.

"No tenemos cadáveres, pero seguimos teniendo muchachas desaparecidas", dijo Maynez. "El hecho de que no tengamos cadáveres es circunstancial. Lo que no sabemos es dónde están enterradas".

Epílogo

Desde el año 2000, cuando el presidente Vicente Fox asumió el poder, México ha recibido siete visitas de expertos en derechos humanos, entre ellos representantes de Naciones Unidas y de Amnistía Internacional.

En el 2005, el Departamento de Estado de EE.UU. emitió un informe sobre las prácticas de los derechos humanos en México. El informe, publicado el 8 de marzo del 2006 por la Oficina de Democracia, Derechos Humanos y Trabajo, decía que si bien el gobierno "por lo general respetaba y promovía los derechos humanos a nivel nacional", las violaciones persistían a niveles estatal y local.

—El gobierno investigó, procesó y sentenció a varios funcionarios públicos y miembros de fuerzas de seguridad implicados en actos delictivos; sin embargo, la impunidad y la corrupción siguen siendo un problema—, señalaba el informe. —La policía municipal liberó a sospechosos que afirmaban haber sido torturados como parte de las investigaciones y las autoridades investigaron denuncias de tortura, pero las autoridades rara vez castigaron a los funcionarios públicos por las torturas.

"Hubo notables incrementos durante el año en la violencia relacionada con el tráfico de narcóticos, especialmente en la región de la frontera norte. La violencia contra las mujeres sigue siendo un problema nacional, particularmente en Ciudad Juárez y la zona circundante.

"Los esfuerzos del gobierno para mejorar el respeto por los derechos humanos se vieron contrapuestos por una cultura de impunidad y corrupción profundamente arraigada—, sostenía el informe. Entre las violaciones a los derechos humanos mencionadas estaban los secuestros, incluidos los cometidos por la policía; la corrupción, la ineficiencia y la falta de transparencia en el sistema judicial; declaraciones obtenidas mediante tortura que se permitían como evidencia en los procesos; la corrupción en todos los niveles del gobierno; la violencia doméstica contra las mujeres, con frecuencia perpetrada con impunidad, así como la violencia criminal, incluyendo el homicidio contra las mujeres.

Resulta claro, a juzgar por los resultados, que se necesita trabajar más para frenar en el país la violencia contra las mujeres.

Las activistas locales siguen trabajando por obtener justicia para las mujeres del estado de Chihuahua y de todo México. Sus empeños han servido para despertar la conciencia internacional acerca de la crisis actual. Incluso mientras estas valientes mujeres arriesgan sus vidas para dar a conocer estas grandes atrocidades, la impunidad y la corrupción siguen frustrando sus esfuerzos.

Otro informe de la Comisión Mexicana de Defensa y Promoción de los Derechos Humanos, titulada ASESINATOS Y DESAPARICIONES DE MUJERES Y MUCHACHAS EN CIUDAD JUÁREZ

Y EL ESTADO DE CHIHUAHUA, presentado al relator especial de la Comisión de Derechos Humanos, en marzo del 2005, respecto a la independencia de jueces y magistrados en México, encontró que la situación en el estado de Chihuahua "simboliza la extrema vulnerabilidad de las mujeres en las esferas profesional, social y privada.

"Esta estigmatización, dentro de un contexto de liberalización económica y el consecuente deterioro del tejido social, se ha exacerbado por la frecuencia de la discriminación y la indiferencia, además de la ausencia de un esfuerzo y la falta de voluntad política mostradas por las autoridades federales, del estado de Chihuahua y municipales en abordar los homicidios e investigar y procesar a los perpetradores de los crímenes contra las mujeres, una situación que actualmente se conoce como 'femicidio' ".

A la luz de "más de 430 mujeres" asesinadas y centenares más que han desaparecido en el estado de Chihuahua desde 1993, el informe culpaba al "sexismo omnipresente" en Chihuahua de obstruir la adopción de medidas públicas que protegieran a las mujeres.

En el momento de escribir este libro, la tasa de asesinatos en Chihuahua sigue subiendo y muchas de las mujeres de la ciudad sostienen que no se sienten más seguras en el 2006 que hace diez años, cuando los homicidios en serie acapararon por primera vez los titulares de la prensa.

Pese a los resultados de varias organizaciones prominentes, de la formación de numerosas comisiones, del nombramiento de fiscales federales especiales y de los infatigables esfuerzos de las activistas locales que defienden los derechos de las mujeres, los abusos contra las muchachas de Juárez siguen, al parecer, sin tregua.

Todo el mundo espera el final feliz de los cuentos de hadas. Sin embargo, para las familias que han perdido a un ser querido la historia no ha terminado aún. Para madres como Ramona Morales, Irma Pérez, Paula Flores González, Celia de la Rosa y Norma Andrade no hay justicia, sólo falsas promesas y noches llenas de duelo y de lágrimas.

La lista de madres afligidas sigue aumentando. Las estadísticas de la Oficina de Washington sobre América Latina y la prensa mexicana reflejan que el índice de asesinatos en el estado de Chihuahua muestra una tendencia más alta que las tasas del 2004 o del 2005, siendo la violencia doméstica, las agresiones sexuales y los crímenes que se sospechan vinculados a las drogas los que encabezan la lista de los móviles.

Los nombres y los rostros han cambiado, pero las historias son tristemente las mismas. Aunque algunos dicen que los muertos pueden hablar, las familias de las víctimas se preguntan si alguien está escuchando.

Estas hijas de Juárez nunca tuvieron la oportunidad de hacerse oír. Sus voces fueron brutalmente silenciadas. Ahora, esas voces resuenan desde estas páginas. Quizás, esta vez, alguien escuche.

HAY VARIAS ORGANIZACIONES DENTRO
Y FUERA DE MÉXICO
QUE AYUDAN A LAS MUJERES DE CIUDAD JUÁREZ.
ENTRE ELLAS SE CUENTAN:

AMIGOS DE MUJERES

AMNISTÍA INTERNACIONAL

CASA AMIGA CENTRO DE CRISIS

JUSTICIA PARA NUESTRAS HIJAS

MUJERES POR JUÁREZ

MUJERES DE NEGRO

NUESTRAS HIJAS DE REGRESO A CASA

Reconocimientos

HAY INCONTABLES PERSONAS a las que quisiera agradecerles por ayudarme a hacer este libro realidad. Si se me olvida alguien, espero me perdonen. Puesto que es una historia que empecé a seguir hace casi doce años, cualquier omisión es estrictamente accidental.

Ante todo, quiero agradecer a Diana Montané, colega y talentosa escritora, que me convenció para escribir un libro acerca de estos crímenes atroces. Juntas creamos un relato escrito en primera persona de una periodista y su equipo. Durante el proceso, presencié las tragedias del 11 de septiembre y, por primera vez, me sentí tan vulnerable en mi país como muchas de estas víctimas deben haberse sentido en México. Luego, el 6 de junio del 2002, mi esposo Tony falleció súbitamente de un ataque cardíaco. Su perdida dejó un gran vacío en nuestra familia que jamás se volverá a llenar, pero fuimos dichosos de contar con amigos entrañables, así como familiares y colegas que se convirtieron en nuestros pilares de apoyo. Poco después, circunstancias ajenas a nuestra voluntad imposibilitaron la publicación de nuestro manuscrito original.

Hace aproximadamente dos años, recibí una llamada telefónica de Johanna Castillo, editora de Atria Books. Ella se acordaba de haber leído el manuscrito y se preguntaba qué había sucedido con él. "Está guardado en un armario", le respondí. "Bueno, ya no más", me contestó. A Johanna y a Judith Curr, vicepresidenta ejecutiva y editora de Atria Books, gracias por creer en esta historia y considerarla digna de publicarse. A ustedes dos y a Wendy Walker, la talentosa editora que acogió este proyecto desde el comienzo, a sabiendas de que la experiencia conduciría por una senda desconocida. Era un relato horripilante de asesinato, corrupción y engaño en un país donde las normas de la justicia suelen ser bastante diferentes de las que estamos acostumbrados en Estados Unidos.

Wendy, he sido testigo de tu compromiso, tu dedicación y tu fe en este proyecto. Tu certeza de que lo lograríamos, a pesar de los obstáculos que se presentaron a lo largo del camino, me dieron fuerzas para seguir adelante.

Agradecimientos a Lisa Pulitzer, que ha hecho una extraordinaria labor de transformar la narrativa en primera persona en una auténtica novela de crimen y misterio. Lisa, tu profesionalismo, sensibilidad, compasión y sentido del humor han hecho el trabajar contigo un verdadero placer. El año pasado, cuando nos conocimos en un elegante restaurante de Nueva York, no te imaginabas que nuestro trabajo nos llevaría a los barrios marginales de un desierto mexicano plagado de pobreza y de crímenes. Nuestro viaje nos llevó a un mundo muy opuesto al de la ciudad que nos reunió, pero era necesario. Gracias por tu disposición a sumergirte en todo eso que es Juárez, sus olores, sus sabores, su risa y su dolor. Siempre apreciaré cómo insistías en que se trataba de mi libro y de mi historia. Hoy, me enorgullezco al decir que *Las hijas de Juárez* es también tu historia. Sé cuánto te conmovieron las víctimas y sus familias y la infatigable determinación de activistas y expertos por cerrar este ciclo de violencia.

Johanna, Judith, Wendy y Lisa, sé que comparten mi sed de justicia. Tal vez este libro se convierta en un vehículo para un cambio positivo en Ciudad Juárez, México.

A nuestra editora de producción, Nancy Inglis: ¡no lo podíamos haber hecho sin ti! A pesar de nuestras adiciones de último momento y de los cambios al manuscrito, entendiste que todo era por hacer *Las hijas de Juárez* lo mejor que podía ser. Nuestra gratitud a Peg Haller, la correctora de estilo en inglés, cuya atención a los detalles hizo que este manuscrito reluciera, y a David Brown, nuestro dedicado y entusiasta publicista, por su entusiasmo en dar a conocer este libro a los diferentes medios de prensa con el fin de garantizar su éxito.

A Jorge Ramos, querido amigo, respetado periodista y autor: tú allanaste el camino para todos tus colegas de *Univision* al ser el primero en publicar un libro. Gracias por tus sugerencias durante todo el proceso y por encontrar tiempo para ayudarme (con una sonrisa), a pesar de tus ocupaciones. A mi íntima amiga, distinguida periodista y autora, María Elena Salinas, con quien he compartido tantas experiencias en la vida: gracias por tus palabras de aliento cuando creía que no podía dar abasto con las presiones que me imponía el ser madre, mi trabajo para *Aquí y Ahora* y la conclusión de este proyecto. A Coynthia Perez Mon, mi estimada amiga, meticulosa productora, dedicada y perfeccionista colega, cuyas plumas de colores están tan grabadas en mi mente como los muchos chocolates que consumimos a lo largo del camino: tú has sido y sigues siendo un ejemplo de fortaleza y perseverancia. Yoly Zugasti, puede que no lo sepas, pero cuando las historias que oímos en Juárez llegaban a ser demasiado dolorosas, tus ideas positivas me ayudaban a concentrarme de nuevo, teniendo presente que, por difundir esos pavorosos relatos, tal vez podíamos salvar una vida. Roxana Soto, tu entusiasmo en aceptar la asignación de la historia y seguir con ella durante nuestro viaje a Juárez en el 2002, habla muy bien de tu profesionalismo. Gracias por la camaradería y el continuo deseo de ser parte de la solución. A Ray Rodríguez, presidente de *Univision*, a la vicepresidenta ejecutiva Alina Falcón y a la vicepresidenta y codirectora de noticias Sylvia Rosabal, mi más profunda gratitud por permitirnos actualizar continuamente esta saga. A mis camarógrafos, Angel Matos, Jerry Johnson, Martín Guzmán y Jorge Soliño: su talento, creatividad, empeño y amistad siempre serán apreciados. Les doy las gracias también a mis notables editores María Piñón, Rick Ramos y Frank Linero y al creativo equipo de promociones de *Univision*, pasado y presente, desde Mario Rodríguez a Otto Padrón y Chela Mason. Gracias por producir promociones que fueron tan impactantes. Al eficaz equipo de KINT, Canal 26, nuestra filial de *Univision* en El Paso/Juárez y a Luis Escalera, Gustavo Barraza, Raúl Morales, Germán Sáenz, Roberto Delgado y Diego Cepeda; no hay palabras para expresarles cuán agradecida estoy por la generosidad, las referencias y la confirmación de información que me brindaron. También quisiera reconocer el apoyo de Jorge Domínguez, Luz María Cárdenas y Laz Hernández de los departamentos de arte de *Univision y Galavisión*. A mis colegas Marisa Venegas, Jairo Marín, Jeannette Pascal-Miranda, Liz Valdés, Rafael Tejero y Gabriela Tristán, quienes a través de los años siempre me mantuvieron al tanto de los nuevos acontecimientos, así como a Linda Rozo, Verónica Molina, Lucía Burga, Evelyn Pereiro y Tania Ordaz Rues: gracias por la ayuda, investigación y llamadas telefónicas. Christopher Robinson, gracias por asegurar que nuestro mapa coincidiera con la realidad. A Fernando Escobar, gracias por sus observaciones, comentarios y análisis. Este libro jamás hubiese sido posible sin su grano de arena.

A Esther Chávez Cano y a Oscar Maynez: sin la contribución, cooperación, recursos y apoyo de ustedes dos, el libro *Las hijas de Juárez* nunca habría sido tan completo ni oportuno.

A las madres, padres, hermanas y hermanos de las mujeres asesinadas, que nos invitaron a entrar en sus vidas y compartieron con nosotros su dolor, es nuestra sincera esperanza que encuentren una solución y paz.

A Alex Hadad, amigo querido y talentoso escritor: tus sugerencias fueron inapreciables. Gracias por interesarte en este proyecto y ocuparte de él. Gracias a mis amigos cercanos Lazz, Omi, Carmen y Tillie, cuya paciencia y comprensión siempre apreciaré, y a Mirian y Edith, por saber que podía contar con ustedes para atender a mi familia cuando estaba de viaje. Eso facilitó mi trabajo mucho más.

A mis queridos hijos, Víctor y Julián, espero que comprendan, al leer estas páginas, por qué mis deberes me llevaron tan lejos de casa. Había tanto que narrar, tanto que informar y tan poco tiempo para hacerlo. Espero haber sido un ejemplo en sus vidas y haberles enseñado a diferenciar entre el bien y el mal. Espero también haberles enseñado a mantenerse firmes en sus creencias y a defender sus derechos.

A Miguel Ángel, gracias por ser mi ángel guardián. Tu comprensión, cariño y disposición a escuchar, leer mis borradores y compartir mis lágrimas son sólo algunas de las razones por las que tienes un lugar especial en mi corazón.

Para ti y para todos los demás a los cuales he dejado de mencionar, el destino nos ha unido. Espero que hoy compartas conmigo el orgullo y la satisfacción que siento al ver que esta obra de amor llega a su fin.

Individualmente, Lisa Pulitzer quisiera expresar su gratitud a la investigadora Joan Bonina por su ardua labor y su dedicación a este proyecto, y a su agente literaria Madeleine Morel por su apoyo y aliento. También quisiera extender un agradecimiento especial a su padrastro, Gilbert Matthews, por creer siempre en ella. Envía montones de abrazos amorosos a su marido y editor, Douglas Love, por su infatigable devoción, comprensión y contribución editorial y besitos a sus dos hijas, Francesca y Juliet, por dejarle contar a su mami esta importante historia. Es la sincera esperanza de Lisa que a través de los empeños de activistas tales como Esther Chávez Cano y otros que luchan por la justicia en Ciudad Juárez y en muchos países de la tierra, Francesca y Juliet lleguen un día a disfrutar de un mundo en el cual las mujeres de todas partes reciban igual trato.

Índice